청소년 프로그램 개발과 평가

청소년활동, 상담, 복지실천 현장 적용을 중심으로

박재연 배은경 박경례 임세영 공저

신정

머리말

이 책은 청소년을 대상으로 전문적인 프로그램을 개발하고 평가하는 데에 실제적인 도움을 주기 위한 책이다. 현재 청소년활동 · 상담 · 복지 분야는 청소년들의 잠재력을 향상시키고 역량을 강화하기 위한 다양한 프로그램을 개발, 실천하고 있다. 구체적으로는 청소년 현장의 전문가인 청소년지도사, 청소년상담사, 사회복지사가 관련하여 활동하고 있다. 청소년 분야의 전문가로 활동하기 위해 전문적인 프로그램을 개발하고, 평가할 수 있는 능력은 필수조건이며, 이 책을 통해 청소년활동 · 상담 · 복지 분야의 전문가가 되는 꿈을 키우고 있는 학생들에게 실제적인 능력을 키우도록 하는 데에 도움을 주고자 하였다.

이 책의 내용을 간략히 소개하면, 1부에서는 청소년 프로그램을 이해하기 위해 프로그램의 개념, 의미, 청소년 프로그램의 특성과 유형, 주요 요소, 청소년 프로그램의 현장에 대해 다루었다. 2부에서는 청소년 프로그램을 개발하기 위한 이론적인 설명을 하는 데에 중점을 두었는데, 구체적으로는 청소년 프로그램 개발의 원리, 접근법, 청소년 프로그램 개발의 이론적 모형에 대해 다루었다. 3부에서는 청소년 프로그램을 설계하고 실제 실행하는 것과 관련된 내용을 담았다. 구체적으로는 청소년 프로그램 기획, 요구분석, 목적 및 목표 설정, 청소년 프로그램 구성과 개입전략, 예산 수립, 청소년 프로그램 실행, 청소년 프로그램 제안서가 그 내용이다. 4부에서는 개발된 청소년 프로그램을 평가하는 방법에 대한 내용으로, 청소년 프로그램 평가의 기초, 양적 평가와 질적 평가에 대한 내용을 담았다. 5부에서는 청소년 프로그램의 사례로서, 청소년활동 현장, 청소년상담 현장, 청소년 복지 현장에서 개발된 좋은 사례를 소개함으로써 실제 청소년프로그램이 개발된 내용을 현장감 있게 이해할 수 있도록 하는 데에 초점을 두었다. 청소년 분야의 대표적인 실천 현장이라고 할 수 있는 청소년활동, 상담, 복지 현장에서 개발되어 시행된 다양한 사례를 살펴봄으로써 전문가로서 역량을 키우는 데에 도움이 될 것이라고 생각된다. 현장에서 프로그램을 실제로 개발하고 평가하는 능력을 갖추는 것을 목표로 하여, 이론과 실제적인 측면을 균형적으로 익힐 수 있도록 초점을 맞춘 이 책이 청소년활동 · 상담 · 복지 현장에서 프로그램을 개발하고 평가할 때 도움이 되기를 기대한다.

2024년 9월

저자들 씀

차례

PART I

청소년 프로그램의 이해

청소년 프로그램의 이해와 특성

1. 프로그램의 개념과 용어 이해

1) 프로그램의 개념과 용어 이해

청소년활동, 상담, 복지를 실천하는 현장에서는 일상적으로 프로그램이라는 용어를 사용하는데, 표준국어대사전에서는 프로그램(program)의 사전적 의미를 '진행 계획이나 순서', '(연극 등의) 진행 차례나 진행 목록', '(컴퓨터에서) 어떤 문제를 해결하기 위하여 그 처리방법과 순서를 기술'하는 것이라고 설명하고 있다. 프로그램의 어원은 그리스어 prographein이라는 단어에서 유래를 찾을 수 있는데, '앞서', '미리' 하는 것을 의미하는 pro(before)와 '기록하다'를 뜻하는 graphein(to write)의 합성어로(이봉주 · 김기덕, 2014), 사회복지사전에서는 프로그램을 '해야 할 일에 대한 계획과 지침'(Barker, 1995)이라고 정의하고 있다. 사전적 의미와 어원을 고려할 때 프로그램은 '휴먼서비스의 특징을 나타내는 청소년활동, 상담, 복지를 실천하는 분야에서 일련의 목적을 달성하기 위하여 계획된 활동들의 구조화된 집합체'로 정의할 수 있다.

그동안 청소년활동, 상담, 복지 현장에서 프로그램은 상담, 서비스, 프로젝트, 그리고 정책에 이르기까지 다양한 용어와 혼재되어 지칭되고 있다. 용어에 따라 강조하는 지향점에 차이가 있고, 프로그램 유사용어에 대한 개념 정리가 되지 않으면 프로그램의 설계 및 개발, 평가 과정에서 혼란이 야기될 수 있어 유사용어에 대한 개념 정리는 중요하다. 이에 여러 학자와 연구자들은 프로그램과 유사한 용어 및 혼용되는 용어에 대하여 그 지향점을 명확히 한다는 측면에서 다음과 같이 구분, 개념화하였다.

황성철(2005)은 프로그램과 유사한 용어로 정책, 실천, 서비스에 주목하여 프로그램과의 차이점을 다음과 같이 정리하였다. 공공성을 내포하고 있는 정책은 정부와 공공기관의 목적 달성을 위한 주요 행동 계획과 원칙을 의미한다는 점에서 서비스를 제공하는 현장 기관들의 프로그램과는 차이가 있다. 공공기관이나 정부가 사회문제해결을 위하여 법률과 규정으로 광범위한 지역과 모든 클라이언트 집단을 대상으로 개입하는 경우를 정책으로 볼 수 있고, 일선 개별 기관을 중심으로 지역사회의 한정적이고 구체적인 문제해결을 위하여 계획적으로 접근하는 경우를 프로그램으로 볼 수 있다.

김영종(2013)은 프로그램에 대하여 정책과 모형, 휴먼서비스 측면에서 개념 정리를 시도하였으며, 정책의 도구, 의도적인 개입으로 진행되는 변화 모형, 휴먼서비스의 설계도 차원으로 설명하였다. 프로그램은 복지 정책이 서비스로 구체화되어 전달되는 과정을 나타내는 도구가 되며, 사회문제의 어떤 상황이나 조건을 바람직한 상태로 변화시키는 데 사용되는 의도적인 개입으로서 변화 모형을 따르게 된다고 보았다. 특히, 인간을 대상으로 하는 직접서비스의 특성을 가진 휴먼서비스 프로그램이라는 점에서 프로그램은 현금급여서비스 등과는 다른 독특한 활동과 전환 과정을 묘사하는 설계도로 작용하게 된다고 설명하였다.

이봉주와 김기덕(2014)은 정책과 프로그램, 서비스의 관계를 개념들의 위계질서와 규모를 고려하여 설명하였는데, 정부나 공공기관의 정책결정은 관련 사업을 만들어내고, 해당 사업은 구체적인 프로그램으로 구성된다고 보았다. 하나의 프로그램은 프로그램의 목적을 달성하기 위한 수단이자 구성요소인 다양한 서비스의 조직적 결합으로 이루어지므로, 이러한 개념들의 위계질서와 규모를 고려하여 정책, 사업, 프로그램, 서비스의 순서로 정리하였다.

마지막으로 김상곤 외(2012)는 프로그램과 관련하여 유사하게 사용되는 정책과 서비스, 프로젝트, 사업이라는 용어를 상대적으로 대비하여 차이를 〈표 1-1〉과 같이 정리하여 설명하였다. 서비스를 포괄하는 개념으로 프로그램을 보았을 때, 서비스는 프로그램 활동의 주요 내용을 구성하는 요소이다. 프로젝트는 프로그램이 지속적이고 일정한 구조를 갖추고 진행되는 것에 비하여 한시적이거나 실험적인 형태로 단기간에 수행되는 특정한 과업이나 활동을 의미한다. 사업제안서에서 많이 혼용되어 사용되는 사업의 경우, 프로그램은 세부 프로그램 또는 활동으로 구성된다고 볼 수 있으며, 이때 사업이라는 용어는 프로그램의 합으로 주로 상위개념으로 사용된다.

〈표 1-1〉 프로그램 관련 유사용어 정리

구분		내용
프로그램-정책	프로그램	• 일선 기관에서 제공하는 구체적인 활동 • 하위개념 또는 부분적 성격 • 정책을 기반으로 실시
	정책	• 정부나 공공기관의 목적 달성을 위한 주요 행동 계획과 원칙 • 상위 개념 또는 포괄적 성격 • 프로그램의 선행 요건
프로그램-서비스	프로그램	• 서비스를 포괄하는 개념 • 행정적 활동이나 지역사회 활동 포함
	서비스	• 프로그램 활동의 주요 내용 • 권리적 의미 포함
프로그램-프로젝트	프로그램	• 지속적 • 일정한 안정적 구조
	프로젝트	• 한시적, 단기적 • 실험적인 형태
프로그램-사업	프로그램	• 사업을 이루는 하위 요소
	사업	• 프로그램의 합으로 상위 개념

출처: 김상곤 외(2012).

2. 청소년 프로그램의 의미

1) 청소년 프로그램의 의미와 필요성

청소년 프로그램은 청소년 중심의 가치지향과 목적을 지녀야 하며, 한 사회의 청소년정책이나 의도는 청소년 프로그램이라는 수단을 통해 실행된다. 그러므로 전문가인 청소년지도자가 청소년 프로그램을 개발하고 평가하는 것은 그러한 프로그램들을 어떻게 만들고 실행하고 평가해서 발전시켜 나갈지를 모색하는 것이다(김영종, 2013). 청소년활동, 상담, 복지의 실천 현장에서 청소년 프로그램은 청소년들이 활동하는 것을 실현하는 데에 필요한 모든 활동을 체계적으로 연결하여 종합적으로 자세히 제시하며, 목표, 계획, 설계, 수단과 방법, 창안된 행위, 정돈된 준비, 도식화 등을 포함하고 있는 광범위하고 포괄적인 개념이다. 청소년 프로그램은 이론보다는 생활 중심, 지식보다는 행동 중심, 미래 준비보다는 현실 생활의 적응 중심, 지도자보다는 청소년 중심의 활동을 중시해야 한다(김윤나 외, 2020; 한국청소년개발원, 2005).

청소년 프로그램은 다양한 청소년 문제의 예방과 치료를 위해 필요한 활동이며, 프로그램 활동을 통해 청소년들에게 긍정적 심리, 자기효능감, 역량강화 등을 꾀할 수 있다. 청소년 프로그램은 지역사회 자원봉사활동의 참여 및 다양한 직·간접적 체험을 제공하고 지역사회 자원과의 접촉 기회를 마련해 준다. 또한 집단 따돌림, 학교폭력, 결손이나 가족해체, 각종 중독문제와 학업 스트레스 등에 대하여 프로그램 개입이 가능하도록 한다(곽미정 외, 2018).

청소년 프로그램에서는 청소년의 자발적인 참여와 경험중심의 활동이 가능한 환경이 중요하다. 또한 청소년들에게 사회적, 문화적, 교육적, 정서적, 오락 및 흥미 중심적 경험을 제공할 수 있어야 한다. 청소년 프로그램은 청소년 육성의 목적을 달성하기 위한 수단적 성격을 가지며, 청소년지도활동 측면에서는 청소년지도자의 지도하에 갖게 되는 모든 경험과 활동의 의미를 가진다.

청소년 프로그램의 의미를 다시 정리하면 다음과 같다. 첫째, 청소년 프로그램은 청소년활동을 구체적으로 실행하기 위해 필요한 모든 활동이며, 목표, 내용, 방법, 평가 등 모든 제반활동을 포함하는 포괄적인 개념이다. 둘째, 청소년 프로그램은 선택적이고 융통성이 강하다. 학교 정규과정에서 이루어지는 활동은 포함하지 않으나 특별활동이나 창의적 재량활동 시간에 행하여지는 프로그램은 청소년 프로그램에 포함한다. 셋째, 청소년지도자의 지도하에 이루어지는 모든 활동과 경험을 말하지만, 지도자 없이 청소년 스스로 운영하는 프로그램도 청소년 프로그램으로 볼 수 있다. 넷째, 청소년 프로그램은 시대적 상황을 반영하여 청소년의 성장 · 발달의 방향성을 설정하고 이를 위해 다양한 경험과 환경을 체계적으로 조직하는 것을 의미한다(천정웅 외, 2019).

3. 청소년 프로그램의 특성

청소년기는 아동에서 성인기로 넘어가는 과도기로서 인간 발달의 어떤 단계보다도 중요한 시기이다. 이 시기의 청소년들은 급격한 신체변화, 학업을 비롯한 사회적 과업 요구 등으로 매우 불안정한 심리상태를 경험하게 된다. 그러므로 청소년들의 심리적 안정감, 자기효능감, 임파워먼트, 긍정심리 등 청소년에게 유익한 정서를 기르고 사회적 지지를 강화하기 위한 청소년 프로그램의 개입은 매우 중요하다(곽미정 외, 2018). 청소년 프로그램은 청소년이 자신의 내재된 강점과 기술을 활용하여 스스로 변화에 적극적인 행위자로 참여하도록 한다.

1) 청소년 프로그램의 성격

청소년 프로그램은 청소년의 건전한 발달과 사회적응을 지원하는 것을 목적으로 실시되는 청소년지도 활동이며, 청소년이 참여하는 활동을 효과적이고 효율적으로 실현하기 위해 필요한 교육적 경험과 환경의 집합체라고 할 수 있다.

청소년 프로그램의 성격은 청소년지도 프로그램 차원에서 다음과 같이 요약할 수 있다.

첫째, 청소년 프로그램은 미래지향성과 현실지향성을 동시에 지니고 있다. 미래지향적인 성격은 청소년지도 활동에서 앞으로 전개될 행동을 사전에 예측하여 이를 바탕으로 미래의 행동방향을 미리 수립하는 것을 의미한다. 현실지향성은 참여 청소년들의 현재의 욕구와 특성에 따라 내용과 방법의 일부를 융통성 있게 수정하거나 변경시킬 수 있는 특성을 말한다.

둘째, 청소년 프로그램은 청소년지도의 목적과 목표에 도달하기 위하여 활용된다.

셋째, 청소년 프로그램은 활동지향적인 성격과 동태적인 성격을 가지고 있다. 즉 프로그램은 청소년들에게 단순히 지식이나 이론을 가르치는 것보다는 그들에게 실제적인 활동을 지원하는 것을 의미한다.

넷째, 청소년 프로그램은 성과(output)로서의 결과보다는 과정(process)을 중요하게 다룬다. 이는 프로그램에 참여한 이후 어떤 행동의 변화를 가져왔는가 하는 성과에 초점을 두기보다 프로그램의 참여 과정에서 얼마나 의미 있고 만족스러운 경험을 하고 있는가에 비중을 두고 있음을 의미한다.

다섯째, 청소년 프로그램을 평가하는 준거는 효과성과 효율성, 매력성이다. 효과성은 주어진 목표를 어느 정도 달성했는가를 의미하며, 효율성은 목표 달성을 얼마나 합리적으로 이루었는가를 말한다. 매력성은 프로그램이 얼마나 의미 있고 유용하며, 호기심과 흥미를 자극했는가와 연관된다.

여섯째, 청소년 프로그램은 청소년지도 활동을 변경하고 개선하도록 하며, 지도활동에 대한 청소년들의 만족감 향상과 청소년들의 생각, 사회적 가치, 규범 등을 변화 또는 유지시킨다(하정화 · 김진화 · 이혜주, 2010; 한국청소년개발원, 2005).

2) 청소년 프로그램의 특징

「청소년기본법」에는 청소년의 연령을 9세에서 24세로 정의하고 있다. 동 법에서 청소년은 사회구성원으로서 정당한 대우와 권익을 보장받고, 스스로 생각하고 자유롭게 활동할 수 있도록 하며, 보다 나은 삶을 누리고 유해한 환경으로부터 보호되어야 한다. 이를 위해 동법에서는 청소년육성, 청소년활동, 청소년복지, 청소년보호, 청소년시설, 청소년지도자, 청소년단체에 대한 내용을 명시하고 있다. 그럼으로써 국가와 사회가 필요로 하는 건전한 민주시민으로서 청소년들이 성장할 수 있도록 하는 것을 기본이념으로 하고 있다. 청소년의 건강한 성장과 발전을 돕기 위해 효과적인 청소년 프로그램의 특징을 살펴보면 다음과 같다.

첫째, 청소년 프로그램은 안전하고 건강한 청소년 공간을 제공하는 역할을 한다. 이를 위해 청소년에게 필요한 기본적인 의 · 식 · 주 외에도 신체적 · 정신적 건강에 대한 욕구 파악 및 안전을 느끼는 환경을 개발하고 제공해야 한다.

둘째, 청소년이 가지고 있는 자산을 기초로 하여 청소년의 강점을 발전시키고 건강한 성장을 도모한다. 청소년을 문제수정이 필요한 대상자로 보거나 서비스의 수혜자로 보기보다는 학습의 파트너, 지역사회의 자원으로 바라본다.

셋째, 청소년에게 긍정적인 대인관계와 사회적 기술 개발을 향상시킨다. 이를 위해 성인들과의 안정적인 관계와 역할 모델을 개발하고 또래들과는 긍정적인 상호작용에 참여하는 기회 등을 제공한다.

넷째, 청소년이 주도적으로 참여하면서 프로그램 개발의 주체가 된다. 성인의 지도를 받으면서 청소년이 프로그램을 설계, 관리, 평가 등의 각 단계에 참여함으로써 리더십, 소속감과 책임감, 독립심과 독창성 등을 개발할 수 있다.

다섯째, 청소년 프로그램을 효과적으로 실현할 전문적 지도자가 필요하다. 지도자는 청소년기의 발달적 욕구를 이해하면서 청소년들을 격려하고, 도전적인 과제를 주며, 건전한 방향으로 안내하는 역할을 한다. 따라서 지도자를 대상으로 한 전문 프로그램도 필요하다.

여섯째, 청소년들에게 성장과 학습을 위한 자원을 제공한다. 청소년들에게 지지적인 환경에서 위험을 감수하도록 격려하고, 새로운 것을 탐색하며, 성취를 위해 스스로 나아가도록 지원한다. 수행활동, 전시활동 등을 통해 목표를 달성하게 하고, 다른 사람들과 공유할 수 있는 산출물을 만들 수 있도록 도전하게 한다.

일곱째, 청소년들에게 즐겁고 상호작용적인 활동을 제공한다. 청소년들은 프로그램 활동을 통해 신선함, 즐거움, 타인과의 소통을 경험하면서 프로그램을 매력적인 활동으로 인식한다.

여덟째, 청소년의 욕구와 다른 프로그램과의 관계 등을 참고하여 전체적이고 포괄적인 맥락에서 프로그램을 제공한다. 그리고 가족 및 지역사회 기관과 함께 청소년에 대한 공동적인 지원을 모색하고, 지역적 · 국가적 · 지구적 · 역사적인 이슈를 함께 다루는 것도 효과적이다(천정웅 외, 2019).

청소년 프로그램의 유형과 주요 요소

1. 청소년 프로그램의 유형

청소년 프로그램의 목적은 안전하고 관리된 환경을 제공하는 프로그램, 학습적이고 문화적 환경을 제공하는 프로그램, 위험행동을 예방하는 프로그램으로 구분할 수 있다. 안전하고 관리된 환경을 제공하는 프로그램은 지도자의 감독하에 아동과 청소년을 사고, 폭력, 유괴 등으로부터 안전하게 보호하는 목적을 가진 프로그램이다. 학습적, 문화적 프로그램은 청소년기에 필요한 학업 능력과 문화적 시민으로서의 역량과 자질을 향상하는 기회를 제공하는 프로그램이다. 위험행동을 예방하는 프로그램은 음주, 가출, 흡연, 학교중도탈락, 비행 등의 문제행동을 예방하고 치료하는 프로그램이다. 그러나 청소년 프로그램은 위에 열거한 한 가지 목적으로만 운영하는 것이 아니라 다양한 목적을 함께 가지고 통합적으로 활용하게 된다(천정웅 외, 2019; Beckett, 2008).

청소년 프로그램은 유형에 따라 프로그램의 목적과 방향이 달라지고, 프로그램의 주요 요소에 따라 내용이 달라지기 때문에 프로그램을 개발할 때 가장 우선적으로 고려하여야 한다. 청소년 프로그램의 유형은 참여 대상자, 개발 주체, 프로그램 운영 기간, 프로그램 지원기관에 따라 구분할 수 있다(김윤나 외, 2020).

1) 프로그램 참여 대상자

프로그램 참여 대상자인 청소년은 발달특성에 따라 초등연령인 초기 청소년, 중·고등학교 연령인 중기 청소년, 대학생 및 청년에 해당하는 후기 청소년으로 분류할 수 있다. 그러므로 청소년의 발달단계를 고려한 프로그램이 개발되고, 제공될 필요가 있다. 청소년의 발달단계에 따라 적용되는 프로그램은 다음과 같다.

첫째, 아동기를 지나 청소년기를 시작하는 초기 청소년은 급격한 신체발달과 학교 및 또래관계가 활발해지는 시기이다. 따라서 신체 성장 프로그램, 창의력 증진 프로그램, 사회성 발달 프로그램, 대인관계 향상 프로그램, 정서적 안정 프로그램과 문제해결능력을 향상하고 가족관계 증진을 위한 프로그램 등이 개발되어야 한다.

둘째, 중기 청소년들에게는 신체적 급성장에 따른 신체 발달 프로그램, 불안정한 정서를 이완하고 정체감 형성을 돕는 프로그램, 민주 시민으로서의 성장을 함양하는 프로그램과 지역사회 참여 프로그램, 진로와 관련된 프로그램 등이 개발되고 제공될 필요가 있다.

셋째, 후기 청소년은 취업과 관련한 직업설계 및 직업탐색 프로그램과 사회생활을 위한 사회적응 프로그램, 리더십 향상과 결혼 준비 등과 관련된 프로그램 등이 개발되고 제공되어야 한다.

2) 프로그램 개발 주체

프로그램 개발은 청소년이 개인 혹은 동아리 등에서 직접 개발한 프로그램 유형과 청소년지도자 및 청소년기관에서 개발하는 유형으로 구분할 수 있다.

첫째, 청소년이 주체가 되어 개발하는 프로그램은 청소년이 어느 기관이나 단체에 소속되지 않고 스스로 프로그램을 개발하고 실행하는 경우가 있다. 또는 청소년이 청소년지도자와 청소년기관에서 제공한 시스템 안에서 청소년이 프로그램을 개발하는 경우도 있다.

둘째, 청소년지도자에 의해 개발되는 프로그램은 대상, 장소, 기간, 내용, 시기, 자원 등에 따라 개발하는 경우이다.

3) 프로그램 기간

프로그램 기간에 따라 단위형 프로그램, 정기형 프로그램, 종합형 프로그램으로 구분할 수 있다.

첫째, 단위형 프로그램은 일회성과 단기형으로 나눌 수 있으며, 일회성 프로그램에는 청소년 축제, 경연대회 등이 있다. 단기형 프로그램은 특정한 목적 달성을 위해 단기간에 제공되며, 청소년 캠프, 체험 프로그램, 지역사회 참여 프로그램 등이 있다.

둘째, 정기형 프로그램은 학교나 청소년기관 등에서 정기적으로 이루어지는 프로그램이다.

셋째, 종합형 프로그램은 단위 프로그램과 정기 프로그램이 복합되어 있으며, 청소년 캠프, 청소년방과후아카데미 등을 예로 들 수 있다.

4) 프로그램 지원기관

청소년 프로그램 개발지원에는 공공영역 지원과 민간영역 지원으로 나눌 수 있다.

첫째, 공공영역 지원사업은 중앙정부 및 지방자치단체의 공모를 통해 예산을 지원받아 프로그램을 개발한다. 중앙정부 지원사업에는 여성가족부에서 실시하는 청소년 프로그램 공모시업이 대표적이다. 그 외에 중앙정부와 지방자치단체가 공동으로 지원하는 청소년방과후아카데미, 청소년 어울림마당, 동아리 활동 지원 등이 있고, 지방자치단체에서 독자적으로 지원하는 사업도 있다.

〈표 2-1〉 청소년 프로그램 유형

구분		프로그램
대상자	초기 청소년	신체 성장 프로그램, 창의력 증진 프로그램, 사회성 향상 프로그램, 문제해결 능력 프로그램, 대인관계 향상 프로그램, 정서적 안정 프로그램 등
	중기 청소년	신체발달 프로그램, 정서적 안정성 프로그램, 시민성 함양 프로그램, 문화감수성 프로그램, 진로탐색 프로그램 등
	후기 청소년	직업설계 프로그램, 분석적 사고 함양 프로그램, 리더십 프로그램, 결혼 준비 프로그램 등
개발주체	청소년	개인 프로그램, 동아리 독자적 프로그램, 청소년지도자 제공 프로그램 등
	청소년지도자	대상, 기간, 장소, 시기, 내용, 자원 등의 요소를 고려한 프로그램 등
운영기간	단위	일회성 프로그램, 단기형(캠프, 체험 및 봉사 등) 프로그램
	정기	문화, 예술 등 정기강좌 프로그램
	종합	청소년운영위원회, 청소년방과후아카데미, 청소년 캠프
지원기관	공공영역	중앙정부, 지방자치단체 공모 또는 지원 프로그램
	민간영역	기업, 청소년기관, 단체 공모 및 지원 프로그램

출처: 김윤나 외(2020).

둘째, 민간영역 지원사업은 기업 사회공헌 프로그램과 청소년기관과 단체가 공모사업 및 지원사업을 통해 프로그램을 개발하고 지원하는 사업 등이 있다(김윤나 외, 2020). 이와 관련된 내용은 〈표 2-1〉에 제시하였다.

2. 청소년 프로그램의 주요 요소

청소년 프로그램의 주요 요소에는 청소년, 청소년지도자, 환경이 있다. 프로그램이 성공적으로 수행되기 위해서는 프로그램의 대상임과 동시에 주체가 되는 청소년과 프로그램을 개발하고 운영하는 지도자, 프로그램 운영에 필요한 환경에 대한 이해가 필요하다.

1) 청소년

청소년은 청소년시기의 불안정한 심리를 극복하고 건전한 자아정체감 형성을 위하여 다양한 활동이 필요하다. 청소년활동은 청소년시기의 발달과업을 성공적으로 이루고, 사회구성원으로서의 성장과 개인의 잠재력 및 내적 역량을 강화하는 것도 포함한다. 「청소년기본법」에서 청소년활동이란 청소년의 균형 있는 성장을 위하여 필요한 활동이며, 이러한 활동을 소재로 하는 것에는 수련활동, 교류활동, 문화활동 등 다양한 형태의 활동들이 있다(정익중 외, 2021).

제7차 청소년정책 기본계획에서는 청소년활동 활성화를 위하여 디지털 역량 활동 강화, 미래역량 제고, 다양한 체험활동 확대, 학교 안팎 청소년활동 지원 강화를 기본 과제로 삼고 있다. 이를 자세히 살펴보면 다음과 같다. 첫째, 디지털 역량 활동 강화를 위해서 청소년의 디지털 역량 활동 프로그램 확대 및 교육을 강화하고, 청소년활동 지원체계에 대한 디지털 기반을 개선한다. 둘째, 청소년 미래역량 제고를 위해서는 신산업, 환경, 경제 교육 등의 지원과 진로 교육 및 분야별 진로 활동을 확대한다. 셋째, 다양한 체험활동 확대를 위해서는 국제교류, 문화 · 체육 등 다양한 분야의 체험기회를 활성화하고 청소년이 스스로 기획 · 주도하는 활동을 지원한다. 그리고 안전한 청소년활동을 위하여 시스템 운영 및 평가를 강화한다. 넷째, 학교 안팎 청소년활동 지원 강화를 위하여 청소년활동과 학교 간 연계를 통해 지역 맞춤 청소년활동을 강화하고 지역 내 청소년을 위한 공간 · 시설을 조성 및 확대한다(여성가족부, 2023).

청소년정책은 청소년의 잠재역량을 개발하는 것에 주요한 목적을 가지고 있다. 청소년의 다양한 측면에서의 역량 개발은 전체 사회적 역량 개발로 전환될 수 있기에 이에 대한 적극적인 정책영역을 강화하고 확장될 필요가 있다. 청소년의 역량에 대하여 Pittman와 Irby(1996)은 시민적 역량, 사회적 역량, 문화적 역량, 신체적 건강, 정서적 건강, 지적 역량, 취업 능력으로 정의하고 있다. Delgado(2002)는 청소년 역량에 대하여 신체적 건강, 정서적 역량, 사회적 역량, 인지적 역량, 도덕적 역량 및 영적 역량으로 요약하여 설명하고 있다. 이를 보면 청소년 프로그램은 청소년을 문제 중심적 관점보다 역량 개발적 관점으로 바라보며, 청소년들이 가지고 있는 성공적 발전을 위한 잠재성을 강조하고, 청소년의 긍정적 발달을 강조하는 관점으로 발달하여 왔음을 알 수 있다. 청소년 역량 개발 프로그램은 학업적 · 사회적 · 직업적 역량과 자신감, 긍정적인 자기정체성, 지역사회, 가족, 또래집단과의 연계, 인성, 긍정적인 가치, 도덕적 약속, 정직, 돌봄과 동정 등으로 설명할 수 있다(천정웅 외, 2019).

청소년 프로그램은 청소년들의 요구를 반영하고 자발적인 참여를 통해 실생활 속에서 의미 있는 활동을 경험함으로써 청소년의 전인적 성장 발달을 돕는다. 청소년활동 프로그램은 프로그램 활동 경험을 통해 청소년들의 삶에 긍정적인 가치를 부여하고 성공적인 성인기로 이행하도록 수단적으로 적용될 수 있다(천정웅 외, 2019).

한국청소년정책연구원에서는 청소년활동을 영역별로 세분화하여 〈표 2-2〉과 같이 분류하고 있다(문호영, 2022).

〈표 2-2〉 청소년활동 영역별 세부 활동

구분	세부 활동 내용
건강 · 보건	신체단련활동, 흡연 · 음주 · 약물 · 비만 예방활동, 안전 · 응급처치활동, 성교육활동, 학교폭력 예방활동, 인터넷 및 스마트폰 중독 예방활동, 스포츠활동, 생활안전활동, 정신건강활동
과학정보	모형 및 로봇활동, 컴퓨터 및 인터넷활용활동, 우주천체활동, 정보캠프활동, 영상매체활동, 기술공학활동, 생명과학활동, 해양과학활동, 정보통신활동
교류	청소년국제교류활동, 도농 간 청소년교류활동, 다문화 및 국제이해활동, 남북교류활동, 지역 간 교류활동
모험	환경생태탐사활동, 야영활동, 해양수상활동, 도전활동, 극기훈련활동
문화예술	예술체험활동, 전통문화예술활동, 축제문화활동, 다문화이해활동, 독서토론활동, 사진촬영 및 발표활동
봉사	일손돕기활동, 위문활동, 돌봄 및 지도활동, 캠페인활동, 재능나눔활동, 국제봉사활동, 환경보호활동
진로	청소년모의창업활동, 경제캠프활동, 진로탐색활동, 직업현장체험활동, 자기이해활동
환경	생태체험활동, 환경탐사활동, 환경음식 만들기 및 재활용공예활동, 환경살리기 캠페인활동
자기(인성)계발	표현능력개발 및 자기표현활동, 자기탐구 및 자기존중감 향상 활동, 심성수련활동
참여	청소년참여기구 활동, 학교에서의 참여활동, 학교 이외에서의 참여활동

출처: 문호영(2022).

2) 청소년지도자

청소년지도자는 청소년들의 역량을 향상시키고 강화하는 역할을 한다. 청소년지도자의 역할은 개별성, 자율성, 창의성, 다양성 등의 기본원리에 따라 전문가, 촉진자, 비판적 분석가, 예술가로 설명할 수 있다. 이들에게 청소년활동, 상담, 복지 현장에서 요구되는 역할은 다음과 같다.

첫째, 전문가로서 자신이 맡은 프로그램에 관한 전문적인 지식과 기술을 가지고 이와 관련한 자격증을 취득한 사람이어야 한다.

둘째, 촉진자로서 지도자는 일방적이고 지시적인 태도를 지양하고, 지도자와 청소년 간 상호작용적인 활동을 통해 활동과 교육을 촉진시킨다.

셋째, 비판적 분석가는 청소년들에게 고정적이고 편협한 사고방식 및 행동양식에서 벗어나 비판적 분석과 창의적 사고를 지향하도록 돕는 역할을 한다.

넷째, 예술가로서 창의성, 조화성, 즉흥성, 다양성 등의 특성을 염두에 두고, 청소년 지도 시 상황에 따라 적절하고 융통성 있게 대응할 수 있도록 한다(최윤진, 1992).

청소년활동을 활성화하고 현장에 실천하기 위한 프로그램은 청소년들의 요구를 반영하고 자발적인 참여를 통해 실생활 속에서 의미 있는 활동을 경험함으로써 청소년의 전인적 성장 발달을 돕는다. 이러한 청소년 프로그램을 실천하는 청소년지도자에는 청소년지도사, 청소년상담사, 사회복지사 등이 있다.

(1) 청소년지도사

청소년지도사는 국가전문자격으로, 「청소년기본법」에 의거하여 자격검정시험과 이수과정을 통해 자격증을 취득할 수 있다. 청소년지도사는 청소년지도사 자격시험에 합격하고 청소년지도사 연수기관에서 연수 과정을 마친 후 여성가족부장관으로부터 전문자격을 부여받는다. 청소년지도사는 청소년활동(프로그램, 사업)을 전담하며, 청소년의 수련활동, 지역, 국가 간 교류활동, 동아리활동, 봉사활동, 예술활동 등을 지도한다. 활동분야에는 한국청소년활동진흥원, 시 · 도 청소년활동진흥센터, 청소년단체, 청소년수련시설, 청소년이용권장시설, 청소년복지시설, 청소년보호 · 재활센터, 청소년성문화센터, 청소년방과후아카데미, 청소년지원시설, 보호관찰 및 소년원교원, 청소년계 경찰공무원, 기업체 산하 청소년사업, 아동복지시설 등이 있다.

청소년지도사는 1, 2, 3급으로 구분되어 자격과 역할이 주어진다(한국청소년활동진흥원, 2023). 2027년 1월부터 청소년지도사 3급은 폐지 예정이며, 2급의 경우 청소년기관 현장실습(130시간)이 추가될 예정이다.

(2) 청소년상담사

청소년상담사는 청소년상담과 관련된 국가자격증으로, 「청소년기본법」에 의거하여 자격시험에 합격한 후 청소년상담연수기관에서 100시간 이상의 연수과정을 마친 사람에게 여성가족부장관이 부여하는 자격증이다. 청소년상담사는 청소년문제 대처를 위한 전문적 상담인력의 필요성이 대두되면서 효과적인 청소년상담활동의 체계 확립 및 전문인력 확보를 위한 제도의 필요성과 청소년 선도 효과 및 질 높은 상담서비스 제공의 필요성 등으로 인해 양성되는 국가전문상담인력이다. 활동분야는 한국청소년상담복지개발원, 시 · 도 청소년상담복지센터, 시 · 군 · 구 청소년상담복지센터, 사회복지기관, 경찰청, 법무부, 군, 청소년수련관, 청소년문화관, 청소년쉼터, 초 · 중 · 고등학교 상담 및 대학 상담센터, 그 외 청소년관련 복지시설 및 민간차원의 청소년상담 영역 등 매우 다양하다. 자격분류는 1, 2, 3급으로 나누어지며 각 급별에 따라

자격요건과 역할이 주어진다(한국청소년상담복지개발원, 2023).

(3) 사회복지사

사회복지사는 「사회복지사업법」에 의거한 국가자격증이며, 법률이 정한 사회복지사업을 시행하는 것은 물론 사회복지사윤리강령에 따라 문제를 해결하는 전문가이다. 「사회복지사업법 시행령」 제6조에서 사회복지법인 또는 사회복지시설을 설치 · 운영하는 자는 사회복지프로그램의 개발 및 운영업무, 시설거주자의 생활지도 업무, 사회복지를 필요로 하는 사람에 대한 상담업무 등에는 사회복지사를 채용하여야 함을 명시하고 있다. 그 외에도 관련 법률에 따라 사회복지전담공무원, 통합사례관리사, 정신건강사회복지사, 의료사회복지사, 학교사회복지사를 필요한 업무에 채용하도록 규정하고 있다. 정신건강사회복지사, 의료사회복지사, 학교사회복지사는 사회복지사 1급 소지자가 별도의 수련과정을 거쳐 취득할 수 있는 보건복지부 국가자격증이다. 활동분야는 복지관(종합, 노인, 장애인 등), 사회복지시설, 병원, 정신건강복지센터, 학교, 기업사회공헌, 보훈, 법무교정, 군, 시민사회, 의회 등으로 매우 다양하다. 사회복지사는 1, 2급으로 구분되어 자격과 역할이 주어진다(한국사회복지사협회, 2023).

3) 환경

청소년들에게 양질의 프로그램을 제공하기 위해서는 프로그램 운영 환경이 안정적이고 지지적이어야 한다. 청소년 프로그램의 직접적 혹은 간접적인 환경은 심리적 환경과 물리적 환경으로 설명할 수 있다. 첫째, 심리적 환경은 지도자와 청소년 간 상호존중, 인정, 공감적 이해, 신뢰, 친밀감 등이 포함된다. 둘째, 물리적 환경은 시설환경, 구성환경, 제공환경 등이 있으며, 지도자는 이를 적절하게 활용할 수 있어야 하고, 물리적 환경을 정비할 때는 안정성, 경제성, 집중성, 효율성, 적절성 등을 고려하여야 한다(김영인 · 김민, 2016).

3. 청소년 프로그램의 현장

청소년 프로그램이 실제로 활용되고 있는 현장은 매우 다양하다. 청소년 프로그램은 주로 청소년활동, 청소년상담, 청소년복지 현장을 중심으로 이루어지고 있다. 이에 대하여 한국청소년활동진흥원과 한국청소년상담복지개발원을 중심으로 이루어지고 있는 청소년활동 현장에 대해서 살펴보면 다음과 같다.

1) 한국청소년활동진흥원

한국청소년활동진흥원은 「청소년진흥법」에 의거한 여성가족부 산하기관으로 청소년활동 전반에 대한 진흥과 청소년계 전체 발전을 선도하기 위해 설립된 기관이다. 주요 사업에는 청소년역량증진, 청소년안전확보, 청소년참여확산, 국제활동활성화, 청소년정책지원사업 등이 있다. 청소년활동운영을 위해 청소년활동정보서비스, 청소년수련활동인증제, 청소년자원봉사 DOVOL, 국제청소년성취포상제, 청소년자기도전포상제, 청소년국제교류, 청소년수련시설

안전점검, 청소년특별회의, KYWA형 PBL사업, 교육과정 연계활동프로그램, 시도센터연계협력 등을 운영하고 있다. 그리고 청소년지도자 양성을 위해 청소년지도사 자격검정과 자격연수, 보수교육 등을 실시하고 있다.

한국청소년활동진흥원에서 지원하는 청소년활동 사업에는 청소년방과후아카데미, 프로그램공모사업, 수련활동지원, 청소년활동 안전강화사업, 청소년수련활동 신고제, 어울림마당 · 동아리 활동 등이 있다.

한국청소년활동진흥원 산하 국립수련시설에는 국립중앙청소년수련원, 국립평창청소년수련원, 국립청소년우주센터, 국립청소년농생명센터, 국립청소년해양센터, 국립청소년미래환경센터, 국립청소년생태센터 등이 있다.

각 시 · 도 청소년활동진흥센터는 한국청소년활동진흥원과 연계하여 지역의 청소년활동을 진흥하는 역할을 하며, 서울을 비롯하여 전국에 17개소가 있다. 각 시 · 도 청소년활동진흥센터 산하에는 각 지역 내에 청소년활동 증진과 지원을 위한 청소년수련관, 청소년드림센터, 청소년문화센터, 청소년문화의 집, 청소년직업체험센터, 청소년성문화센터, 청소년회관, 유스호스텔 등의 청소년시설이 운영되고 있다(한국청소년활동진흥원, 2023).

이 중 대표적인 청소년활동기관인 청소년수련원, 청소년수련관, 청소년문화의집, 청소년성문화센터에 대하여 살펴보면 다음과 같다.

청소년수련원은 전국에 155개소가 있으며, 숙박기능을 갖춘 생활관을 비롯하여 다양한 수련거리를 실시할 수 있는 시설과 설비를 갖춘 종합수련시설이다. 수련원은 청소년이 이용하기에 편리하며, 자연경관이 수려한 지역, 국립 · 도립 · 군립공원, 그 밖의 자연과 더불어 수련활동이 적합한 곳에 입지하고 있다.

청소년수련관은 전국에 199개소가 있으며, 다양한 수련거리를 실시할 수 있도록 시설과 설비를 갖춘 종합수련시설이며, 입지조건은 일상생활권, 도심지

근교 및 그 밖의 수련활동 실시에 적합한 곳에 위치하고 있다. 「청소년활동진흥법」에는 시 · 도지사 및 시장 · 군수 · 구청장은 시 · 군 · 구에 1개소 이상의 청소년수련관을 설치하고 운영해야 함을 명시하고 있다.

청소년문화의집은 전국에 341개소가 있으며, 간단한 수련활동을 실시할 수 있는 시설과 설비를 갖춘 정보 · 문화 · 예술 중심의 수련시설이다. 청소년수련시설 중 가장 작은 규모이며, 지역사회에 가장 근접한 지역에 위치하여 청소년들이 일상으로 이용할 수 있는 곳이다. 「청소년활동진흥법」에는 시 · 도지사 및 시장 · 군수 · 구청장은 읍 · 면 · 동에 1개소 이상의 청소년문화의집을 설치하고 운영해야 함을 명시하고 있다(한국청소년수련시설협회, 2023).

청소년성문화센터는 전국에 58개소가 있으며, 여성가족부와 지방자치단체의 지원을 받아 운영하는 아동 · 청소년 성교육 전문기관이다. 체험관과 이동형 버스를 활용하여 아동 · 청소년 성교육, 양육자 성교육, 가족 성교육을 진행하며, 성인지적 성교육을 바탕으로 성상담, 성교육 활동가 양성, 캠페인 등 다양한 성문화 활동을 하고 있다(충청남도여성가족청소년사회서비스원, 2023).

2) 한국청소년상담복지개발원

한국청소년상담복지개발원은 청소년의 건강한 성장과 행복한 꿈을 실현하기 위해 다양한 상담복지사업을 수행하는 여성가족부 산하 공공기관이다.

한국청소년상담복지개발원은 청소년상담복지센터, 학교밖청소년지원센터(청소년지원센터 꿈드림), 청소년복지시설(청소년쉼터, 청소년자립지원관, 청소년회복지원시설), 국립청소년인터넷드림마을, 국립중앙청소년디딤센터, 국립대구청소년디딤센터를 총괄하고 있다. 주요업무에는 청소년상담 및 복지와 관련된 정책연구, 청소년상담 · 복지사업 개발 및 운영과 지원, 청소년상담기법의 개발 및 상담자료의 제작과 보급, 청소년상담 · 복지 인력의 양성 및 교육, 청소년상담 · 복지 관련 기관 간의 연계 및 지원, 청소년상담복지센터, 청소년복지시설 및 학교밖청소년지원센터에 대한 지도 및 지원, 청소년가족에 대한 상담 및 교육, 통합정보시스템 운영, 그 밖에 청소년상담원의 목적을 수행하기 위한 부수사업 등이 있다.

청소년상담복지센터는 전국에 240개소가 있으며, 지역사회청소년 통합지원체계(청소년안전망)의 허브기관으로서 청소년문제를 진단 및 평가하고 필요한 서비스를 제공한다. 청소년안전망 운영사업은 청소년가출, 폭력 등과 같은 위기문제, 심리정서적 문제 등에 대하여 지역 내 청소년상담복지센터가 개입, 구조, 일시보호 등의 서비스를 제공하는 것으로 청소년상담 1388, 청소년동반자, 1388청소년지원단 등이 운영되고 있다.

학교밖청소년지원센터는 전국에 222개소가 설치되어 있으며, 학교밖청소년에게 상담 및 프로그램 운영, 외부자원연계, 진로 및 사회적응에 필요한 정보제공, 권익보호 등의 다양한 서비스를 제공하고 있다. 특히 학교밖청소년의 개인적 특성과 요구를 고려하여 학업복귀와 사회진입의 두 가지 트랙으로 지원하고 있다.

청소년쉼터는 전국에 138개소가 설치 운영되고 있으며, 가정에서 필요한 보호와 돌봄을 받지 못하는 청소년들에게 의식주, 학업지원, 심리정서지원, 여가활동 등을 제공하고 있다. 청소년쉼터에는 여자단기쉼터, 남자단기쉼터, 여자중장기쉼터, 남자중장기쉼터, 일시쉼터 등이 있다.

청소년자립지원관은 전국에 13개소가 있으며, 청소년이 건전한 사회인으로 홀로 설 수 있도록 기본적인 생활환경과 실질적 자립훈련 프로그램을 제공하고 있다. 청소년의 개별적 특성을 고려한 맞춤형 자립체계, 안정적인 생활환경과 독립생활 능력 및 자립여건을 갖추도록 지원하고 있다.

청소년회복지원시설은 전국에 17개소가 설치되어 있으며, 「소년법」 제32조 제1항 제1호의 처분을 받은 청소년에게 보호자를 대신하여 상담 · 주거 · 학업 · 자립 등을 지원하는 청소년복지시설이다. 청소년에게 회복시설과 국가 · 지역사회 자원을 연계하여 입소 청소년의 학업 동기 및 재비행 예방 교육을 지원하고, 문화체험활동 등을 통해 건강한 자아 형성을 도우며, 퇴소 후에도 지역사회 청소년 안전망을 통해 사회에 복귀할 수 있도록 지원한다(여성가족부, 2021; 한국청소년상담복지개발원, 2023).

PART Ⅱ 청소년 프로그램 개발의 이론

청소년 프로그램 개발의 원리 및 접근법

1. 청소년 프로그램 개발의 원리

청소년 프로그램은 청소년의 건강한 성장과 사회적응을 지원하기 위한 목적으로 이루어지는 청소년지도활동이나 청소년참여활동을 실현하기 위해 필요한 교육적 경험과 환경의 집합이라고 할 수 있다. 청소년 프로그램은 청소년활동을 구체화하는데 필요한 모든 활동들을 체계적으로 연결하여 종합적으로 제시하는 광범위하고 포괄적인 개념이다. 청소년활동 프로그램의 전제조건은 청소년들의 요구를 적극 반영하여 자발적인 참여를 유도하는 것이다. 즉 청소년들이 실생활 속에서 의미 있는 활동을 직접 경험하게 함으로써 청소년의 전인적 성장을 도모하고자 하는 프로그램이다.

1) 청소년 프로그램 개발의 기능

청소년활동 프로그램은 이론보다는 생활을, 지식보다는 행동을, 미래 준비보다는 현실 생활에의 적응을 강조하며, 지도자보다는 청소년 중심의 활동을 중시하는 프로그램이 되어야 한다. 이와 관련하여 청소년 프로그램의 기능에 대하여 살펴보면 다음과 같다.

첫째, 청소년 프로그램은 청소년집단의 문화를 바람직하게 바꾸고 청소년집단 내에 긍정적인 효과를 불러일으키기 위해 자체 활동을 변경시키는 데 도움을 준다.

둘째, 청소년 프로그램은 청소년들에게 유익을 가져다줄 뿐만 아니라 활동에 대한 만족에도 영향을 주며, 활동의 전 과정을 촉진시키기 위해서도 유용하게 사용된다.

셋째, 청소년 프로그램은 청소년들에게 간접적 수단을 제공하고 올바른 활동 목표에 도달하기 위해 집단 지도자에 의해 의도적으로 활용된다.

넷째, 청소년 프로그램은 청소년들의 의견 및 사회의 가치와 규범을 변화시키거나 유지시키는 한편, 집단 구성원의 흥미와 요구를 충족시킨다.

다섯째, 청소년 프로그램은 청소년들 사이의 상호작용을 촉진하며, 정서적 긴장과 더불어 갈등의 완화에도 도움을 준다.

여섯째, 청소년 프로그램은 청소년들에게 과제 수행에 필요한 정보를 수집할 기회를 제공하며, 특별한 생활과제를 위한 기술을 개발하는 수단으로 활용되기도 한다.

일곱째, 청소년 프로그램 활동을 통해 형성된 긍정적 관계는 청소년들에게 사회의 금기나 수용된 규범으로부터 벗어날 수 있도록 하는 기초가 되기도 한다(하정화 · 김진화 · 이혜주, 2010; 한국청소년개발원, 2005).

2) 청소년 프로그램 개발의 원리

청소년지도자는 청소년 프로그램이 청소년들에게 어떤 의미가 있으며, 프로그램을 개발하는 이유는 무엇인지, 효과적인 프로그램은 어떠해야 하는지에 대한 고민이 필요하며, 이와 함께 효과적인 프로그램을 개발하기 위한 원리와 접근 방법에 대해서도 알아야 한다. 청소년 프로그램 개발의 원리를 살펴보면 다음과 같다.

첫째, 청소년 프로그램은 청소년에게 필요한 내용이 무엇인가에 대한 질문에서 시작해야 한다.

둘째, 개발하려는 프로그램이 청소년에게 왜 필요한지에 대한 명확한 해답을 가져야 한다.

셋째, 프로그램 개발은 청소년의 요구분석을 통해 내용을 선정한다.

넷째, 프로그램 개발은 협동적이고 집단적인 의사결정을 통해 이루어진다.

다섯째, 프로그램 개발은 내용적 측면, 기술적 측면, 설계 측면, 의사결정 측면, 정치적 측면이 통합적으로 조화를 이루어야 효과적이다.

여섯째, 프로그램 개발을 위해 청소년지도자는 과정전문가, 설계전문가, 내용전문가, 의사결정전문가, 협상가로서의 역량을 고려해야 한다.

일곱째, 단순한 선형적 접근보다는 순환적이고 체계적인 접근이 필요하다.

여덟째, 프로그램 개발은 창조성, 논리성, 현실성이 필요하다(천정웅 외, 2019).

2. 청소년 프로그램 개발의 접근법

1) 청소년 프로그램 개발의 패러다임

청소년지도자의 역할 중에서 청소년에게 적합한 프로그램을 계획하고 실행하며 평가하는 일은 매우 중요하다. 청소년지도자는 프로그램 개발자로서 청소년들에게 프로그램이 어떤 의미이고 어떤 방향으로 개발이 이루어져야 하는지를 고민해야 한다. 프로그램 패러다임이란 청소년지도자의 프로그램 개발에 대한 인식의 체계 혹은 개념의 틀이라고 할 수 있다. 청소년 프로그램 패러다임에는 실증주의 패러다임, 구성주의 패러다임, 비판주의 패러다임으로 구분해서 설명할 수 있다.

(1) 실증주의 패러다임

실증주의 패러다임(positivism paradigm)은 현상에 대한 경험적 관찰이나 인식을 근본 원리로 한다. 실증주의는 현상을 사실성, 확실성, 정확성, 유용성, 상대성을 바탕으로 하는 객관적 인식론의 입장에서 설명하고자 한다. 실증주의 패러다임의 관점에서 청소년 프로그램은 청소년지도자나 개발전문가들이 프로그램을 제시하고 청소년들은 이를 수용하고 경험하도록 한다. 즉, 청소년이 주체가 되어 개발하는 것이 아니라 청소년의 외부에 있는 지식과 정보를 청소년에게 전달하는 것이다. 실증주의 패러다임의 관점은 전통적인 학교 정규 교과과정과 같이 청소년은 선행지식이 없는 빈 그릇으로 간주하고 청소년지도자는 그 빈 그릇을 채워주는 역할을 하도록 함으로써 청소년의 능동적이고 주체적인 참여가 제한되는 경향을 보인다(김태진, 2014).

(2) 구성주의 패러다임

구성주의 패러다임(constructivism paradigm)은 지식의 구성은 인지적 활동의 결과이고 개인은 자신의 경험을 통해 끊임없이 의미를 구성해 간다고 본다. 구성주의 관점에서 청소년 프로그램의 목표는 청소년의 인지 · 사회적 발달수준을 고려하고, 청소년의 상황적 맥락에 비추어 적합성, 유용성을 판단하여 제시된다(권낙원 · 민용성, 2002). 청소년들은 주어진 프로그램을 수동적으로 받아들이는 대상(object)이 아니라 청소년 스스로 자신의 경험과 해석에 따라 재구성해 나간다. 따라서 청소년 프로그램 개발은 청소년지도자나 개발전문가의 독자적 개발이 아니라 청소년들의 능동적인 참여 및 활발한 상호작용 과정을 통해 개발됨을 강조한다.

(3) 비판적 패러다임

비판적 패러다임(criticism paradigm)은 의식의 해방을 통해 사회구조적인 모순을 드러내고 변화하고자 한다. 해방을 지향하는 실천으로 청소년지도자와 청소년은 협력과 협동을 통해 자주적, 자율적, 공동체 일원으로서 함께한다(허창수, 2021). 프로그램의 내용은 반성과 행위의 상호작용으로 이루어지는 비판적 실천행위이며, 프로그램 개발에서 청소년과 청소년지도자는 함께 통제력을 가지며 평가의 권한도 공유한다. 즉 비판적 패러다임에서 청소년 프로그램 개발은 청소년의 주체적 참여를 유도하며 청소년의 역량을 극대화시킨다(김윤나 외, 2020; 천정웅 외, 2019).

2) 청소년 프로그램 개발의 접근법

청소년 프로그램 개발의 접근법은 전통적 합리주의적 접근법, 자연주의적 접근법, 체계적 접근법, 비판적 실천 접근법, 경영관리 접근법으로 구분하여 설명할 수 있다.

(1) 전통적 합리주의적 접근법

전통적 합리주의적 접근법은 기술적 및 과학적 원리에 의존하여 가장 오랫동안 영향을 준 프로그램 접근방법 중 하나이다. 이것은 Tyler의 이론에 토대를 둔 것으로 프로그램 개발 절차의 합리성과 실천성을 강조한다. 전통적 합리주의적 접근법은 과학적 지식을 프로그램 개발에 적용하여 교육목표-학습경험-학습경험의 조직, 학습경험의 평가 등으로 이어지는 선형적인 통제 과정을 가진다. 전통적 합리주의적 접근법에서 프로그램의 목표는 프로그램의 내용을 결정하는 중요한 준거가 된다.

(2) 자연주의적 접근법

자연주의적 접근법은 프로그램 개발자와 프로그램 참여자 간의 상호작용을 강조하며, 전통적 합리주의적 접근방법에서 강조하는 4단계의 선형적 과정을 따르지 않는다. 프로그램 목표에 의한 행동 결과보다는 프로그램을 통해 나타나는 참여자의 행동 자체에 관심을 갖는다. 자연주의적 접근법에서는 참여자의 내부적 동기를 중시하고, 이론보다는 실제 경험을 통한 학습을 강조하며, 학습자의 개성과 잠재력을 중요하게 생각한다. 그러므로 프로그램의 목표는 프로그램 개발의 출발점이 아니며 더 나은 프로그램을 개발하는 방법들 중의 하나로 간주하며, 프로그램 내용에서 프로그램의 목표를 결정하기도 한다(진은설 외, 2022).

(3) 체계적 접근법

체계적 접근법은 청소년기관을 하나의 사회체계로서 간주하고 청소년, 청소년기관 및 조직체, 환경 등이 긴밀한 상호작용을 통해 청소년 프로그램을 개발한다. 프로그램 개발의 과정은 투입-과정-산출의 기본 구조로 이루어지며, 프로그램 개발 과정은 기관의 모든 자원을 고려한 총체적 차원에서 이루어진다. 체계적 접근법에서 프로그램 개발은 다양한 하위체계들 간의 상호작용 속에 순환적 · 통합적으로 이루어진다.

(4) 비판적 실천 접근법

비판적 실천 접근법은 전통적 합리적 접근방법에서 강조하는 프로그램의 가치중립적 관점을 비판한다. 프로그램을 통한 변화의 대상은 청소년뿐만 아니라 청소년과 관련된 사회 · 문화적 모순도 포함되기에 이를 비판하면서 변화시키고자 한다. 비판적 실천 접근법에서는 민주적 원리에 따라 프로그램이 개발되며 프로그램 개발은 비선형적, 순환적 과정으로 이루어진다. 프로그램 평가는 청소년과 청소년지도자가 주체적으로 평가한다.

(5) 경영관리 접근법

경영관리 접근법은 청소년기관이 점점 조직화, 전문화 및 제도화됨에 따라 나타난 접근법으로써 프로그램 개발자는 경영관리적 차원에서 인적 · 물적 자원을 중재하고 일의 흐름을 관리해야 함을 강조한다. 경영관리 접근법에서 청소년지도자는 프로그램 전문가로서의 독자적인 역할을 수행하고, 프로그램의 진행이나 유지보다는 프로그램의 조직과 개발에 주력해야 한다(유진이 · 유혜순, 2020; 진은설 외, 2022).

청소년 프로그램 개발의 이론적 모형

1. 논리모형

이 장에서는 프로그램의 개발이 기관의 프로포절 준비부터 임상 프로그램의 구성에 이르기까지 다양한 형태로 이루어진다는 점을 고려하여 대표적인 프로그램 개발 모형인 논리모형, 개입연구모형, 근거기반실천모형을 살펴보고자 한다.

1) 논리모형의 개념

논리는 사전적으로 '말이나 글에서 사고나 추리 따위를 이치에 맞게 이끌어 가는 과정이나 원리'(표준국어대사전)를 말한다. 프로그램 개발에서 논리모형(logic model)은 한 프로그램에 내재된 변화이론을 시각적으로 설명하는 방식으로, 하나의 프로그램 안에 있는 중요한 요소들을 설명하고 평가의 어느 부분이 가장 중요한지 확인하기 위한 도구이자 접근방법이다(Frechtling, 2007). 논리모형은 프로그램이 어디서 시작해서 어디로 가는지를 보여주는 안내지도 역할을 하며, 실천가들이 프로그램에 대해 가지는 가정을 발견하게 도와주는 효과적인 도구이다(김상곤 외, 2012).

시각적으로 명료한 틀을 제공하게 되는 논리모형은 체계이론과 성과관리를 기반으로 만들어져 왔다. 논리모형에 체계이론을 적용시키는 것은 큰 그림 또는 전체에 강조점을 두고 각 부분들의 기능을 상호관계와 체계의 확장된 상황 속에서 고려하는 것을 의미하며, 이는 직선적이라기보다 다방면의 피드백 고리와 순환적 상호작용의 인과관계라 할 수 있다(Frechtling, 2007). 이러한 특성은 프로그램이 상황에 따라 역동적인 변화를 일으킬 때 시각적인 인과관계 반영에 유용하다.

프로그램의 과정과 성과를 간결하게 표현하여 평가를 용이하게 하고, 프로그램 관계자들 간의 소통을 촉진한다는 점 역시 논리모형의 장점으로 손꼽힌다. 특히 프로그램 개발단계에서부터 고려된 논리모형은 프로그램의 진화단계를 거쳐 평가를 수행하는 데 도움을 주는 도구가 될 수 있다. 평가도구로서도 유용하여 성과관리 측면에서 미연방교육부, 국립과학재단, 켈로그재단, 사회복지공동모금회, 지역사회복지협의체 등 국내·외 공공 및 민간 영역에서 활발히 적용되고 있다.

2) 논리모형의 구성요소

논리모형은 한 프로그램에 내재된 변화이론을 시각적으로 설명할 때 유용하며, 기본적으로 [그림 4-1]과 같이 투입, 활동, 산출, 성과라는 네 가지 구성요소로 이루어진다.

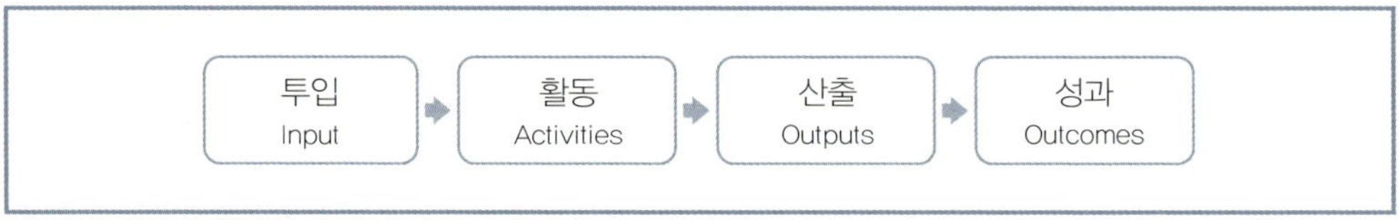

[그림 4-1] 논리모형의 기본 구성요소

- 투입 : 프로그램에 들어가는 인적 · 물적 자원으로, 전형적으로 자원은 자금의 근거 혹은 현물로 주는 기여의 영역에서 정의된다. 예산과 직원, 장비와 비품뿐 아니라 조직이나 사람들 간의 네트워크, 지역사회자원, 연구조사자원 등도 포함된다.
- 활동 : 바람직한 목적을 가져오기 위해 프로그램에서 선택한 활동이다. 프로그램의 목적 달성을 위하여 이루어지는 모든 활동단계들을 포함한다. 활동에는 서비스나 교육의 제공, 지역사회협의체 운영, 통합사례위원회 구성, 전문적 개발 제시, 새로운 정보 캠페인 시작 등이 모두 포함될 수 있다.
- 산출 : 활동의 결과로 나타나는 산출물로, 보통 숫자로 표현된다. 예를 들어 서비스의 횟수, 프로그램 참석률, 제공된 서비스 시간 등이 해당된다.
- 성과 : 궁극적 목표와 목적을 달성해 나가며 따르는 변화를 말한다. 성과는 바람직한 성취 혹은 변화로, 프로그램 참여자의 행동, 지식, 기능 수준 등에 있어 나타나는 구체적인 변화를 의미한다. 성과는 단기성과, 장기성과로 나누어지는데, 프로그램의 결과로 직접적으로 연계되는 변화 이익은 단기성과, 단기성과에 따라 얻어지는 변화 이익은 장기성과로 설명하기도 한다.

3) 논리모형의 적용

논리모형을 직접 프로그램 개발에 적용시켜 보도록 하자. 예를 들어 중도입국청소년의 부적응문제에 대한 프로그램을 개발해 본다면, 기획단계에서부터 다문화가족이 증가함에 따라 중도입국청소년의 수 역시 증가하고 있으며, 후기청소년이 될수록 이들의 진학률이 매우 낮아짐을 확인할 수 있다. 당사자의 욕구와 선행연구들을 검토한 결과, 상위학급으로 올라갈수록 중도입국청소년들이 학교 적응에 어려움을 겪고 진학률이 낮아지는 반면, 실제 가진 욕구 역시 취업에 대한 욕구가 가장 강함에도 불구하고 취업과 관련한 도움을 받는 경우가 적음이 확인되었다. 취업을 하고 싶으나 자신의 적성에 맞는 일자리를 찾기가 어렵고, 취업을 하더라도 의사소통이나 업무 능력 습득에 시간이 걸려 취업의 유지가 쉽지 않은 어려움을 겪고 있는 중도입국청소년을 지원하기 위하여 학습이론에 근거하여 중도입국청소년의 취업 능력 향상 프로그램을 기획하면 다음과 같이 진행된다.

논리모형에 근거한 프로그램의 투입은 직원과 자원봉사자, 사업예산, 협력기관이 되고, 활동은 실제 이루어진 협력기관 견학, 적성검사, 사회기술프로그램, 멘토링, 인턴십으로 구성된다. 이로 인한 산출은 중도입국청소년 참여자 10명을 대상으로 적성검사 1회×10회, 사회기술프로그램 주 1회×6개월×10명, 멘토링 주 1회×2개월×10명, 인턴십 주 1회×2개월×10명, 만족도 ○점과 같이 구체적 숫자로 기록된다. 성과는 목적을 달성해 나가며 따르는 변화, 성취로 단기성과로는 직업정보 획득, 적성 확인, 인턴십을 통한 업무경험 습득이 가능하며, 장기성과는 사회기술 향상, 취업 능력 향상으로 이어질 수 있다.

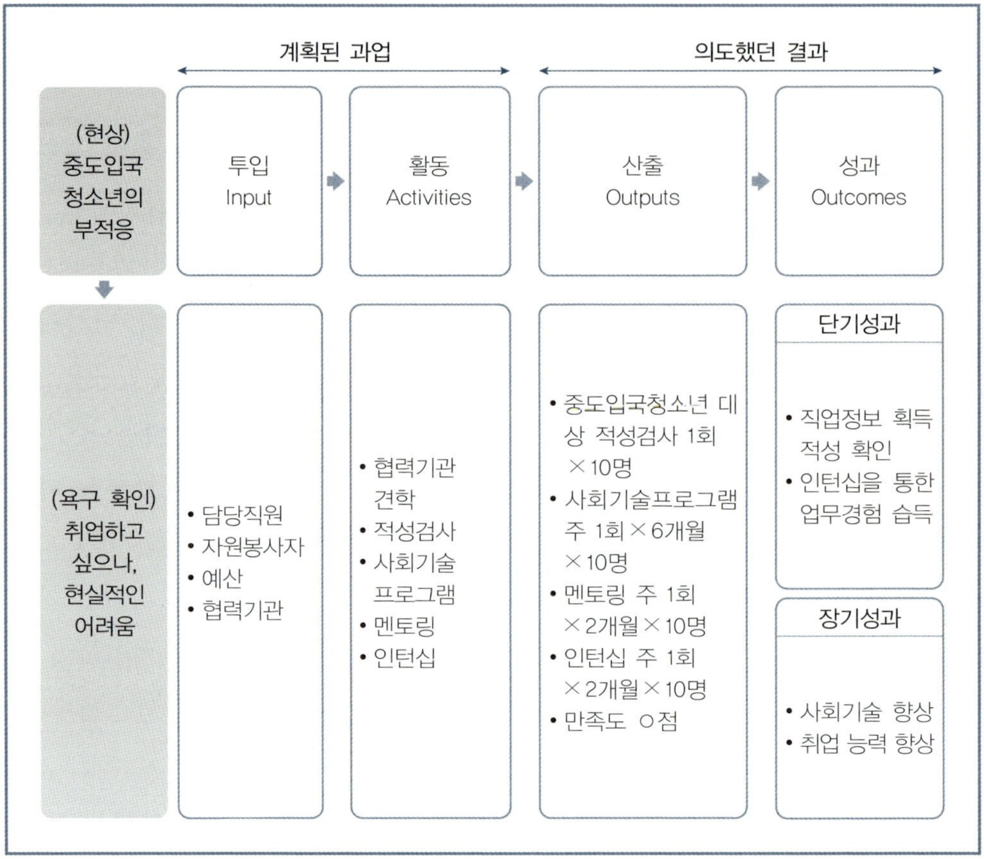

[그림 4-2] 논리모형의 구성요소와 예시

이제 자신이 인식하는 문제에 기초하여 논리모형으로 프로그램 개발을 적용시켜 보도록 하자. 첫째, 자신이 중요하게 생각하는 문제를 우선 정리한 다음, 그 문제에 관련된 현황 및 정보, 관련 문헌자료를 살펴본다. 대상자의 욕구와 그를 뒷받침해줄 이론적 배경이 취합되었다면 자신이 구성하고자 하는 프로그램을 논리모형의 투입, 활동, 산출, 성과 요소에 맞춰 작성해 본다.

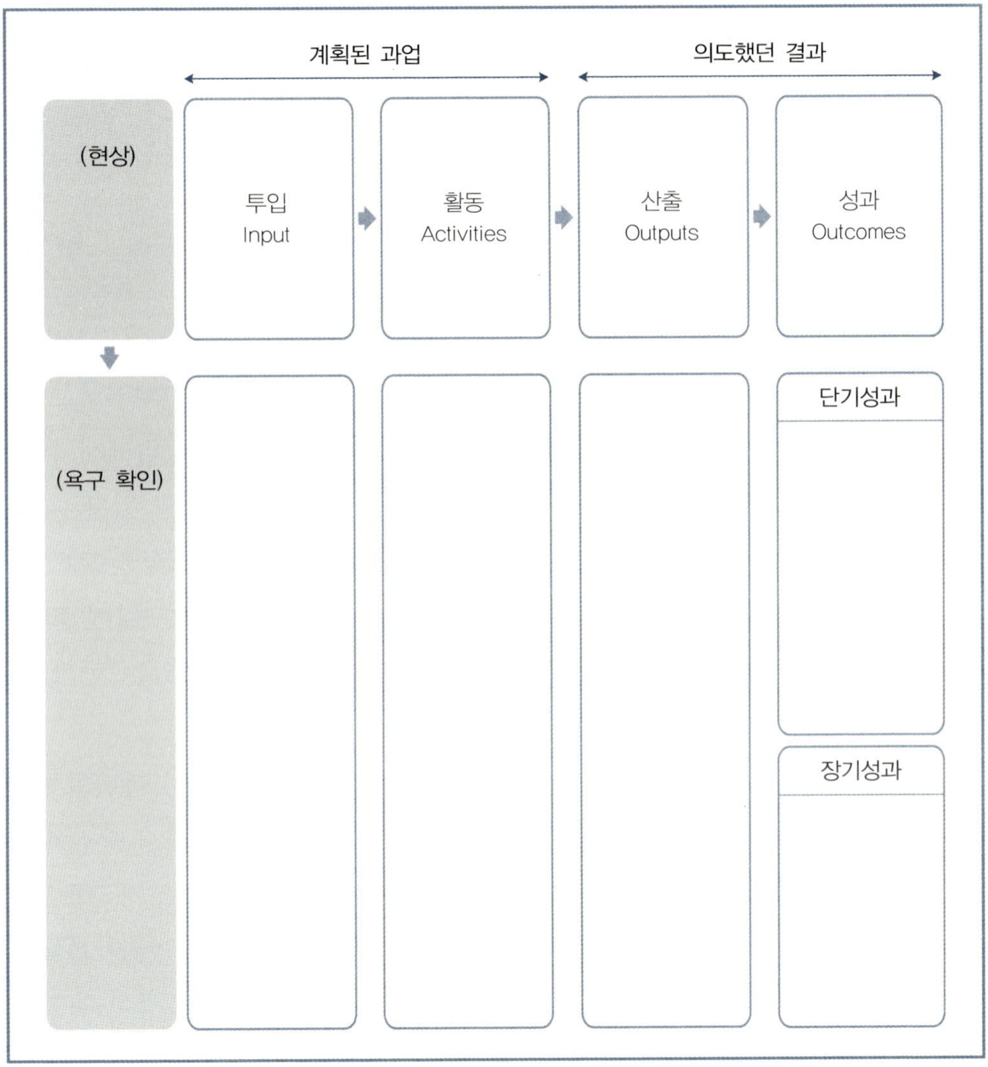

[그림 4-3] 논리모형의 적용틀

2. 개입연구모형

1) 개입연구모형의 개념

개입연구(intervention research)는 공학적인 개념과 조사기법을 휴먼서비스 분야에 적용하고자 한 프로그램 개발방법이다. 기존의 이론과 선행연구를 기반으로 단계별 근거에 따라 프로그램을 개발, 구성할 수 있다는 점에서 특히 청소년활동, 상담, 복지를 실천하는 프로그램에 유용하게 활용되고 있다. 개입연구모형(intervention research model)은 '실천연구자가 개입모형을 세우고 검증하고자 할 때의 가장 상식적인 접근'(Kirk & Reid, 2002)으로 평가받고 있으며, Fraser와 Galinsky(2010)는 개입연구모형에 대해 '목적성 있는 변화 계획에 대한 체계적 연구모형'이라고 정의하였다.

개입연구모형은 공학적인 사고를 도입하여 청소년활동, 상담, 복지실천에 있어 종전의 문제해결 과정의 한계점을 극복하면서 해결 과정에서 분석적인 면과 혁신적인 면을 보충할 수 있는 새로운 지식의 접근방법으로써 "공학은 과학적 원리, 기술적 정보를 사용하여 최대한의 경험과 효율성을 가진 기능을 수행하는 도구나 절차를 만드는 과정"(Rothman, 1980)이라는 특성이 결합하여 프로그램 개발 과정에 도움을 주는 것으로 평가받고 있다(서인해, 2004). 개입연구모형은 다양한 학문영역에서 나타난 지식을 흡수하면서 발전해 오고 있는 것으로 알려져 있으며, 특히 사회 · 행동과학연구의 측면에서 개입문제에 대해 보다 도움이 되고 실천적인 측면에 초점을 맞추어 지식을 생산하는 '지식개발'(Intervention Knowledge Development: KD), 사회 · 행동과학의 이론과 경험 연구를 적용가능한 지식으로 전환하는 데 주안점을 둔 '지식활용'(Knowledge Utilization for Intervention: KU), 이전 단계에서 만들어진 관련 기술, 정책, 실천 혁신, 전문가 경험과 같은 많은 정보를 취합하여 개입을 디자인하고 개발하는 '디자인과 개발'(Intervention Design and Development: D&D)이라는 세 측면으로 분류된다(Thomas & Rothman, 1994). 역사적으로 'Social R & D', 'Developmental Research', 'Model Development Research' 등의 여러 다른 접근으로 다양한 이름으로 연구가 진행된 개입연구는 1994년 Rothman의 Social Research & Development Model과 Thomas의 Developmental Research에서 선택된 요소를 결합하여 Design & Development로 완성되어(Rothman & Thomas, 1994) 개입연구모형의 가장 핵심적인 영역으로 평가받고 있다.

국외에서 개입연구모형에 관한 연구들(Abell & Wolf, 2003; Comer et al., 2004; Fraser et al., 2009; Gilgun & Sands, 2010)과 천식환자, 성학대 생존아동과 가족, AIDS에 걸린 고아 등 다양한 클라이언트군을 대상으로 개입연구모형을 적용한 프로그램 평가 연구(Block, 2012; Hill, 2012; Thomson et al., 2011)가 활발하게 진행되고 있다. 국내에서도 개입연구모형은 노인(심창교, 2009; 최경애, 2010), 여성(권종희, 2007), ADHD 성향 아동(박현숙, 2012; 배은경, 2013), 음주(이선혜, 2003), 직업준비(조현순, 2005)와 같은 다양한 클라이언트 이슈를 위한 프로그램 개발과 함께 실습(서진환, 2004; 이시연, 2000), 문화적 역량 증진(김은영, 2012)과 같은 복지실천과 관련된 내용에 적용되었다.

2) 개입연구모형의 구성요소

Rothman과 Thomas(1994)가 제시한 개입연구모형은 [그림 4-4]와 같이 총

6단계로 구성된다.

[그림 4-4] 개입연구모형의 단계와 전략

출처: Rothman & Tomas (1994). p.28.

제1단계인 문제 분석과 프로젝트 기획(problem analysis and project planning)단계는 문헌고찰과 욕구조사를 통하여 문제를 확인하고 분석하여 프로젝트의 목적을 설정하는 단계이다. 기관이나 집단과 접촉하기 전, 프로그램 기획자는 문헌조사를 통하여 클라이언트, 목적, 정책, 실무자, 프로그램 등에 관해 알아야만 한다. 욕구조사 같은 대상자와의 접촉은 프로그램 기획자가 제공해야만 하는 것으로, 집단이나 조직의 잠재적 클라이언트와 구성원에게 어떤 성과가 있을지 명료화하여 이해를 돕는다.

제2단계인 정보수집과 통합(information gathering & synthesis)단계는 청소년 프로그램 목적에 맞는 성공적인 모델의 요인에 관한 정보를 수집하고 통합하는 과정으로 이를 통해 프로그램에 반영할 프로그램 구성요소를 설계한다. 기존의 선행연구 등을 통하여 정보를 수집하고, 성공모형의 기능요소를 확인한다.

제3단계인 디자인(design)단계에서는 지금까지 수집된 자료 정보를 통합하여 원형 프로그램을 구성하는 단계로서 디자인의 타당성을 확보하여야 한다. 따라서 문헌분석과 욕구조사 결과를 통합하여 설계한 원형 프로그램과 개입 프로토콜에 대하여 전문가 포커스집단 실시 등을 통해 자문과 지원을 받는다.

제4단계인 초기개발과 현장실험(early development and pilot testing)단계는 3단계에서 생성된 초기 프로그램을 실천 현장에 적용 실시하여 가능성을 탐색하며 후기 프로그램 수정에 반영하는 단계이다. 이를 위하여 개발된 원형 프로그램 또는 시범적으로 초기개입을 실행하여 수정 디자인된 프로그램을 적용하여 현장실험을 실시하게 된다.

제5단계 평가 및 수정개발(evaluation and advanced development)단계는 효과적인 실천을 개발하려는 실천을 위한 조사로서, 프로그램 결과에 대해 양적 · 질적조사방법을 모두 활용하여 과정평가를 포함한 프로그램의 효과성을 평가하는 단계이다. 프로그램 평가를 위한 실험디자인을 선택하고, 데이터를 수집, 분석하여 그 결과를 토대로 수정된 디자인을 선택하고, 다시 개입을 반복하면서 최종적인 프로그램을 개발하게 된다.

제6단계 보급(dissemination)단계는 5단계에서 개발된 프로그램을 수정, 반복적으로 개입함으로써 최종 개발된 프로그램을 보급하기 위한 산출물로 준비하여 실행하는 단계이다. 개발된 프로그램의 개입을 위하여 잠재시장을 확인하고, 개입에 대한 필요를 창출해 내어 보급하게 된다. 보급된 프로그램의 적절한 적용을 촉진하고, 적용하는 실천가들에게 기술적 지지를 제공하게 되나, 프로그램 개발자의 의지에 따라 보급이 결정되거나 프로그램이 확산되는 것은 아니라는 점에서 개입연구모형에 기반하여 개발된 모든 프로그램이 6단계 보급단계를 거치지 않을 수도 있다.

3) 개입연구모형의 적용

이제 개입연구모형을 적용한 청소년 프로그램 개발과 평가 사례를 살펴보도록 하자. ADHD 성향 아동, 부모, 교사를 지원하기 위한 프로그램을 개발하기 위하여 Rothman과 Thomas(1994)가 제시한 개입연구의 6단계 중 5단계를 적용한 결과(6단계 보급 제외), [그림 4-5]와 같이 진행되었다.

[그림 4-5]의 프로그램은 개입연구모형의 프로그램 개발단계에 맞춰 1단계에서 전반적인 문제 분석과 확인을 위하여 문헌고찰과 함께 ADHD 성향 아동 부모와 교사를 대상으로 욕구조사를 실시하였다. 2단계인 정보수집과 통합단계에서는 학술지와 학위논문 등을 통하여 ADHD 성향 아동을 위한 프로그램의 다양한 정보와 자료를 수집하여 기본 프로그램 구성요소들을 정리하였다. ADHD 성향 아동을 위하여 아동뿐 아니라 부모, 교사를 포함하는 통합적인 접근이 요구되며, 인지행동 프로그램의 효과성이 뛰어났음을 확인할 수 있었다. 3단계인 디자인단계는 지금까지 수집한 정보에 근거함과 동시에 프로그램 기획자의 경험 및 아이디어를 반영하여 체계적인 통합의 과정을 거쳐 개입을 디자인하게 된다.

순서	단계	대상 및 내용	산출물
1단계	문제 분석과 프로젝트 기획	ADHD 성향 아동과 관련한 문제를 포괄적으로 이해하고 부모·교사 대상의 욕구조사를 포함하여 프로젝트 개발 목적을 기획	전반적인 문제 파악을 위한 문헌고찰, 부모·교사대상 욕구조사
2단계	정보수집과 통합	연구 목적에 맞는 다양한 정보를 수집하고 통합하여 디자인을 위한 준비	ADHD 성향 아동을 위한 인지행동프로그램의 기존 프로그램 구성요소 정리
3단계	디자인	수집된 정보를 통합한 1차 프로그램 구성단계로서 전문가 포커스 그룹 인터뷰 진행	ADHD 성향 아동, 부모, 교사 체계 대상의 1차 프로그램
4단계	초기개발과 현장실험	생산된 초기 개발물을 ADHD 성향 아동과 부모, 교사 체계를 대상으로 현장에서 실험	초기 프로그램 프로토콜, 회기별 프로그램 실행
5단계	평가 및 수정 개발	프로그램 효과성 평가 후 초기 프로그램 개발을 완성, 진보된 수정 프로그램 제시	평가결과분석과 수정 프로그램

[그림 4-5] 개입연구모형을 적용한 프로그램 개발 사례

출처: 배은경(2013).

이렇게 체계적으로 통합한 내용들은 1차 프로그램 개발에 반영되고 1차 프로그램은 전문가 자문을 반영하는 과정을 거치게 된다. 4단계인 초기개발과 현장실험단계는 프로그램 원형으로 완성된 프로토콜을 직접 실행하는 단계로, 유사실험설계인 비동일집단 사전사후평가 설계가 적용되어 실험집단 프로그램이 진행되었다. 5단계에서는 양적 · 질적평가를 통하여 ADHD 성향 아동, 부모, 교사를 위하여 통합적으로 접근하여 실시된 인지행동 프로그램의 효과성을 검증하고, 이를 토대로 한국 실정에 맞는 발전된 수정 프로그램을 개발하게 된다. 이러한 수정 프로그램이 반복적으로 실행됨에 따라 경험적 근거를 축적하게 될 때 Rothman과 Thomas(1994)가 제시한 개입연구모형의 6단계 보급단계로 나아갈 수 있을 것이다.

마지막으로 자신이 인식하는 문제에 기초하여 개입연구모형으로 청소년 프로그램 개발을 적용시켜 보자. 청소년 복지실천과 상담 영역에서 과학적으로 프로그램을 개발, 적용하기에 유용한 모형으로, 자신이 중요하게 생각하는 문제를 우선 결정한 다음, 개입연구모형의 단계에 맞춰 진행하였을 때 예상되는 내용과 산출물을 정리해 보자.

순서	단계	대상 및 내용	산출물
1단계	문제 분석과 프로젝트 기획		
2단계	정보수집과 통합		
3단계	디자인		
4단계	초기개발과 현장실험		
5단계	평가 및 수정 개발		

[그림 4-6] 개입연구모형의 적용틀(6단계 보급 제외)

3. 근거기반실천모형

1) 근거기반실천모형의 개념

근거기반실천(evidence-based practice)은 '입수 가능한 모든 과학적 조사연구를 평가하고 응용하여 청소년복지실천의 결과를 가장 좋게 할 수 있는 가능성이 높은 실천방법을 선택하여 적용하는 것'(공계순 · 서인해, 2006)을 말한다. 1972년 Archie Cochrane의 저서 『Effectiveness and Efficiency: Random Reflections on Health Service』를 통해서 근거기반의료(evidence-based medicine)의 기초 개념을 설명한 후 '근거기반'이라는 개념이 폭넓게 알려지기 시작하였고, 이후 1992년에 영국 정부가 옥스퍼드에 Cocharne 센터(현 Centre for Evidence Based Medicine; http://www.cebm.net)를 세움으로써 근거기반의료에 대한 국제적인 관심이 확대되고 제 학문분야에 영향을 미치게 되었다(홍성두 · 여승수, 2011).

청소년활동, 상담, 복지실천 영역에서는 일찍이 클라이언트에게 제공한 서비스의 평가와 효과성 측면을 중시하여 왔으며, 국내에서도 청소년복지실천의 효과성과 근거기반실천에 대한 관심은 끊임없이 이어져 왔다(공계순 · 서인해, 2006; 박승민, 2009; 양옥경, 2000; 정순둘, 2006; 정은희, 2008; 황성동, 2011). 그러나 치료적 개입에서는 그러한 전통이 상대적으로 제한적이었으나 최근에는 정부, 학계, 사회 전반적으로 근거(evidence)에 기반을 둔 성과 평가를 더욱 중요시하는 분위기가 되었다(황성철, 2005).

최근 우리나라에서도 일부 연구자들(공계순 · 서인해, 2006; 박승민, 2009;

양옥경, 2000; 정순둘, 2006; 정은희, 2008)에 의해 근거기반실천에 바탕을 둔 연구결과가 발표되면서 그 관심이 증가하고 있다. 근거기반실천은 당장은 직접적으로 개발된 프로그램을 경험하는 클라이언트에게 중요한 이슈가 되지만, 성과에 따라 정책의 방향과 그를 기반으로 개입에 영향을 끼칠 수 있다는 점에서 정부 및 관련부처, 기관 등 거시체계에서도 중요한 의미를 가진다. 일례로, 정신건강 프로그램 개발과 관련하여 WHO 정신보건국(2004)은 정확한 근거에 기초하여 구체적인 일정이 세워져야 하고 주요 활동, 목표와 지침이 정해지고 주의 깊게 모니터링되고 평가되어야 하며, 프로그램으로 실현할 때 문제의 우선순위와 예산, 이용 가능한 자원 등에 따라 프로그램 방향이 설정되는 것이 중요하다고 강조하였다. 근거기반실천모형(evidence-based practice model)은 근거기반실천의 개념을 바탕으로 프로그램의 효과성에 관한 근거를 체계적이고 종합적으로 분석하여 프로그램을 개발하는 모형으로, 프로그램 참여 당사자뿐만 아니라 성과평가 결과에 따라 정책의 방향과 그를 기반으로 개입에 영향을 끼칠 수 있는 모형으로, 학계뿐만 아니라 현장에서 그 중요성이 더욱 강조되고 있다.

2) 근거기반실천모형의 단계

근거기반실천모형은 다음과 같은 5단계로 정리할 수 있다(공계순 · 서인해, 2006).

(1) 1단계: 답변 가능한 질문 만들기

1단계는 개념화된 질문을 만들고 검색 계획을 세우는 것이다. 질문은 특정한 개입기법이나 프로그램 효과성, 예방적 효과가 높은 접근법, 타당하고 신뢰할만한 사정도구 및 평가도구, 비용 효과성에 관한 것 등 다양하다.

(2) 2단계: 질문에 대한 답이 되는 근거 찾기

프로그램을 기획하기 위해서는 기획에 필요한 질문과 더불어 다양한 자료를 정확하게 찾아낼 수 있는 정보탐색 능력이 있어야 한다. 기본적으로 선행연구와 문헌, 자료들을 검색할 수 있도록 다양한 데이터베이스와 검색엔진을 활용할 수 있어야 한다. 청소년지도자가 소속된 기관에서 다양한 학술정보데이터베이스와 검색엔진을 자유롭게 이용하기 어렵다면, 대학교나 지역 도서관을 통하여 검색하는 것도 한 방법이다. 국가정책연구보고서는 정책연구시스템 'prism' 사이트 등을 활용할 때 검색이 용이하다.

(3) 3단계: 수집된 근거에 대해 평가하기

수집된 정보들을 평가하고 분석결과를 통합하는 단계이다. 청소년지도자는 수집된 정보 중 어떤 것을 선택, 취합할지를 결정하여야 한다. 근거기반실천모형에서 타당한 근거(evidence)를 선정하고자 할 때는 보다 체계적인 연구방법을 실행한 실험적 그리고 준실험적 그룹디자인, 단일대상연구방법을 사용한 연구들이 최상의 근거로 활용이 가능하며, 사례연구도 현장에서는 유의미하게 활용될 수 있을 것이다. 그러나 연구에 기반을 둔 근거가 미약하거나 약한 효과성을 갖는 경우 근거에 대한 신뢰는 떨어지기에, 청소년지도자는 가급적 충분한 근거를 취합할 수 있도록 자료수집과 평가를 게을리해서는 안 된다. 특히 개발하여 실행한 프로그램의 효과성을 학술논문으로 투고할 것을 고려하는 경우라면, 수집된 정보의 취합 기준도 세밀하게 기록으로 남겨야 할 필요성이 크다.

(4) 4단계: 실천에 적용하기

근거기반실천모형의 단계에 따라 분석한 내용을 통합하여 실제 개입에 적용하는 단계이다. 청소년지도자는 청소년의 욕구와 문제, 상황 등을 고려하여 앞 단계에서 수집한 근거들을 활용하는 것이 적합할지 판단할 필요가 있으며, 해당 클라이언트와 프로그램의 목적에 적합하다고 판단되면 적용해야 한다.

(5) 5단계: 실행평가하기

근거기반실천모형은 근거에 기반을 두어 실천을 적용하는 것뿐 아니라 실천에 대한 평가를 중요하게 다루고 있다. 전체적인 효과성 평가와 함께 과정평가가 이루어져야 하며, 프로그램과 클라이언트의 특성에 적합한 사정도구가 사용되었는지 등에 대한 종합적인 실행평가가 요구된다.

PART III
청소년 프로그램

청소년 프로그램 기획

1. 청소년 프로그램 기획의 개념과 필요성

1) 프로그램 기획의 개념과 필요성

프로그램을 개발하는 과정은 프로그램 기획에서부터 시작된다. [그림 5-1]은 프로그램 기획에서 출발하여 프로그램 설계, 실행 및 모니터링 과정을 통한 환류가 반복적으로 반영되고, 체계적인 평가를 통하여 궁극적으로 개선된 프로그램을 도출해 내는 프로그램 개발의 절차를 잘 나타내고 있다. 이때 프로그램 기획(planing)은 계획(plan)과 다소 혼용되어 사용될 수 있는데 두 개념에는 어떠한 차이가 있을까?

계획과 기획이라는 용어는 유사하게 사용되는 경우도 많으나, 〈표 5-1〉과 같이 그 개념에는 차이가 있다. 계획이란 '어떤 일을 하기에 앞서 방법, 순서,

규모를 미리 생각하여 세운 내용을 의미'하며, 기획은 '계획을 수립해가는 과정'이라 할 수 있다(정무성, 2017). 다시 말하면, 기획은 역동적이고 지속적인 의사결정의 과정이며, 계획은 기획의 결과물로써 정태적인 설계, 지도, 청사진을 의미한다고 할 수 있다(김상곤 외, 2012). 청소년 프로그램의 개발은 역동적인 의사결정이 지속적으로 이루어지는 과정이기에, 이 책에서는 기획이라는 용어를 주로 사용한다.

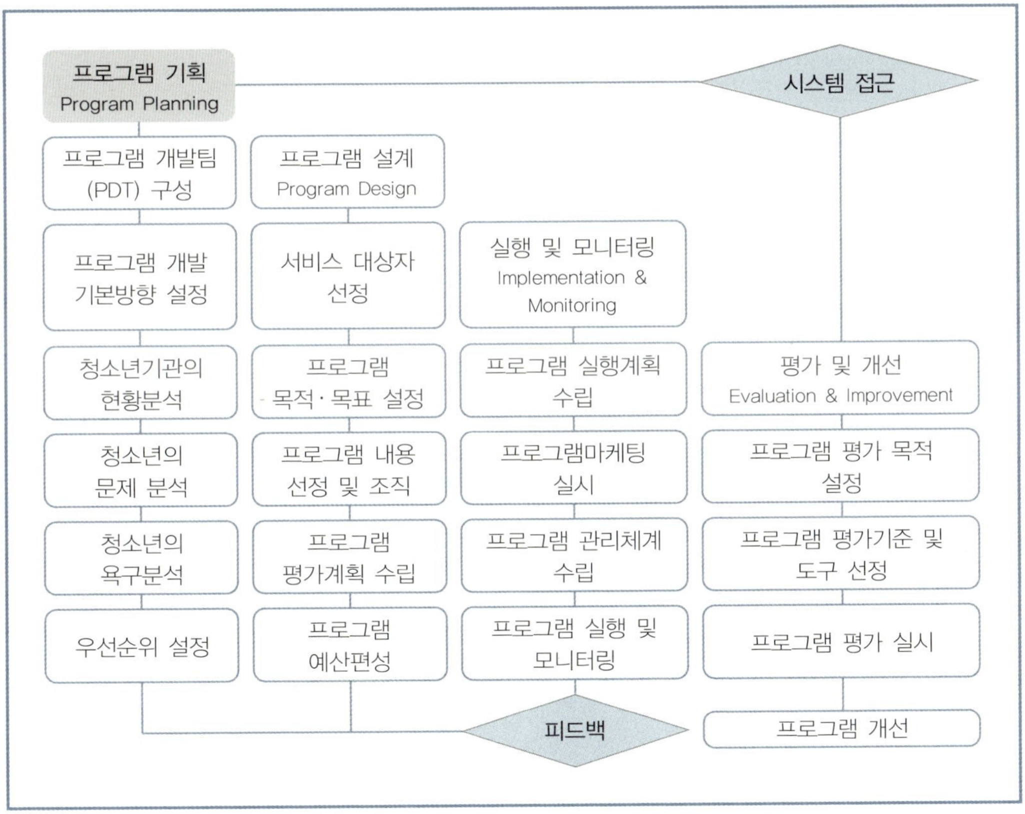

[그림 5-1] 프로그램 개발의 절차

출처: 양정하 외(2011).

〈표 5-1〉 기획과 계획의 개념 차이

기획	• 계획을 세워가는 활동과 과정을 말하며 초점을 두는 계속적인 행동으로서의 의미가 강함 • 기획의 특성: 미래지향적, 계속적인 과정, 의사결정과 연결, 목표지향적, 목표를 위한 수단
계획	• 어떤 구체적인 사업에 대한 연속적인 의사결정이라는 의미가 있으나 기획에서 도출된 결론, 이미 결정된 행동 노선을 가리키는 경우가 많음

출처: 정무성(2017). p.93.

Midgley와 Piachaud(2004)가 정리한 일반적인 기획의 특징은 다음과 같다.

- 지속적인 과정: 기획은 수많은 절차가 따르는 일련의 과정이다.
- 의사결정: 기획은 조직이 언제, 어디서, 무엇을, 어떻게 해야 하는지를 결정하도록 돕는다.
- 목적지향적: 기획은 분명하고 공식적으로 규정된 목표를 성취하기 위한 과정이다.
- 미래지향적: 기획은 조직적인 행동이 미래를 향하도록 돕는다.
- 규정적: 기획은 규정된 목적을 성취하기 위하여 조치를 취하도록 지휘한다.

청소년활동, 상담, 복지실천 현장에서 최근 프로그램 기획의 중요성이 더욱 강조되고 있는데, 기획의 필요성은 크게 네 가지로 정리할 수 있다(정무성, 2005).

첫째, 합리성을 증진시키기 위하여 필요하다. 기획은 특정 문제해결을 위하여 기대되는 적절한 대안을 지속적으로 찾아가는 과정으로, 이때 선택되는 대안은 특정 문제해결을 기대할 수 있는 합당한 이유와 근거를 요구받게 된다. 이 경우 목적과 수단 사이에 존재하는 타당한 인과관계가 바로 합리성이 되며, 기획은 이러한 합리성을 제고하는 대표적인 활동이다.

둘째, 효과성과 효율성을 증진시키기 위하여 필요하다. 기획 과정에서 타당한 인과관계를 고려하여 수단을 선택하게 되면 프로그램 실행 결과의 효과성은 높아질 것이며, 대안 모색에 요구되는 비용과 인력을 사전에 고려함으로써 자원 낭비를 줄일 수 있어 효율성도 증진시킬 수 있다.

셋째, 기획은 청소년활동, 상담, 복지실천 현장 조직의 책무성을 증진시킨다. 청소년기관이나 조직은 국가나 사회로부터 재원을 조달받아 청소년과 지역사회의 복지를 위하여 운영되는 경우가 많다. 청소년기관이나 조직은 이러한 재원을 효과적 · 효율적으로 사용하여야 할 책무성을 가지며, 기획을 통하여 청소년에 대한 활동의 효과성과 효율성이 증진되면 장기적으로 청소년활동, 상담, 복지실천 조직의 유지나 확대에 필요한 사회적 승인을 더욱 강화시킬 수 있다.

마지막으로, 기획은 청소년의 동기부여와 청소년활동, 상담, 복지실천 조직 구성원의 사기진작에도 기여한다. 청소년활동, 상담, 복지의 당사자인 청소년이 프로그램의 기획 과정에 직접 참여할 때 스스로 변화의지가 강화되어 강력한 동기부여를 얻을 수 있다. 이러한 동기부여는 청소년 프로그램의 효과성과 효율성을 제고하게 한다.

아울러, 청소년 프로그램 기획 시 실행 가능성을 위하여 고려해야 할 중요 요소는 다음과 같으며(김상곤 외, 2012), 프로그램 기획의 첫 단계에서 점검되어야만 프로그램의 현실적인 실행이 용이하다.

- 가치: 사회적으로 받아들일 수 있는 가치인가?
- 실현 가능성: 정치적 · 경제적인 능력, 청소년의 확보 가능성
- 준비성: 기관 내부적으로 인력, 시설, 장비 등이 가능한가?

- 합리성: 프로그램을 실시해야 하는 객관적인 근거가 있는가? (문제의 심각성, 문제의 포괄성)

2) 프로그램 기획의 유형

청소년 프로그램이 다양해지고 있는 만큼 관련 프로그램 기획 역시 다양한 유형으로 구분이 가능하다. 사전에 프로그램 기획의 다양한 유형을 파악하고, 각 유형별로 장단점과 유의할 점이 무엇인지 파악하고 있다면, 프로그램 대상과 목적, 상황에 맞는 프로그램 기획이 가능할 것이다.

일반적으로 프로그램 기획은 사용처별 유형, 개발동기별 유형, 의사소통별 유형, 사업목적별 유형으로 나눠진다(우수명, 2007). 우선, 그 특징을 살펴보면 사용처별 유형은 내부 기관장의 결재를 받아 기관사업 수행을 위하여 만들어진 기획인지 외부기관 프로포절 등을 위하여 기획된 것인지에 따라 내부용 기획과 외부용 기획으로 나눠진다. 둘째, 개발동기별 유형은 기존 프로그램을 업그레이드를 하거나(개선형), 기존에 없던 프로그램을 새롭게 수행하기 위하여 기획하거나(개발형), 홍보 또는 외부자원 개발 등을 위하여 수립되거나(홍보마케팅형), 이론을 기반으로 기획서 작성 훈련이나 견습을 위하여 수행되는(학습형) 기획으로 나눠진다. 셋째, 의사소통별 유형은 실무자의 문제의식 등에서 출발되었느냐, 기관장으로부터 요구되었느냐에 따라 하의상달형 기획과 상의하달형 기획으로 나눠진다. 마지막으로, 사업목적별 유형은 목적에 따라 문제해결형, 역량강화형, 삶의질 개선형, 보호원조형 기획으로 나눠진다.

〈표 5-2〉 기획의 유형 분류

구분	유형	의미
사용처별 유형	내부용 기획	청소년활동, 상담, 복지실천기관 내부에서 기관장으로부터 결재를 받아 기관의 사업으로 수행하고자 하는 의도에서 만들어지는 기획
	외부용 기획	사회복지공동모금회나 삼성꿈장학재단 등 외부기관용으로 기획한 프로그램 계획서
개발동기별 유형	개선형 기획	기존의 프로그램을 그대로 유지, 기존 프로그램을 업그레이드하기 위한 기획
	개발형 기획	기존에 없거나 수행하지 않았던 새로운 프로그램을 수행하기 위하여 실시하는 기획
	홍보마케팅형 기획	프로그램 기획이 홍보 또는 외부자원의 개발이나 자금 마련을 위하여 수립된 기획
	학습형 기획	이론을 기반으로 기획서를 작성하는 훈련이나 과제 또는 견습을 위하여 수행되는 기획
의사소통별 유형	하의상달형 기획	실무자의 문제의식이나 전문성으로부터 나온 기획
	상의하달형 기획	기관장으로부터 실무자에게 문제나 과제가 제시되어 요구되는 기획
사업목적별 유형	문제해결형 기획	청소년의 당면한 욕구나 문제를 해결하기 위한 기획
	역량강화형 기획	청소년의 사회적 권리나 자조 능력의 향상을 지향하는 기획
	삶의질 개선형 기획	청소년의 여가, 문화, 생활 속에서 더 나은 삶을 행복하게 누리도록 도움을 제공하는 기획
	보호원조형 기획	사회적으로 자립할 수 없거나 물질적 · 정신적 도움이 필요한 대상에 대한 기획

출처: 우수명(2007).

최근에는 사회복지공동모금회(2023)에서도 배분사업을 진행할 때 성과중심형, 성과확산형, 산출중심형으로 프로그램 사업 유형을 구분하고 있다. 성과중심형은 성과목표 달성을 통해 사업 참여자의 의미 있는 변화를 꾀하고, 나아가 지역사회 변화의 기초를 다지는 사업으로 단년도 사업 형태를 띠며, 사업 참여자의 역량강화 또는 소규모의 지역사회 네트워크 구축 등의 사업을 포함하는 기획이다. 성과확산형은 2년 이상 계획하는 다년도 사업으로 사업 참여자의 의미 있는 변화뿐만 아니라 지역사회, 나아가 우리 사회에 파급력을 미치는 것을 지향하는 사업 프로그램의 기획을 말한다. 산출중심형은 현재 당면한 지역사회 이슈 및 개인(또는 가족)의 문제해결을 위한 지원 사업으로, 성과목표 달성보다는 사업수행 과정에 중점을 두는 사업 프로그램 기획을 의미한다.

〈표 5-3〉 사회복지공동모금회의 프로그램 사업 유형

프로그램 사업 유형	내용
성과중심형	• 성과목표 달성을 통해 사업 참여자의 의미 있는 변화를 꾀하고, 나아가 지역사회 변화의 기초를 다지는 사업 • 주로 단년도 형태를 띠며, 사업 참여자의 역량강화 또는 소규모의 지역사회 네트워크 구축 등의 사업을 포함
성과확산형	• 2년 이상 계획하는 다년도 사업으로 사업 참여자의 의미 있는 변화뿐만 아니라 지역사회, 나아가 우리 사회에 파급력(impact)을 미치는 것을 지향하는 사업
산출중심형	• 현재 당면한 지역사회 이슈 및 개인(또는 가족)의 문제해결을 위한 지원사업으로 성과목표 달성보다는 사업수행 과정에 중점을 두는 사업

출처: 사회복지공동모금회(2024)의 p.15 표 재정리

2. 청소년 프로그램 기획의 과정과 기획자의 역량

1) 프로그램 기획의 과정

역동적인 일련의 계획이 지속적으로 이루어지는 기획의 과정에 대한 학자들의 견해는 매우 다양하다. 프로그램 기획의 단계를 평가까지 포함하는 학자(York, 1982)와 프로그램 설계에 초점을 둔 학자(김상곤 외, 2012; 이봉주 · 김기덕, 2014)까지 다양하다는 측면에서 프로그램 기획 과정의 범주는 매우 폭넓다고 할 수 있다. 그 중 국내 · 외 주요 학자들의 견해를 정리하면 다음과 같다.

York(1982)는 프로그램 기획 과정을 10단계로 나누어 살펴보았다. ① 행동범위의 설정, ② 문제의 분석, ③ 욕구의 사정, ④ 목적 및 효과 목표, ⑤ 우선순위 수립, ⑥ 대안의 확인, ⑦ 대안의 선택, ⑧ 자원 요구의 확인 및 결과 목표의 정의, ⑨ 집행, ⑩ 평가이다.

Skidmore(1995)는 프로그램 기획 과정을 6단계로 단순화하여 ① 구체적 목표의 설정, ② 관련 정보 수집 및 가용자원 검토, ③ 목표 달성을 위한 대안적 방법 모색, ④ 대안의 실시조건 및 기대효과 평가, ⑤ 최종안의 선택, ⑥ 구체적인 실행계획 수립으로 정리하였다.

Kettner 외(2008)는 프로그램 기획 과정을 7단계로 예산 수립 및 효과성 평가까지 포함하여 ① 문제 분석과 욕구 사정, ② 적절한 개입전략 선별, ③ 목적과 목표 선정, ④ 프로그램의 설계, ⑤ 경영정보체계 구축, ⑥ 예산 수립, ⑦ 프로그램 효과성 평가로 정리하였다.

이봉주와 김기덕(2014)은 기획의 과정을 4단계로 단순화시켜 ① 문제의 이해, ② 개입 논리의 개발, ③ 프로그램 내용 구체화, ④ 프로그램의 평가로 나누었으며, 프로그램 기획의 과정을 평가단계까지 정리하였다.

김상곤 외(2012)는 프로그램 기획을 계획을 수립하는 과정으로 규정한다는 점에서 기획의 범주를 프로그램을 설계하는 것까지로 보는 것이 타당하다고 보았다. [그림 5-2]와 같이 ① 문제와 욕구 확인 및 분석, ② 목적과 목표 수립, ③ 프로그램 개발을 위한 자원의 확보와 규모 확인, ④ 최적의 개입전략과 실행방법 결정, ⑤ 프로그램 평가계획 수립, ⑥ 프로그램 환류계획 수립까지 6단계로 나누었다.

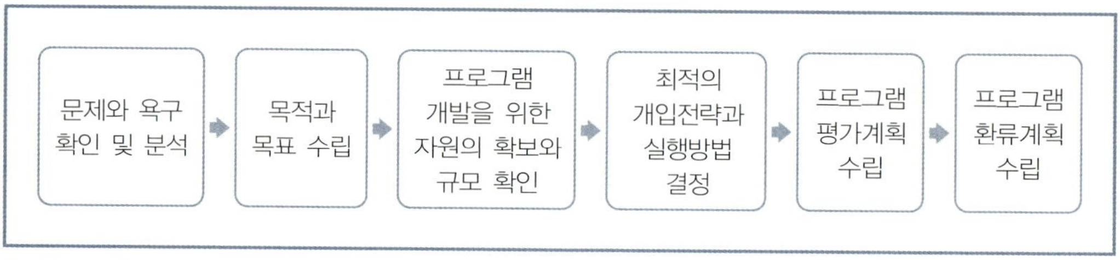

[그림 5-2] 프로그램 기획의 과정

출처: 김상곤 외(2012). 재구성.

위와 같이 여러 단계를 거쳐 진행되는 기획 과정은 현실적인 문제를 고려하여 이루어질 때 프로그램 실행으로 나아갈 수 있다. 구체적인 프로그램 기획에 들어가기 전에 기획자는 자신의 기획하고자 하는 프로그램에 대하여 다음과 같은 현실적인 문제를 먼저 검토해 볼 필요가 있다(김영종, 2013).

- 기관 적합성: 이 서비스는 기관의 사명이나 전략, 목적 우선순위에 들어맞는가?

- 모형 적합성: 이 서비스 모델의 성공에 대한 증거가 제시되어 있는가?
- 자원 가용성: 서비스 공급을 위해 적절한 가용 혹은 잠재적 자원들이 있는가?
- 서비스 수용성: 서비스는 지역사회 구성원이나 소비자들에게 받아들여질 수 있는가?
- 제공자 가용성: 서비스가 서비스 제공자들이 전달할 수 있는 것인가?
- 정책 순응성: 서비스가 기관이나 프로그램의 정책적 제한 틀을 충족하는가?
- 비용 효과성: 서비스의 잠재적 급부가 추정된 비용을 초과하는가?
- 효과성 측정의 가능성: 서비스 효과성이 측정될 수 있는가?
- 실행 가능성: 실행계획이 개발될 수 있는가?
- 위험 가능성: 서비스 실행에서 심각한 위험이 나타날 수 있는가?

2) 프로그램 기획자의 역량

청소년 프로그램은 청소년에 대한 전문적인 역량을 갖춘 청소년지도자, 즉 청소년지도사, 청소년상담사, 사회복지사가 기획하여야 한다. 프로그램을 기획할 때 청소년지도자의 역량은 프로그램 기획에 영향을 끼치는 요소가 되므로 다양한 요소를 갖추고 있어야 한다. 청소년지도자는 전체 상황을 조망하여 상황을 융통성 있게 처리하고 청소년의 발달단계를 이해하여 그에 맞는 프로그램을 기획할 수 있어야 한다. 〈표 5-4〉의 체크리스트를 살펴봄으로써 자신이 프로그램 기획자로서 갖추고 있는 역량이 무엇이고, 어떠한 점을 개선할 수 있을지 준비할 수 있을 것이다.

〈표 5-4〉 프로그램 기획자의 역량 체크리스트

번호	문항	전혀 그렇지 않다	다소 그렇지 않다	다소 그렇다	매우 그렇다	개선 계획
1	나는 프로그램 기획의 의미와 필요성을 말할 수 있다.					
2	나는 프로그램 기획의 전반적인 단계를 알고 있다.					
3	나는 기획에 필요한 선행연구를 탐색할 수 있다.					
4	나는 선행연구결과를 읽고 정리할 수 있다.					
5	나는 논리모형을 이해하고 적용할 수 있다.					
6	나는 문제 · 상황분석을 할 수 있다.					
7	나는 욕구를 파악 · 조사할 수 있다.					
8	나는 프로그램의 목표를 적절히 수립할 수 있다.					
9	나는 프로그램 목표를 평가할 수 있는 평가방법을 제시할 수 있다.					
10	나는 프로그램 목표를 성취할 수 있는 전략적 활동들을 구성할 수 있다.					
11	나는 참여자에게 프로그램을 홍보할 수 있는 방법을 제시할 수 있다.					
12	나는 프로그램 수행에 적절한 예산안을 작성할 수 있다.					
13	나는 집단의 효과성 평가를 위한 실험설계를 할 수 있다.					
14	나는 프로그램 만족도 평가를 할 수 있다.					
15	나는 개별 청소년의 변화를 평가할 수 있다.					
16	나는 질적방법을 활용하여 평가할 수 있다.					
17	나는 과정평가를 할 수 있다.					
18	나는 평가를 위한 평가척도를 선정하고 활용할 수 있다.					
19	나는 각 프로그램의 실행과 결과를 구체적으로 기록할 수 있다.					
20	나는 제안서를 타인들이 잘 이해할 수 있게 작성할 수 있다.					
21	나는 프로그램 논리와 전략 등을 간략한 도식화(표, 그림)를 통해 잘 표현할 수 있다.					
22	나는 프로그램 평가지표와 목표치, 평가도구, 평가방법 등을 선정 · 제시할 수 있다.					
23	나는 질 높은 프로그램 개발과 평가를 위해 프로그램 관련 이론을 적용할 수 있다.					
24	나는 담당사업의 프로그램 기반 및 근거 이론과 전략을 명확히 제시할 수 있다.					
25	나는 제안서를 효과적으로 발표할 수 있다.					

자신의 획득점수		동료의 획득점수		더 개발해야 하는 영역은?	

출처: 김상곤 외(2012).

6 CHAPTER 청소년 프로그램 요구분석

1. 청소년 문제 분석

프로그램 개발의 시작은 청소년활동, 상담, 복지실천 현장에서 우리가 만나게 되는 청소년들이 어떠한 문제를 가지고 있는지, 무엇을 변화시키고 싶어하는지, 어떠한 도움을 주면 되는지 등에 대한 질문에서부터 시작할 수 있다. 이러한 질문은 프로그램을 통해서 청소년의 문제를 해결할 수 있도록 돕거나 청소년들의 기능이 향상될 수 있도록 지원하는 내용이 담겨야 한다는 의미이다. 청소년활동, 상담, 복지실천 현장에서 표현하는 '문제'란 프로그램을 통해서 해결하기를 원하는 것 또는 프로그램에서 다루어지는 변화하고자 하는 가장 중요한 부분을 가리킨다. 그러므로 프로그램을 개발하기에 앞서 청소년들이 어떠한 문제를 가지고 있는지에 대한 사전조사와 분석이 필요하다. 청소년활동, 상담, 복지실천 분야에서 프로그램에 대한 요구를 분석할 때에는 사회적인 차원에서 공통적으로 경험하고 있는 문제에 대한 관심으로부터 출발해야 한다. 프로그램에서 다루게 되는 주제가 개인에게 초점이 맞추어져 있다고 하더라도 그 저변에는 청소년의 사회적인 문제가 함께 포진하고 있을 가능성이 높기 때문이다. 즉 개인이 가지고 있는 문제는 온전히 개인의 어려움이라기보다는 '환경 속의 인간'인 개인이 사회적, 환경적 영향 속에서 겪게 되는 어려움일 가능성이 크기 때문에 프로그램을 개발하기에 앞서 현재 우리가 살고 있는 사회에서 청소년에게 문제가 되는 것이 무엇인지에 대해 분석하는 것은 청소년에게 더욱 도움이 되는 프로그램을 개발하는 단초가 될 수 있다.

사회문제를 분석할 때 청소년지도자들에게 몇 가지 사전에 요구되는 사항이 있다.

첫 번째는 청소년에 대한 진심어린 마음이다. 가장 기초적이고 중요한 부분일 수 있는데, 청소년의 입장에서 정말 필요로 하는 서비스가 무엇인지, 어떠한 프로그램이 개발되면 청소년의 삶에 긍정적인 변화를 줄 수 있을 것인지 진심으로 고민하는 마음이 중요하다. 근무하는 기관에 소속된 일원으로서 일의 일부로만 바라본다면 진정성 있는 프로그램이 개발되기는 어려울 것이다. 이때 프로그램 개발자들은 개발된 프로그램이 청소년에게 적합하며 필요한 프로그램인지 늘 '청소년'의 입장에서 생각해야 할 것이다.

두 번째는 프로그램 개발자들의 전문성이다. 전문성이라는 것은 여러 가지 자격과 의미들을 담고 있는데, 그 중에서도 가장 중요한 것은 프로그램의 주제와 관련된 이론적 배경에 대한 이해 및 프로그램 관련 경험과 노하우일 것이다. 이러한 것들은 가지고 있는 자격증에서 우선적으로 검증될 수 있다. 청소년활동, 상담, 복지실천 분야에서 공신력 있는 자격증을 갖추고 있는 전문가, 즉 청소년지도자에 의해 프로그램이 개발 · 운영되어야 할 것이며, 청소년을 직접 상담해 보고 지원해 본 경험이 풍부한 청소년지도자에 의해 프로그램이 진행되는 것은 프로그램의 성패에 매우 중요한 요소가 될 것이다.

세 번째는 기존 프로그램에 대한 반성적 고찰이 필요하다. 우리나라에는 수없이 많은 청소년문제가 존재하고 이를 해결하기 위한 다수의 프로그램들이 개발되고 시행되어 왔지만 여전히 해결되지 못한 문제들이 많다. 하나의 예로 청소년들의 자살문제가 심각한 사회문제로 인식되면서 수많은 자살예방 프로그램들이 개발되고 시행되고 있지만 청소년들의 자살행동은 여전히 발생하고 있다. 특히 최근에는 초등학생 연령대까지 확대되는 등 자살행동의 저연령화가 문제이다. 그렇다면 프로그램 개발자들은 청소년 자살이라는 사회문제와 프로그램 개발을 연결해서 생각할 때 어떠한 부분을 고려해야 하는가. 이때 기존 프로그램에 대한 반성적 고찰이 필수적인 부분이 될 수 있다. 물론 위에서 언급한 청소년 자살이라는 사회문제는 프로그램을 통해서 완벽하게 해결될 수 없는 사회 전체적인 문제들과 연결되어 있기도 하다. 하지만 청소년활동, 상담, 복지실천 현장에서는 프로그램을 통해 최대한 자살을 예방해 볼 수 있도록 노력하는 자세가 필요하다. 여기서 프로그램 개발자들은 그동안 시행된 자살예방 프로그램들이 어떠한 부분이 부족했는지, 자살예방 프로그램을 시행했는데도 불구하고 청소년들의 자살행동이 계속 일어나는 것은 무슨 이유 때문인지, 반성적으로 고민해 볼 필요가 있다. 또한 그동안 프로그램에서 부족한 부분은 무엇이며, 앞으로 어떠한 부분을 더욱 강조해서 프로그램을 새롭게 보완, 개발해 나가야 하는지에 대한 깊은 반성적 성찰을 통해 좋은 프로그램이 개발될 수 있다. 좋은 프로그램이라는 것은 청소년에게 진정으로 도움이 되는 프로그램을 의미하는 것이며, 자살과 관련해서는 자살을 예방하여 우리나라 청소년들의 소중한 생명을 지키는 데에 도움이 되는 프로그램일 것이다. 이때 기존 프로그램에 대한 충분한 반성적 고찰을 통해 효과가 있었던 부분과 효과가 부족했던 부분을 평가하고 변화하는 사회분위기에 맞추어 보완해야 한다. 평가는 프로그램을 직접 받았던 청소년을 통해서 하는 것이 가장 정확할 것이며, 청소년기이기 때문에 이들에게 영향을 많이 줄 수 있는 교사와 부모, 또 실제 프로그램을 운영했던 청소년기관의 전문가들의 의견이 반영되어야 할 것이다. 예를 들면 청소년 자살이 저연령화되고 있다면 이에 대한 대책으로 초등학생만을 대상으로 한 전문자살예방 프로그램을 특화시켜 개발해 보는 노력을 기울이는 것도 한 가지 방법이 될 수 있다. 또한 기존 프로그램들 중 청소년 자살과 관련하여 크게 도움이 되지 않았다는 평가를 받는 프로그램은 과감하게 정리하고, 도움이 되었던 프로그램은 강조, 확대해 나가는 것이 반성적 고찰을 통한 새로운 프로그램 개발에 도움이 될 것이다.

청소년활동, 상담, 복지실천 현장에서 문제를 분석하고 확인해 나가려면 문제에 대한 분석과 그 문제에 대한 청소년의 요구가 무엇인지 조사가 필요하다. 문제 분석은 '무엇이 문제인지를 "사회적"으로 규정하는 것'이며, 요구조사는 개인들이 관련 문제를 '어떤 기준에서 얼마만큼 가지고 있고 느끼고 있는지'를 파악하는 것이다(김영종, 2013). 여기에서는 문제에 대한 분석과 욕구를 반영한 요구조사에 대한 개념과 방법, 절차들을 차례로 살펴보기로 한다.

1) 청소년 문제의 규정

인간은 사회에 속해 살고 있으므로 개인이 가지고 있는 문제라 하더라도 프로그램 개발자들의 입장에서는 사회문제 속의 개인문제로 바라보는 시각이 중요하다. 즉 청소년 개인이 가지고 있는 문제이기 때문에 이는 사회문제는 아니지 않은가 라는 생각은 자칫 개인에게만 문제가 있는 것으로 치부될 가능성이 높다. 개인이 가지고 있는 문제라 하더라도 생태학적 관점에서 개인은 환경 속의 일부이며, 인간에게 있어 환경은 다른 용어로 사회라고 볼 수 있으므로 개인의 문제 역시 사회문제의 일부로 보아야 한다. 사회문제에 대해 정의된 내용을 살펴보면, 김영종(2013)은 사회문제는 사회적으로 규정된 문제로, 인간이 처한 상황과 조건이 일련의 사회적 과정 속에서 바람직하지 않은 상태를 의미한다고 하였다. 또한 다수의 사람들이 그 상황이 개선될 필요가 있다고 생각하는 상태를 의미한다고 하였다. 예를 들어, 청소년의 학업 스트레스, 학교폭력, 집단따돌림, 독거노인의 자살문제, 스마트폰 중독문제, 취업 스트레스로 고통받는 대학생, 한부모가정의 양육 스트레스, 장애부모와 형제의 스트레스 등은 각각의 개인들이 고통을 호소하는 개인의 문제이지만, 그 문제의 기저에는 사회구조적으로 발생한 과도한 경쟁과 교육열, 빈곤, 청년실업 문제, 사회안전망의 부재, 취약계층에 대한 사회복지 지원의 부족, 불평등 등이 배경으로 존재하고 있다. 따라서 프로그램을 개발할 때 개인의 문제가 사회구조적인 배경 속에서 발생할 수 있다는 전제를 가지고 접근해야 문제를 분석하고 이에 대한 대안적 접근으로서 프로그램을 개발하는 데에 도움이 될 것이다. 즉, 청소년 프로그램을 통해 개입하는 사회문제는 그 원인이 개인이나 가족의 문제나 어려움에 국한되기보다는 사회적 요인에 의해 야기된 경우임을 염두에 두어야 한다. 예를 들어 극심한 학업 스트레스를 겪고 있는 청소년 문제를 사회적으로 설명해볼 수 있다. 사교육의 왕국이라고도 불리는 우리나라의 청소년들은 어렸을 때부터 학업에 대한 경쟁 속에서 자라나게 된다. 이는 개인이 가지고 있는 학업에 대한 부담이 커서라기보다는 사회구조적으로 학벌과 학력을 중요시하는 과열된 입시경쟁 속에서 살아남기 위한 어쩔 수 없는 선택이기도 하다. 개인이 학업과 상관없이 인생을 살아 보려고 해도 사회의 어느 문턱에서든 학벌과 학력은 넘어야 하는 장벽이다. 가정에서는 내 아이가 학교에서 소중한 존재로 여겨지고 자아존중감이 높은 아이로 성장하게 하기 위해 공부를 잘 하게 하는 방향으로 자녀를 키울 수밖에 없다. 이러한 상황은 특정한 청소년의 과도한 학업에 대한 부담이나 가정의 분위기 때문이라기보다는 사회구조적으로 자리 잡혀 있는 뿌리 깊은 교육에 대한 과도한 경쟁이 불러일으키는 문제이다. 따라서 청소년 프로그램으로 학업 스트레스를 개선하고자 하는 노력을 기울인다고 했을 때 그 원인이 개인에게 있는 것으로 초점을 맞추기보다는 사회구조적인 문제 속에서 문제의 개선방안을 마련하는 데 보다 초점을 맞추어야 할 것이다. 이에 프로그램을 개발할 때 개인에 대한 접근뿐 아니라 가정, 학교, 사회에 대한 접근방안을 함께 모색해 나가는 것이 중요하다.

최일섭과 최성재(1994)는 사회문제가 충족되기 위해 필요한 요건을 첫째, 원인이 사회적인 문제, 둘째, 사회적 가치와 규범에서 벗어남, 셋째, 다수의 영향력 있는 사람들이 문제로 보는 현상, 넷째, 개선을 위해 사회적 · 집단적 개입이 필요한 것으로 규정했는데, 이 내용을 기본 틀로 하여 현대사회의 상황에 맞게 설명해 보면 다음과 같다.

① 원인이 사회적인 문제: 문제가 발생하게 된 원인이 사회적인 내용과 관련되어 있다. 학업 스트레스, 학교폭력, 청년실업, 독거노인의 자살문제 등은 사회적 차원에서 야기되는 구조적인 문제와 관련되어 있으므로 원인이 사회적인 문제라고 할 수 있다.

② 사회적 가치, 규범에서 벗어남: 사회문제를 규정할 때 현대사회에 소속되어 구성하고 있는 사람들이 가지고 있는 윤리와 가치를 기준으로 삼아야 한다. 따라서 사회에서 규정한 규범이나 규칙, 윤리적 원칙과 가치 등을 벗어나면 사회문제로 규정될 수 있다. 예를 들면 현대사회에서 문제가 되는 아동성폭력은 현재 살고 있는 사회구성원들의 윤리와 가치기준에서 벗어나기 때문에 사회문제라고 볼 수 있다. 하지만 문제 중에는 사회가 변화함에 따라 함께 변화되는 것들이 있다. 반려견의 예를 들어 보면 과

거에는 동물을 때리는 등의 행동을 문제 삼지 않았던 시절이 있었지만 지금은 반려견에 대한 인식이 변하여 동물학대가 사회문제로 규정되는 경우를 볼 수 있다. 다른 예로 다문화에 대한 부분이 있는데 이는 다문화 인구가 늘어나면서 다문화인에 대한 불평등문제 혹은 사회구성원으로서 경험하는 다양한 부분들이 사회문제로 발생하고 있다. 이들은 사회가 변화함에 따라 사회문제로 규정되는 부분에 변화가 있었던 대표적 예로 볼 수 있다.

③ 다수의 사회구성원이 문제로 보거나 영향력 있는 사람이 문제로 보는 현상 : 다수의 사회구성원이 사회문제로 보는 현상을 말한다. 예를 들면 저출산 고령사회 문제, 청년실업 문제 등을 들 수 있다. 또는 사회지도자 등 사회에 영향력이 큰 사람이 문제로 보고 있고 이를 대다수의 구성원이 동의하는 경우도 해당될 수 있다.

④ 개선을 위해 사회적·집단적 개입이 필요한 것 : 사회문제란 그 문제의 개선을 위해 개인과 가족의 노력뿐만 아니라 사회와 집단적 차원의 개입이 필요한 경우를 말한다. 예를 들면, 환경오염문제, 노령인구의 증가, 교육제도의 문제 등을 들 수 있다.

2) 문제 분석방법

청소년 문제로 규정하고 체계적으로 분석하기 위해서는 분석틀이 필요하다. 다양한 학자들이 문제를 분석하는 틀을 제시하였다. 이 책에서는 국외 학자 중 York(1982)가 제시한 문제 분석방법, Heus & Pincus(1986), Taber & Finnegan(1980), Kettner, Moroney & Martin(2008)과 국내 학자 이봉주와 김기덕(2015)의 분석방법을 중심으로 설명한다.

(1) York의 문제 분석방법

York는 문제를 분석하는 데 다음의 열 가지 질문에 대한 대답을 구하는 방법을 제안하였다.

첫째, 청소년 입장에서 바람직하지 못한 상황이나 조건은 무엇인가?

프로그램 개발자는 청소년 입장에서 바람직하지 못한 상황이나 조건이 무엇인지에 대해 관심을 가져야 한다. 성차별이나 빈곤 등 사회구조적 문제로 인해 바람직하지 못한 상황을 경험하거나 취업을 하려고 하는데 성차별로 어려움을 겪는 등의 상황을 예로 들 수 있다.

둘째, 그 문제로 고통받는 사람은 누구인가?

사회문제를 분석하는데 해당 문제로 고통받는 사람들은 누구인지 구체적으로 살펴볼 필요가 있다. 예를 들어 학교폭력 피해청소년, 아동학대 및 방임 피해아동, 저소득층 독거노인 등이 해당될 수 있을 것이다.

셋째, 그 문제로 인해 이득을 받는 사람이 있는가?

문제를 분석할 때 해당 문제로 고통받는 사람이 있는 반면 그 문제의 존재로 이득을 얻게 되는 집단이 있는지 살펴볼 필요가 있다. 그러한 집단은 해당 문제를 해결하고 소거해 나가는 데 방해요인으로 작용할 가능성도 높기 때문에 서로 간의 이해관계를 살피고 조정해야 할 상황이 생길 수도 있기 때문이다. 예를 들어 사회의 빈곤문제를 해결하고자 근로자들의 최저임금수준을 논할 때 근로자 입장에서는 임금수준을 높이길 원하겠지만 기업주의 입장에서는 이를 반대할 수도 있기 때문이다. 이때 기업의 상대적인 상황도 고려대상이 될 수 있다. 대기업의 경우와 중소기업의 경우 임금인상으로 인한 영향이 다를 것이며, 특히 중소기업의 경우에 무리한 임금인상은 회사의 존폐 여부를 결정할 만큼 또 다른 사회문제를 야기할 가능성도 있다.

넷째, 누가 그 문제를 사회문제로 규정하는가?

사회문제에 대한 견해는 사람마다 다를 수 있기 때문에 누가 사회문제로 규정하는 것인지에 대한 고려도 필요하다. 프로그램 개발자는 사회문제로 규정하고자 하는데 정작 당사자인 청소년이나 그 가족은 문제로 인식하지 않는 경우도 있다. 예를 들어 아동방임의 경우 최근 들어 사회문제로 인식되고 있지만 정작 방임을 하는 주체인 부모나 아동들은 그것을 심각한 문제로 인식하지 않는 경우가 많으며, 어떤 상황이 방임인지에 대한 명확한 기준을 이해하지 못하는 경우도 발생할 수 있다. 프로그램 개발자는 청소년의 요구나 인식이 못 미치는 경우에도 사회문제에 해당된다고 판단될 경우에는 인식개선이나 이해의 단계부터 접근해야 함을 염두에 두고 프로그램을 개발할 필요가 있다.

다섯째, 누가 그 문제를 사회문제로 규정하지 않는가?

위의 두 번째와 세 번째 항목에서 고통과 이득이 서로 간 상반되는 대상이 있다고 설명한 것과 마찬가지로 어떠한 문제를 사회문제로 규정하는 사람들이 있다면 반대로 이를 사회문제로 규정하지 않는 경우가 발생할 수 있다. 위 넷째 항목의 예시대로 방임의 경우 사회문제로 규정하는 경우도 있지만, 반대로 사회문제로 규정하지 않고 큰 문제가 되지 않는 상황으로 받아들일 가능성도 존재하기 때문이다. 다른 예로 학교폭력의 상황에서도 학교폭력의 피해자 입장에서는 고통받는 문제로 인식하지만 가해자의 입장에서는 피해자가 가지고 있는 특성과 부적절한 행위로 인해 피해를 받을만한 상황으로 인식하여 사회문제로 받아들이지 않고 있을 가능성이 있다.

여섯째, 문제의 원인이 무엇인가?

문제의 원인이 무엇인가에 대한 질문은 사회문제의 해결책으로서 프로그램의 내용을 개발할 때 단초가 될 수 있는 중요한 질문이다. 특히 문제의 원인을 무엇으로 보는지에 따라 개입의 방향도 달라질 수 있다. 예를 들어 학교폭력 문제에서 가해자의 문제를 주요하게 볼 경우 가해자에 대한 선도 프로그램이 주요 내용을 이룰 것이며, 반면에 피해자가 가지고 있는 문제를 주요 문제로 본다면 피해자 대상의 프로그램이 개발될 것이다. 피해자와 가해자 양측의 문제로 바라본다면 두 대상을 동시에 개입하는 프로그램이 개발될 가능성이 높다. 학교의 구조적인 문제가 영향을 주었다고 판단될 경우에는 프로그램 내용 안에 학교체계에의 개입까지 포함될 수 있다. 이처럼 문제의 원인을 어떻게 바라보는지에 따라 프로그램 내용이 달라질 가능성이 높기 때문에 문제원인 분석은 매우 중요한 작업이 된다.

일곱째, 현재 그 문제를 다루고 있는 프로그램은 어떤 것이 있는가?

사회문제는 지금, 이 순간부터 시작되었을 가능성보다는 과거로부터 이어온 문제였을 가능성이 높다. 따라서 과거에도 해당 문제에 대한 프로그램이 시행되었을 것을 염두에 두고 기존 프로그램을 검토해볼 필요가 있다. 선행 프로그램을 검토하는 것은 반성적 고찰 측면에서도 중요하다. 이전 프로그램이 존재했음에도 불구하고 해결되지 못한 이유는 무엇이었는지를 탐색할 필요가 있으며, 효과가 있었던 부분과 그렇지 못한 부분에 대한 평가는 앞으로 개발할 프로그램의 중요한 포인트가 될 수 있기 때문이다. 또한 이후에 변화된 사회환경을 고려한 프로그램으로 수정 · 보완할 필요가 있다.

여덟째, 프로그램이 중단될 경우 예상되는 결과는 무엇인가?

프로그램이 개발되어 시행되다가 중간에 중단될 확률이 높은 것은 아니기 때문에 이 질문은 프로그램 개발 시점보다는 평가의 시점에서 던지는 것이 더 적합할 수 있다. 하지만 사회문제를 분석하는 차원에서 해당 문제를 해결할 수 있는 프로그램을 예측해 보고 또 프로그램이 내 · 외부의 사정으로 인해 중단될 경우 예측되는 부작용 등에 대해 고려할 필요가 있다.

아홉째, 변화의 목표는 무엇인가?

청소년이 가지고 있는 문제는 사회구조적인 측면과 관련이 있다고 설명하였다. 따라서 사회구조적인 문제 중 변화해야 하는 부분은 어떤 것이며, 어느 정도까지 변화해야 하는지를 고려해야 한다. 예를 들어 아동학대의 문제가 사회문제라고 했을 때, 아동학대 신고 건수가 어느 정도 줄어들었을 때 문제가 해결되었다고 볼 것인지, 이에 대한 목표 수준을 잡아볼 수 있다.

열째, 요구와 자원 간의 격차를 줄이는 데 찬성하는 자와 반대하는 자는 누구인가?

이는 앞선 질문들과 관련하여 고통을 받는 사람은 누구이며, 반대로 이득을 얻는 사람은 누구이고, 또 문제라고 규정하는 사람은 누구이며 누가 문제가 해결되는 것에 부정적인 태도를 갖고 반대를 할 수 있는지 등에 대해 종합적으로 고민을 해보는 것을 의미한다.

(2) Heus와 Pincus의 문제 분석방법

Heus와 Pincus(1986)는 다음과 같이 네 가지의 내용을 토대로 한 분석방법을 제시하였다.

첫째, 청소년에 대한 진단과 집단의 분류는 가급적 피한다. 청소년의 문제를 진단하는 것은 문제가 분명하게 분류되는 장점이 있기 때문에 효율성이 높을 수는 있다. 그러나 개별화의 원칙에 따라 청소년이 가지고 있는 문제에 깊이 있게 제대로 접근하는 데는 한계가 있다. 또한 진단적 관점에서 청소년을 바라보게 되기 때문에 청소년의 강점이나 긍정적인 측면에 대해서는 관심 있게 살펴보지 못하는 단점이 있다. 따라서 프로그램을 개발하기 위한 청소년의 진단은 가급적 지양하도록 한다.

둘째, 문제를 정의할 때 폐쇄형보다는 개방형으로 정의하는 것을 선호한다.

귀납형으로 전개되는 폐쇄형 질문은 청소년에게 '예, 아니오'의 단답형 답변을 얻게 되기 때문에 프로그램을 개발할 때 빠른 시간 안에 명확한 답을 얻을 수 있는 장점이 있는 반면, 청소년의 입장보다는 프로그램 개발자가 원하는 방향으로 질문의 내용이 전개될 가능성이 높다. 따라서 폐쇄형 질문을 사용하는 것보다는 개방형 질문을 던져 청소년이 원하는 것에 대해 개방적으로 귀 기울이고 다양한 요구를 경청하는 것이 필요하다.

셋째, 정보를 수집할 때 통합적인 사고를 해야 한다. 프로그램 개발을 위해 정보를 수집할 때에는 각 부분에 해당되는 내용들을 단순히 합치기보다는 전체를 보고 아우르는 통합적인 사고를 하는 것이 필요하다. 부분적인 요구들을 모아 그것이 사회문제일 것이라고 규정할 때에는 자칫하면 숲을 보지 못하고 나무들만 모아놓는 상황이 될 수 있다. 따라서 문제를 바라볼 때 전체적인 맥락 속에서 살펴보고자 하는 통합적인 사고를 해야 한다.

넷째, 청소년의 자원과 강점을 인식한다. 사회문제를 분석한다고 해서 청소년이 경험하게 되는 문제에만 국한하여 생각하기보다는 청소년이 가지고 있는 자원과 강점도 함께 고려한다. 이는 후에 문제를 해결하는 과정에서 크게 도움이 될 수 있다. 청소년의 자원과 강점에 대한 정보를 수집하고, 청소년의 특성을 파악하여 강점을 최대한 활용하도록 한다.

(3) Taber와 Finnegan의 문제 분석방법

Taber와 Finnegan(1980)은 문제가 주로 개인에 대한 문제에 해당되는지, 사회에 대한 문제에 해당되는지를 판단해 보고, 문제에 영향을 주는 요인이 무엇인지를 파악해 보는 방식으로 구성된 분석틀을 제시하였다. 이 방법은 생태체계학적 관점에 입각하여 인간과 환경의 상호작용에 초점을 둔 분석틀이라고도 할 수 있다.

첫째, 개인에 대한 문제는 개인이 건강이나 생활을 유지할 수 있는 최저 기준이 박탈되었거나 학대나 착취 등의 위협, 사회에 참여하는 것에 장벽을 느끼는 경우 등으로 인해 개인에게 일차적으로 영향을 주면서 문제가 생긴 경우이다. 예를 들어, 개인의 생활 유지를 위한 최저수준이 보장이 되지 않아 발생한 빈곤문제라든지 아동학대와 같은 위협적인 상황은 개인에 대한 문제로 평가한다.

둘째, 사회구성원 전체의 건강과 안전에 대한 위협, 사회통합이나 사회적 자원비용의 문제가 발생한 경우 사회문제로 평가한다. 예를 들어 범죄나 교통문제는 사회구성원 전체의 안전을 위협할 수 있기 때문에 사회문제가 될 수 있다.

셋째, 사회문제의 근본적인 원인이 되거나 사회문제를 더욱 심각하게 확산시키는 요인을 중심으로 살펴보는 것이다. 예를 들어 청년실업문제의 경우 개인의 최저생계를 저해하는 개인의 문제이기도 하지만 그대로 방치될 경우 사회적으로 막대한 비용을 지출하게 되는 사회문제로 나타나기도 한다. 따라서 개인의 문제가 사회문제가 되기도 하고 사회문제가 개인의 문제가 되기도 하기 때문에 개인 · 사회문제로 나누는 절대적인 기준은 존재하기 어렵다. 앞서 전제했듯이 개인과 사회는 상호작용하는 존재이며, 개인은 사회 속의 인간으로서 존재하기 때문이다.

그러나 이러한 방법은 프로그램을 개발하는 입장에서 사회문제로 영향을 받게 되는 개인과 사회를 나누어볼 수 있는 틀을 제시해 줄 수도 있다.

(4) Kettner 외의 문제 분석방법

Kettner, Moroney & Martin(2008)은 문제를 분석하는 방법을 다음의 아홉 가지 질문을 중심으로 제시하였다.

첫째, 상황 혹은 상태의 본질은 무엇인가? 문제가 생겼을 때 그 상황은 보여지는 그 자체뿐 아니라 그 너머에 다른 본질적인 요소가 존재할 수 있다. 예를 들어 청소년 자살문제의 경우 보여지는 현상은 청소년의 소중한 목숨을 앗아간 사건 그 자체일 수 있지만, 그 문제를 발생시킨 본질은 입시 위주의 교육이나 학벌 위주의 사회 속에서 청소년들이 겪게 되는 극심한 학업 스트레스가 원인일 수도 있다. 따라서 청소년 자살문제 자체뿐 아니라 사회구조적 문제이기도 한 교육환경이 이 문제의 본질일 수도 있음을 함께 고려한 프로그램이 개발되어야 한다. 본질이 무엇인지 알아보기 위해 프로그램 개발자는 해당 문제에 영향을 줄 수 있거나 잘 아는 사람들로부터 다양한 각도에서 정보와 자료를 수집하는 것이 도움이 된다.

두 번째, 사회문제에 대한 정의는 어떻게 내릴 수 있는가? 사회문제는 상당히 추상적이며, 해석하는 사람에 따라 다양한 차이가 존재할 수 있다. 따라서 프로그램을 개발하는 청소년지도자는 프로그램 개발에 앞서 문제에 대해 정확한 정의를 내리는 것이 필요하다. 예를 들어 학교폭력 피해청소년을 위한 프로그램을 개발한다고 할 때, 학교폭력 피해상황에 대한 이해와 해석은 다양할 수 있으므로, 구체적으로 학교폭력 상황에 대해 정의하고(발생장소, 피해정도, 피해자와 가해자 등) 관련법이나 규정 등도 참고하여 사회문제를 정확하게 개념화시킬 필요가 있다. 이러한 사전작업을 통해 프로그램이 개발될 경우 보다 직접적이고 구체적인 프로그램으로서 효과를 볼 수 있을 것이다.

셋째, 문제상황을 겪고 있는 사람들의 특성은 무엇인가? 문제상황을 겪고 있는 사람이 어떠한 특성을 가지고 있는지에 대한 이해가 프로그램 개발에 도움이 될 것이다. 예를 들어 학교폭력 피해청소년에 대한 개념과 정의에 대해 합의를 했다면, 그 다음 단계로 학교폭력 피해청소년이 겪고 있는 문제상황과 특성이 무엇인지 살펴보아야 한다. 살펴보다 보면 학교폭력 피해청소년집단의 유형이 집단따돌림 피해자, 폭행 등의 피해자, 피해자이면서 가해자인 중복경험자 등 다양하다는 것을 알게 된다. 또한 성별과 연령, 가정배경 등도 프로그램을 개발하는 데 특성으로 고려할 요소이다. 이러한 특성을 명확하게 파악하고 있을수록 청소년에게 제대로 도움을 줄 수 있는 프로그램이 개발될 것이다.

넷째, 문제상황의 정도나 범위는 어떠한가? 문제상황이 정해졌다면 그 정도나 범위가 어떠한지 측정해야 한다. 만약 학교폭력 피해상황이라면, 폭력피해의 정도가 어느 정도인지, 누구누구가 해당되는지, 문제의 범위는 어디까지인지, 해당 학교가 한 곳인지, 두세 곳인지 등을 조사할 필요가 있다. 문제상황의 정도나 범위에 따라 프로그램에서 다룰 범위도 정해진다.

다섯째, 발생한 사회문제와 관련하여 사회가 가지고 있는 가치는 무엇인가? 사회문제를 정의했다면 이와 관련하여 해당 지역사회나 국가가 이에 대해 가지고 있는 가치는 무엇인지 살펴볼 필요가 있다. 예를 들어 학교폭력 문제의 경우 학교폭력 피해청소년에 대해 지역사회 주민과 학교의 반응은 어떠한지, 어떻게 대처해야 한다고 생각하는지, 또 국가적 차원에서 이를 바라보는 시각은 어떠한지 어떠한 대처방안이 옳다고 생각하는지 등을 알아볼 필요가 있다.

여섯째, 상황이 주변에 광범위하게 인식되고 있는가? 프로그램을 통해 사회문제를 해결하기 위해 주변의 관심이 중요하다. 개발할 계획을 가지고 있는 프로그램에 대해 지역사회 차원 또는 국가적 차원에서 필요성에 대한 공감대를 가지고 있고 활용 자원이 다양하다면 프로그램의 성공 확률을 높일 수 있다. 만약 인식이 제대로 형성되지 않은 경우, 지역사회 주민을 대상으로 교육을 실시하는 것도 좋은 방법이 될 수 있다.

일곱째, 문제로 규정을 하고 있는 주체는 누구인가? 누가 프로그램 개발에서 다루려고 하는 사회문제를 문제로서 규정하고 있는가에 대한 질문이다. 대부분 청소년활동, 상담, 복지실천 현장에서 문제로 규정할 때에는 청소년이 문제라고 인식하고, 청소년지도자 등 전문가, 가족 등 주변 사람들, 지역사회 등에서도 문제라고 규정할 가능성이 높다. 또한 문제로 규정된 것에 대해서 반대하는 경우가 많이 발생하지는 않을 것이다. 하지만 누가 이 문제를 해결해야 한다는 것에 지지를 하고, 누가 반대를 하는지, 이에 대해 고려하는 것은 필요하다.

여덟째, 무엇 때문에 발생한 문제인가? 즉, 문제의 원인은 무엇인가? 문제의 원인을 어떻게 보느냐에 따라 그 해결방안도 달라지기 때문에 문제의 원인이 무엇이라고 생각하는지는 프로그램 내용에 많은 영향을 미치게 된다. 예를 들어 학교폭력의 원인은 학생들이 받는 극심한 스트레스 때문이라고 원인을 규정한다면 스트레스 감소가 프로그램의 주된 내용이 될 것이고, 가해자의 공격성 때문이라고 규정한다면 공격성을 감소하는 프로그램을 개발하게 될 것이다. 또한 타인을 배려하는 마음이나 의사소통방식의 문제라고 분석한 경우에는 의사소통이나 대인관계방법에 대한 프로그램을 개발할 것이다. 문제의 원인분석은 문헌고찰이나 설문조사, 인터뷰 등을 통해 파악하는 경우가 가장 많이 사용하는 방법이다.

아홉째, 인종과 성별에 대한 고려를 하였는가? 최근 들어 인종과 성별에 대한 고려가 중요하게 인식되고 있다. 이는 우리 사회가 다문화사회로 진입한 것이 이유가 될 수 있고, 성차별을 해소하려는 사회적인 분위기가 작용했을 수 있다. 프로그램을 개발할 때는 인종과 성별에 대한 차별은 없는지 등을 고려해야 할 것이다.

(5) 이봉주와 김기덕의 분석방법

이봉주와 김기덕(2015)은 프로그램 개발자가 문제의 분석과 이해단계에서 해야 할 일로서 네 가지 단계를 제시하였다.

첫째, 현존하는 서비스나 자원의 공백이나 결함을 찾아낸다. 문제는 현재의 상황과 이상적인 상황 사이에 존재하게 되는 공백이나 결함으로 파악될 수 있다. 즉 현재 '이렇다'와 이상적으로 '이래야 한다'의 사이에 존재하는 공백이나 결함 때문에 발생한다는 것이다. 따라서 프로그램 개발의 목적은 '이래야 하는' 상태로 상황을 변화시킬 수 있도록 하여 공백과 결함을 줄이는 데 있다. 예를 들어 지역아동센터에서 운영하는 방과 후 학습지도의 경우 사교육을 제대로 받지 못하는 빈곤가정 아이들의 학습공백을 줄이기 위해 운영하는 프로그램이다. 그러나 프로그램이 시행된다고 하여도 공백을 완벽하게 메울 수는 없을 것이다. 그러므로 계속적으로 이에 대한 다양한 프로그램이 개발되어 해당 문제의 공백을 메울 수 있도록 노력해야 한다.

둘째, 공백이나 결함의 크기와 특성에 대한 증거자료를 수집한다. 첫 번째 단계에서 발견한 문제에 대한 프로그램을 개발하기 위해서는 관련 이론적 증거나 통계수치 등을 제시해야 한다. 이를 위해 문제가 해결되지 않았을 때 발생할 피해의 심각성을 확인하고, 문제가 어디에서, 누구에게, 얼마나 발생하고 있는가를 확인할 필요가 있다. 또한 현재 서비스가 문제를 해결하는 데는 부족하다는 것을 입증하고 그 증거자료를 찾는 것도 필요하다.

셋째, 공백과 결함의 원인을 알아낸다. 프로그램을 통해 개입하려고 하는 사회문제가 현실과 이상 사이의 공백과 결함으로 구체화되었다면 이후에는 그 문제의 원인이 무엇인지를 밝혀본다. 흔히 문제에 직접 개입하는 것이 프로그램이라고 생각할 수 있지만, 우리가 개입하는 것은 문제 그 자체뿐 아니라 문제를 완화시키기 위해 문제의 원인을 제거하거나 문제가 미치는 영향을 최소화하도록 하는 경우도 많다. 예를 들어 빈곤이라는 사회문제를 해소하기 위해 프로그램을 개발한다면, 빈곤의 원인이 소득이 낮기 때문에 발생한 문제이므로 소득이 낮은 것을 해결하기 위한 프로그램으로서 취업지원 프로그램이나 생계비 지원 등의 프로그램 등이 개발될 수 있다. 문제의 원인을 어디에 초점을 맞추느냐에 따라 프로그램의 유형이 결정될 수 있으므로 원인을 분석하는 것은 매우 중요하다. 그러나 이때 유의할 사항은 하나의 프로그램으로 사회문제의 원인을 모두 해결할 수는 없다는 것이다. 따라서 원인을 최대한 약화시키는 것이 목표가 될 수 있고, 다양한 프로그램을 통해 원인을 최대한 감소시키도록 하는 것이 청소년활동, 상담, 복지실천 현장에서 해야 할 일이다.

넷째, 공백과 결함을 메울 필요가 있다는 의식을 지역사회에 불어넣는다. 위 과정들을 통해 문제 분석과 원인을 파악하여 프로그램을 개발하였다고 해도 프로그램에 대한 지지기반이 없다면 프로그램은 탁상공론이 될 수 있다. 따라서 지역사회나 관련 기관에 프로그램이 꼭 필요하다는 의식을 불어넣을 필요가 있다. 대표적인 관련 기관은 구청, 보건소, 사회복지관, 보건복지부, 사회복지공동모금회, 복지재단 등이 있다. 그리고 프로그램 개발 시 지역사회와 함께 호흡하여 문제해결에 대한 작업에 협력하도록 하는 작업도 필요하다.

이상의 분석방법 · 분석틀을 통해 사회문제의 맥락이나 조건, 범위, 원인과 특성들이 규명된 후에는 해당 문제와 관련해서 청소년들의 구체적인 욕구가 무엇인지를 파악하는 요구조사를 진행한다.

2. 요구조사

프로그램에 참여할 청소년의 욕구가 반영된 요구를 정확하게 파악하는 것은 프로그램 개발에서 가장 중요한 요소라 해도 과언이 아니다. 따라서 청소년의 요구를 정확하게 조사할 필요가 있다. 왜냐하면 참여할 청소년의 요구를 제대로 반영하지 않으면 추후 프로그램 실행단계에서 참여율이 저조할 것이며, 아무리 좋은 프로그램이라고 하여도 참여율 저조 자체만으로 실패한 프로그램이 될 수 있기 때문이다. 그러나 청소년의 욕구가 반영된 요구사항을 정확히 파악한다는 것은 매우 중요하지만 어려운 일이기도 하다. 지금부터는 청소년의 욕구를 파악하기 위한 절차를 이해하기 위해 욕구에 대한 개념과 필요성, 방법 등에 대해 자세히 살펴보기로 한다.

1) 욕구란?

욕구(need)는 요구, 필요 등과 유사한 용어로 불리기도 한다. 욕구라는 것은 일반적으로 청소년이 필요로 하는 것을 의미하며 개인이 현재 부족하기 때문에 서비스를 필요로 하거나 원하는 것을 의미한다. 유사한 용어로 요구(want)는 '원하는 것'을 의미하며, 대개 언어적으로 드러나게 된다. 예를 들어 중학교 때 왕따를 당하던 청소년이 고등학교에 입학한 후 부모에게 다른 학교로 전학가고 싶다는 요구를 하여 부모는 고민에 빠지게 되었다. 이때 요구와 욕구의 차이를 살펴보면, 요구(want)는 "다른 고등학교로 전학 가고 싶다"로 드러나고 있지만, 실제 청소년 내면의 욕구(need)는 "늘 왕따만 당하다가 고등학교와서 친구가 생겼는데, 친구관계에서 발생할 수 있는 갈등을 처음 경험해 보니 어떻게 해결해야 할지 방법을 모르겠다. 다시 상처 입을까 봐 도망가고 싶다"일 수 있다. 이처럼 청소년이 표현하는 요구와 욕구에 차이가 있을 수 있는 부분을 임상현장에서는 욕구사정 시 특히 유의해야 한다. 따라서 청소년지도자는 청소년의 요구(want) 이면에 있는 욕구(need)가 무엇인지 깊이 살펴볼 필요가 있다.

정무성과 정진모(2001)는 욕구를 '기대되는 상태(what ought to be)'와 '현재의 상태(what is)'의 차이라고 하였다. 욕구는 크게 개인의 내적인 욕구와 사회적 욕구로 나누어 살펴볼 수 있다. 개인의 내적인 욕구의 대표적인 이론으로는 Maslow(1971)의 욕구위계이론이 있다. Maslow(1971)는 인간의 욕구를 계층적 단계로 설명했는데, 생리적 욕구, 안전에 대한 욕구, 소속과 애정에 대한 욕구, 자기존중에 대한 욕구, 자아실현에 대한 욕구로 설명하였다. Maslow는 가장 첫 번째 단계의 욕구인 생리적 욕구가 충족되어야 그다음 단계의 욕구에 대한 동기가 나타난다고 하였다. 첫 번째, 생리적 욕구는 식사, 수면, 배설, 성과 같이 인간이 살아가는 데 필요한 가장 기본적인 욕구를 의미하며, 다른 욕구들에 비해 가장 강한 특징을 가진다. 두 번째, 안전에 대한 욕구는 자신이 살고 있는 사회 · 환경 내에서 안전하게 보호받고자 하는 욕구를 의미한다. 세 번째, 소속과 애정에 대한 욕구는 가족이나 사회에 소속되고 싶어 하고, 구성원들과 애정을 나누고 싶어 하는 욕구를 의미한다. 네 번째, 자기존중에 관한 욕구는 자기 스스로와 타인으로부터 존중받고 싶어 하는 욕구를 의미하며, 다섯 번째, 자아실현에 대한 욕구는 자기가 원하는 소망을 실현하고 성취하고자 하는 욕구를 의미한다.

다음 〈표 6-1〉에서 Maslow(1971)가 설명한 욕구위계이론에 맞춘 청소년 프로그램과 서비스의 예(황성철, 2005)를 제시해 보았다.

〈표 6-1〉 욕구단계에 따른 청소년 프로그램 및 서비스 종류

욕구의 단계	청소년활동, 상담, 복지실천 프로그램 및 서비스의 예
생리적 욕구	• 식사배달서비스 • 가사서비스 • 가정간호서비스 • 의료서비스 • 이동목욕서비스 • 주거환경개선서비스
안전에 대한 욕구	• 쉼터, 그룹 홈 • 안부전화서비스 • 아동보호/노인보호전문기관 서비스
소속과 애정에 대한 욕구	• 부모교육 및 부부상담 • 가정봉사원 파견사업
자기존중에 대한 욕구	• 정신건강 상담서비스 • 취업지원 프로그램
자아실현에 대한 욕구	• 직업상담, 청소년상담 • 평생교육 프로그램

Maslow의 욕구위계이론은 청소년 프로그램을 개발하면서 프로그램의 궁극적인 목적이 무엇인지 답을 찾는 데 도움이 된다. 프로그램을 개발하는 궁극적인 목적은 개인의 긍정적 변화와 성장에 있다. 그런데 개인의 변화는 현재 부족한 부분을 채워 주고 해결해 주는 측면에 초점을 맞출 수도 있고, 또는 성장하는 과정에서 필요한 욕구들을 충족시키면서 변화하는 상황에 초점을 맞출 수도 있다. 전자인 부족한 부분에 대한 해결은 문제해결적 · 치료적 접근이 주로 이루어져야 할 것이며, 후자인 성장 과정에서의 변화에 대한 부분은 주로 프로그램의 예방적 접근이 도움이 될 수 있다.

다음으로 Bradshaw(1977)는 욕구를 네 가지로 나누어 설명하였다.

첫째, 규범적 욕구(normative need)이다. 이는 전문가들에 의해 규정된 욕구를 의미한다. 규범적이라는 것은 상황이나 환경이 관습이나 권위 등에 의해

어떠한 기준이나 규범을 가지고 있다는 것을 가정한다. 예를 들면 최저생계비, 최저임금 등을 들 수 있다. 개개인의 욕구를 계량하는 데에는 한계가 있기 때문에 문제 및 욕구분석 시 전문가들이 이미 연구한 현황이나 서비스 필요성 등을 활용할 수 있다.

둘째, 인지적 욕구(perceived need)이다. 이는 프로그램 대상자인 청소년이 자신의 욕구로 인지하고 있는 욕구, 즉 청소년으로부터 정보가 수집된 욕구를 의미한다. 이를 위해 설문조사나 인터뷰를 통해 청소년의 인지된 욕구를 조사하기도 하며, 이러한 욕구는 상황에 따라 수시로 변동될 가능성도 있다.

셋째, 표현된 욕구(expressed need)이다. 이는 서비스를 받고 싶은 욕구를 표현한 것을 의미한다. 예를 들면 서비스를 받고 싶다고 지원하여 대기자 명단에 있는 청소년으로 파악될 수 있다.

넷째, 상대적 욕구(comparative need)이다. 이는 집단들 간 상대적인 비교를 통해 욕구를 확인한다. 예를 들면 현재 소속된 지역사회에 존재하는 서비스의 수준과 다른 지역사회의 서비스 수준의 차이를 측정하며, 현황자료 등을 통해 타 지역 서비스와 비교한 내용 등을 반영할 수 있다.

2) 요구조사의 필요성

청소년집단이 어떠한 서비스를 필요로 하는가를 정확히 파악하고, 청소년의 욕구를 충족시킬 수 있는 프로그램을 개발하기 위해 요구조사가 필요하다. 청소년활동, 상담, 복지실천기관에서는 매년 또는 필요할 때마다 요구조사를 하지만 때로는 기관의 서비스로 반영되지 않고 조사 자체로 끝나 버리기도 한다. 따라서 불필요한 인력과 예산을 낭비하지 않고 꼭 필요한 요구조사가 되기 위해서는 조사 목적이 명확해야 한다. 김상곤 외(2015)는 조사를 하는 목적으로 다음과 같은 내용을 제시하였다. 첫째, 지역사회에 필요한 서비스 및 프로그램이 무엇인지 알기 위해서이다. 둘째, 새로운 프로그램을 개발하기에 앞서 특정한 문제를 가진 청소년의 수가 어느 정도인지 파악하기 위해서이다. 셋째, 잠재적 청소년들이 현재 제공받을 수 있는 서비스가 어떤 것이 있는지 알고 있는지 또는 앞으로 이용할 의사가 있는지 알아보기 위함이다. 넷째, 현재 제공되고 있는 서비스를 이용하고 있지 않은 경우라면 그 이유가 무엇인지 파악하기 위해서이다. 다섯째, 지속되거나 심화되고 있는 사회적 문제가 무엇인지 파악하기 위해서이다. 여섯째, 특정한 목표대상층에 맞는 프로그램 개발에 필요한 정보를 확보하기 위해서이다.

우수명(2007)은 조사를 시행할 때 다음의 내용이 고려되어야 한다고 하였다. 첫째, 정확한 정보를 얻을 수 있어야 하며, 둘째, 객관적이고 과학적이며, 대표성이 있어야 한다고 하였다. 셋째, 대상자 중심이 된 효과적이고 효율적인 프로그램 개발이 될 수 있는 기초자료가 되어야 하며, 넷째, 개발될 프로그램이 실무적 · 이론적 발전의 기초가 되어야 한다고 하였다. 다섯째, 지역사회 청소년활동, 상담, 복지실천기관 간의 정보공유와 네트워크로서의 기능이 되어야 한다. 단일기관에서 해결하기 어려운 요구가 파악되었을 때에는 지역사회기관 간 서로 협력하고 의뢰할 수 있는 체제가 구축될 수 있는 기초자료가 되어야 한다. 여섯째, 조사를 하는 과정이 지역사회 대상자에게 프로그램의 홍보가 될 수 있도록 하며, 이를 통해 대상자들의 프로그램 참여도 증진시킬 수 있는 기회가 되어야 한다. 일곱째, 조사는 청소년활동, 상담, 복지실천기관의 운영규정에 명시되어 있으며(사회복지사업법 제19조, 제20조) 정부의 기관평가에서도 주요한 평가지표 중 하나로 포함되어 있다. 또한 외부기관 공모사업지원신청과 같은 외부기금 마련에도 요구조사를 반영한 프로그램이 더 좋은 점수를 받을 수 있다.

3) 요구조사의 방법

(1) 양적조사

① 설문조사(survey)

일반적으로 가장 많이 활용되는 요구조사 방법이다. 이는 설문지를 활용하여 인구·사회학적 정보를 비롯하여 조사하고자 하는 다양한 요구를 측정한다. 설문조사는 신뢰성 있는 측정도구(척도)를 사용하면 신뢰도와 타당도가 높아진다는 장점이 있다. 그러나 심층적인 면담을 통해 진행되는 것이 아니기 때문에 깊이 있는 요구를 알아내는 데에는 한계가 있을 수 있으며, 설문지 문항을 신뢰도와 타당도가 높게 제작하는 데 주의를 기울여야 한다. 설문조사의 과정에서도 표집과정, 자료수집 절차, 척도의 사용, 분석 등 조사방법론에 대한 이해가 분명히 선행되어야 한다. 다음 〈표 6-2〉에서 설문조사 시 사용될 수 있는 설문지의 예를 제시하였다.

〈표 6-2〉 자살예방교육 프로그램 개발 요구조사용 설문지

※ 해당되는 번호에 V표를 해주시기 바랍니다.

성별: ① 남	② 여	
학교: ① 초등학교	② 중학교	③ 고등학교
학년: ① 1학년	② 2학년	③ 3학년

※ 다음은 청소년 자살예방교육 프로그램과 관련된 설문문항입니다. 아래 질문을 읽고 해당되는 번호에 V표 해주시기 바랍니다.

1. 가까운 주변인(가족, 친척, 친구 등) 중에 자살로 사망한 사람이 있다면, 그 일이 자신에게 얼마나 충격을 준다고 생각하나요?
   ① 전혀 충격을 주지 않는다. ② 거의 충격을 주지 않는다.
   ③ 다소 충격을 준다. ④ 많이 충격을 준다.
   ⑤ 매우 많이 충격을 준다.

2. 유명인(연예인 등)의 자살 소식이 청소년들의 자살 충동에 영향을 준다고 생각하나요?
   ① 전혀 영향을 주지 않는다. ② 거의 영향을 주지 않는다.
   ③ 그저 그렇다. ④ 많이 영향을 준다.
   ⑤ 매우 많이 영향을 준다.

3. 자살에 대해 진지하게 생각해 본 적이 있나요?
   ① 있다 ② 없다
   ☞ 있다면 4번, 없다면 6번으로 가세요.

4. 죽고 싶었던 경험이 있다면, 어떤 때에 그런 마음이 생기나요?

학업문제	① 학업성적이 떨어졌을 때 ② 공부하기 지겨울 때 ③ 공부 때문에 열등감을 느낄 때
가족문제 · 가족폭력	④ 부모님에게 잔소리 들었을 때 ⑤ 부모님이 심하게 싸울 때 ⑥ 부모가 별거하거나 이혼하겠다고 할 때 ⑦ 가족으로부터 폭행을 당했을 때 ⑧ 부모님이나 형제(자매)가 나의 욕구를 전혀 들어주지 않을 때 ⑨ 가정형편이 어려워 내가 원하는 것을 할 수 없을 때
친구문제 · 폭력피해	⑩ 친한 친구와 심하게 다투었을 때 ⑪ 이성친구와 헤어졌을 때 ⑫ 친구들이 나를 따돌릴 때 ⑬ 남으로부터 지속적으로 폭행을 당했을 때(신체/언어적 폭력, 협박, 사이버 폭력 등) ⑭ 게임머니, 현금, 물건 등을 빼겼을 때
개인문제	⑮ 외모가 남보다 열등하다고 느낄 때 ⑯ 장래에 희망이 없다는 생각이 들 때

기타 · 주변인과의 관계	⑰ 가족, 친구, 선생님이 내가 알리고 싶지 않은 일(폭력, 훔치기, 가출 등)을 알아버렸을 때 ⑱ 선생님에게 인격적으로 무시당할 때 ⑲ 주위 사람들을 벌주거나 혼내주고 싶을 때 ⑳ 주위 사람들이 나를 믿어주지 않을 때 ㉑ 기타 ________________

*(①~㉑ 중 세 가지만 선택해서 해당되는 번호에 V표 해주세요.)

5. 죽고 싶었던 마음을 실제 행동으로 옮기지 않았다면 무엇 때문인가요?
(두 가지만 선택해서 V표 해주세요.)
① 너무 무서워서
② 부모님이 괴로워할까봐
③ 자살이 나쁘다고 생각되어서
④ 전문상담가의 도움을 받아서
⑤ 나 자신에 대한 믿음 때문에
⑥ 나를 이해해 주는 친구들이 있어서
⑦ 상황이 좋아지겠지 하는 희망 때문에
⑧ 죽고 싶은 마음이 들게 한 문제가 해결되어서
⑨ 기타 ________________

6. 만약 자신이 죽고 싶을 만큼 힘든 일이 생긴다면, 누구와 가장 먼저 의논하고 싶은가요?
① 친구 ② 부모 ③ 형제 또는 자매
④ 친척 ⑤ 학교 선생님 ⑥ 상담 선생님
⑦ 누구와도 상의하지 않겠다 ⑧ 기타 ________________

7. 의논하게 된다면, 어떤 도움을 받고 싶나요?
① 현재 겪고 있는 힘든 일에 대한 대안 제시
② 내 마음을 진심으로 알아주는 상담
③ 진정어린 관심
④ 안 좋은 생각이 들 때 대처하는 방법
⑤ 기타 ________________

8. 학교에서 자살예방교육을 받는다면, 어떤 교육내용이 도움이 될까요?
(①~㉒ 중 해당하는 번호에 모두 V표 해주세요.)

학교생활관련 교육	① 학업이나 일상생활 스트레스 대처방법 ② 친구관계 등 대인관계를 잘 해나가는 방법 ③ 성적 향상 방법(효율적인 공부방법) ④ 미래에 대한 희망을 가질 수 있는 다양한 진로에 대한 교육 ⑤ 학교폭력(따돌림, 신체 및 언어폭력 등) 대처방법
가족문제 교육	⑥ 부모님과의 의사소통방법 ⑦ 가정폭력 대처방법
위기상황 대처교육	⑧ 위기상황 대처방법 ⑨ 자살위험징후 인식방법(자살경고나 위험요소 또는 자살위험신호를 알아차리기) ⑩ 자살생각이 날 때 도움을 요청하는 방법 ⑪ 자살위험 청소년에게 도움주기 행동교육 ⑫ 사회적 지지망(상담센터, 자살예방센터 등) 알려주기
삶의 의미 · 생명존중 교육	⑬ 삶의 의미를 찾을 수 있는 교육(긍정적 생활태도) ⑭ 어려움을 극복한 사람들 이야기(동영상) ⑮ 생명존중태도(생명존중교육) ⑯ 자살관련 가치관 및 편견
심리 · 정서 · 행동 교육	⑰ 우울, 불안 등 정신건강 교육 ⑱ 문제해결 능력 향상 ⑲ 자아존중감(자기 자신을 존중하는 마음) 향상 ⑳ 분노조절 등 정서조절기술 ㉑ 청소년기의 심리 · 정서 · 발달 특성 이해
기타	㉒ 기타 ________________

9. 자살예방교육 프로그램 실시 시간으로 어느 정도가 가장 적절하다고 생각하나요? (1회기-1교시, 45분 기준)
   ① 1회기(1교시) ② 2회기(2교시) ③ 3회기(3교시)
   ④ 4회기(4교시) ⑤ 5회기(5교시) 이상

10. 자살예방교육 프로그램의 형태 중에서 가장 효과적인 것은 무엇이라고 생각하십니까? (두 가지만 선택해서 V표 해주세요.)
   ① 개별상담
   ② 집단상담 프로그램
   ③ 방송교육용 단기교육 프로그램
   ④ 학급 단위의 단기교육 프로그램
   ⑤ 교과 과정에 포함된 중 · 장기 교육 프로그램

⑥ 캠프나 수련활동 시에 운영할 수 있는 활동 프로그램
⑦ 기타 ______________________________

11. 청소년 자살예방을 위해 청소년의 주변 사람들에게도 교육을 실시한다면 누구에게 필요하다고 생각하나요?
① 부모님 ② 학교선생님
③ 전문상담가 ④ 기타 ______________________

12. 부모님이나 선생님 등 주변 사람들에게는 어떠한 교육이 필요하다고 생각하나요?
① 자녀(또는 학생)와의 의사소통방법 ② 자녀의 위험신호 알아차리기
③ 위기 시 대처방법 ④ 가정폭력, 학교폭력 예방 교육
⑤ 기타 ______________________________

출처: 한국청소년상담복지개발원(2016).

② 델파이(delphi) 기법

대상자들의 요구를 조사할 때 만나지 않고 서면을 통해 집단회의를 하는 방식으로 진행되는 조사방법이다. 설문조사방식 중 무기명으로 하며, 설문조사를 통해 의견을 수합한 후 그 결과를 다시 보내 피드백을 받는 방식으로 여러 단계에 걸쳐 의견을 수합한다. 조사대상자는 10~15명 정도가 일반적이나 더 많은 인원도 가능하다. 이후 통계분석방법도 활용하여 결과를 정리한다는 특징을 가진다. 전문가집단의 견해를 대면적인 모임이 없는 상태에서 도출해 낸다는 특징이 있다. 조사대상자의 익명성을 가질 수 있다는 장점과 서면으로 조사함으로써 정리된 의견을 받을 수 있다는 장점이 있다. 또한 집단면담을 하지 않으므로 비용 면에서 효율적일 수 있다. 그러나 만남이 이루어진 상태에서 상호작용이 발생하는 것이 아니라 개별적인 의견을 모은 후 조사자가 조정자의 역할을 하며 정리해 나가는 방식이기 때문에 조정자의 의도나 목적대로 편향될 수 있다는 단점이 있다. 이에 조사자의 주관적 판단이 지나치게 개

입되지 않도록 주의해야 한다.

다음은 델파이 조사의 일반적 절차이다(이종성, 2001).

첫 번째, 조사하려고 하는 문제에 대해 패널(해당 분야의 전문가 또는 구성원)을 선정하여 서로 접촉하지는 않는 상태에서 그 문제에 대한 개방형 질문에 응답하도록 한다.

두 번째, 첫 번째 단계에서 수집된 개방형 응답들을 편집하여 구조화된 폐쇄형 질문(대개 리커트식 척도나 ○, ×로 응답하게 함)을 만든 후, 다시 패널에게 응답하도록 한다.

세 번째, 두 번째 단계에서 회수한 결과에 대해 합의적 의견을 도출한다. 3회 설문에서는 위 내용의 산출결과와 패널 본인의 2차례 반응을 피드백하여 질문에 대해 다시 수정할 수 있는 기회를 부여한다. 대다수의 의견과 상이한 반응을 응답한 경우에는 그 이유를 기재하도록 한다.

〈표 6-3〉은 김동호(2011)의 「노인복지대상에 따른 선택적 노인복지서비스 공급에 관한 연구」 논문에서 발췌한 1차 설문지에 대한 예시이다.

〈표 6-3〉 델파이 조사방법 설문지의 예

전체 노인을 대상으로 하는 새로운 노인복지서비스의 제안
현대사회 노인들은 과거 농경사회와는 달리 다양한 욕구를 가지고 있습니다. 귀하께서 생각하시는 현대사회 노인을 위한 노인복지서비스의 다양한 유형을 전체 노인들의 입장에서 다섯 가지 정도로 제안해 주시기 바랍니다.
노인복지서비스 제안 1.
노인복지서비스 제안 2.
노인복지서비스 제안 3.
노인복지서비스 제안 4.
노인복지서비스 제안 5.

출처: 김동호(2011).

1차 설문지에서는 개방형 질문을 통해 5가지의 의견을 물었다. 1차 조사결과로 나타난 전문가 의견은 총 75개였고, 이 중 중복되거나 유사한 것을 통합하여 총 31개로 압축하였다. 이를 바탕으로 2차 델파이 조사를 실시하는데, 2차 설문지에서는 1차 설문지 결과에서 나온 내용들에 대한 의견으로서 각각의 항목이 새로운 노인복지서비스로서 적절한지 여부에 대해 질문한다. 또한 추가적으로 향후 새롭게 나타날 새로운 노인복지서비스에 대해 4개씩 새롭게 제안해줄 것을 제시한다. 2차 델파이 조사 결과는 1차 결과에 대한 의견과 새로 추가된 의견을 바탕으로 종합적으로 분석한다. 2차 결과를 바탕으로 분석한 결과 45개의 노인서비스로 정리되었으며, 3차 델파이 조사에서는 노인복지서비스에 대한 유형화 작업을 실시한다. 연구결과 총 45개의 노인복지서비스 사업이 제안되었고, 이에 대하여 4가지 서비스 유형으로 구분한 결과를 제시하였다.

이와 관련하여 김동호(2011)의 '노인복지대상에 따른 선택적 노인복지서비스 공급에 관한 연구' 논문의 부록 전체를 참고하면 1~3차 분석방법을 이해하는 데 보다 도움이 될 것이다. 또한 조수연과 양미진(2013)의 '청소년상담사의 역량모형개발을 위한 델파이 연구'를 참고하면 이해에 도움을 받을 수 있다.

③ 2차 자료(secondary data) 분석

2차 자료분석은 정부출연 연구기관, 통계청 등에서 기 조사된 자료를 분석하여 요구를 파악하는 분석방법이다. 표본의 수가 많으며, 비용 효율적인 측면에서 장점이 있다. 일반적인 경향의 분석이나 종단적 분석 시 유용하다. 다음 〈표 6-4〉는 청소년활동, 상담, 복지실천 분야에서 주로 활용되는 2차 자료의 대표적인 예시이다.

〈표 6-4〉 2차 자료 예시

한국복지패널, 한국보건사회연구원/서울대 사회복지연구소
한국아동패널, 육아정책연구소
한국아동청소년패널조사 · 한국청소년패널조사, 한국청소년정책연구원
장애인고용패널조사, 한국장애인고용공단 고용개발원
한국교육고용패널, 한국직업능력개발원
여성가족패널, 한국여성정책연구원
한국의료패널, 한국보건사회연구원/국민건강보험공단
고령화연구패널조사, 한국고용정보원
청년패널조사 · 한국노동패널조사, 한국노동연구원
통계청

(2) 질적조사

① 포커스 그룹 인터뷰(focus group interview)

청소년집단 또는 전문가집단을 통해서 심층적인 인터뷰를 진행하여 프로그램에 대한 요구를 파악해 내는 질적조사방법이다. 대개 집단인터뷰의 방식으로 진행된다. 개방형 또는 반구조화된 질문을 구성하며 질적분석방법으로 자료를 정리한다. 포커스 그룹 인터뷰는 조사대상자가 직접 만나서 토론이 이루어진다는 점에서 델파이 조사와 큰 차이를 가진다. 활발한 토의와 상호작용이 이루어지는 것이 중요하며, 집단역동을 통해 토론의 방향과 결과가 달라지기도 한다. 인원은 3~10명 정도가 적절하며 회기는 1시간 반~2시간 정도가 보편적이다. 조사자는 조사대상자에게 포커스 그룹을 진행하는 목적을 분명하게 설명하고, 자발적 참여와 비밀보장을 전제로 운영하여야 한다. 진행을 하는 조사자는 자신의 주관적 의견이 깊이 관여되지 않도록 최대한 객관적이고 중립된 자세를 유지하는 것이 좋으며, 관련되지 않은 내용으로 토론의 방향이 진행될 때에는 초점을 분명히 하기 위한 질문을 던지거나 방향에 대한 설명을 하도록 한다. 조사대상자들이 직접 만나야 한다는 면에서 시공간적 제약이 있을 수 있으나, 자세한 면담과 집단구성원들 간의 상호작용을 통해 심층적 탐색이 가능하다는 점에서 장점이 있다.

〈표 6-5〉는 포커스 그룹 인터뷰의 질문지 예시이다.

〈표 6-5〉 포커스 그룹 인터뷰 질문지 예시

시간	질문방식		질문 내용
10	도입		1) "여러분들의 성함과 어느 학교에서 근무하고 계신지 서로 간 소개의 시간을 가졌으면 합니다."
20	전환		2) "선생님께서 알고 있는 학교폭력의 실태는 어떠합니까?"
			3) "학교폭력이 피해청소년과 가족에게 미치는 영향은 어떻다고 생각하십니까?" 3-1) "피해청소년에게 미치는 영향은 어떠합니까?" 3-2) "가족에게 미치는 영향은 어떠합니까?"
50	주요	group 1	4) "학교폭력을 경험한 청소년에게 가족은 어떻게 대처했다고 생각하시나요?"
		group 2	5) "학교폭력 피해청소년과 가족에 대하여 선생님께서는 어떻게 개입하셨습니까? 5-1) "이러한 방법은 피해청소년과 가족에게 도움이 되었나요?" 5-2) "도움이 되었다면 어떠한 요인 때문이라고 생각하시는지요?"
		group 3	6) "학교폭력 피해청소년 및 가족이 겪게 되는 고통과 피해에 대한 문제해결을 위해 선생님께서 생각하시는 지원방안을 말씀해 주십시오." 6-1) "학교폭력 피해청소년에게는 어떠한 지원을 해야 한다고 생각하십니까?" 6-2) "가족에게는 어떠한 지원을 해야 한다고 생각하십니까?"
		group 4	7) "학교폭력 피해청소년과 가족에게 학교와 사회에서는 어떠한 지원을 해주어야 한다고 생각합니까?" 7-1) "학교에서는 어떠한 지원을 해야 합니까?" 7-2) "사회에서는 어떠한 지원을 해야 합니까?"
10	마무리		8) "지금까지 우리가 토론한 내용 중 가장 중요한 것은 무엇이라고 생각하십니까?"

출처: 홍나미 · 박재연(2014).

포커스 그룹 인터뷰의 질문 형태는 Kruger & Casey(2000)가 제시한 질문방식을 적용하였다. 순서는 도입질문(opening question), 전환질문(transition question), 주요 질문(key question), 마무리 질문(ending question)의 순으로 진행하였다. 또한 주요 질문 내에서 학교폭력 피해청소년과 가족에 대한 지원방안 탐색을 위한 질문영역을 4그룹으로 분류하였는데, 첫 번째 그룹은 학교폭력이 발생했을 때 가족의 기존 대처방식(group 1), 두 번째 그룹은 학교폭력 피해청소년과 가족에 대해 그동안 교사가 지원해온 내용(group 2), 세 번째 그룹은 학교폭력 피해청소년과 가족에게 향후 지원해야 할 방향에 대한 전문가의 의견(group 3), 네 번째 그룹은 학교폭력 피해청소년과 가족에게 학교와 사회 차원에서 지원해야 할 내용에 대한 전문가의 의견(group 4)이다.

포커스 그룹 인터뷰의 자료분석 과정은 다음과 같다(홍나미 · 박재연, 2014). 첫 번째, '시작 단계'에서는 조사대상자에게 미리 연락을 하여 인터뷰를 의뢰한 후, 목적과 진행방식에 대해 설명한다. 인터뷰 질문개발은 조사하고자 하는 문제를 명확히 한 후 요구조사를 실시하는 전문가들 간 인터뷰 내용에 대한 아이디어를 공유한 후, 질문을 신중히 검토하는 감수과정을 거처 최종질문을 개발한다. 두 번째, '포커스 그룹 진행단계'에서는 본격적으로 포커스 그룹 인터뷰를 실시하기 이전에 사전 조사(pre-survey)로 연구 참여에 대한 안내문과 질문지를 이메일로 발송한다. 이후 본 조사에서는 조사대상자들을 함께 모이도록 하여 포커스 그룹 인터뷰를 실시한다. 포커스 그룹 진행 초기에는 조사대상자들에게 포커스 그룹 인터뷰에 대해 개괄적으로 안내하고, 인터뷰 결과는 조사의 목적에만 사용됨을 알린다. 이후 본 인터뷰를 실시한다. 조사자는 토론 내용을 경청하며, 포커스 그룹 인터뷰가 방향에 맞게 원활히 진행될 수 있도록 한다. 세 번째, '포커스 그룹 직후 단계'에서는 인터뷰 시 탐색되었던 내용 중 가장 중요한 내용을 중심으로 디브리핑(debriefing)한다. 이후

녹음된 포커스 그룹 인터뷰 내용을 전사(transcription)한 축어록을 작성한다. 넷째, '전체 인터뷰 종료 후 단계'에서는 조사대상자가 제시한 의견 중 반복적으로 나타나는 경향과 형태(trend and pattern)들을 공동으로 분석한다. 자료 분석은 반복적으로 자료를 읽으면서 공통으로 나왔던 내용들을 모아 범주화한 후, 범주화된 내용들을 더 큰 범주로 통합해 나가면서 속성들을 분류해 나간다.

② 관찰법

조사대상자와 관련된 사회현상이나 행동을 현장에서 직접 보고 듣는 방식으로 필요한 요구를 알아내는 방법이다. 직접 눈으로 관찰하기 때문에 있는 그대로를 파악할 수 있다는 장점이 있으나 시간과 비용이 오래 걸릴 수 있고, 관찰하고 있는 시간 내에 상황이 포착되지 않으면 정확히 파악하기 어렵다는 단점이 있다.

(3) 기타

① 지역사회 대상 공개 토론회

공개적인 토론회를 통해 지역사회에 거주하는 주민들의 요구와 문제를 직접적으로 청취하는 방법이다. 다양한 토론을 통해 요구를 생생하게 파악할 수 있다는 장점이 있으나, 초대된 일부 주민들의 의견으로 편향되거나 공청회에서 주도권을 잡는 일부 사람들의 의견으로 결과가 정리될 수도 있다는 단점이 있다.

다음 〈표 6-6〉은 위와 같은 방법들로 대상자 요구를 파악한 후 청소년의 요구 및 문제점에 대해서 정리한 내용의 예시이다(사회복지공동모금회, 2023).

〈표 6-6〉 대상자 요구 및 문제점 예시

사업명	아동학대 고위험 가정의 재학대 예방을 위한 심리정서지원 프로그램
대상자 요구 및 문제점	아동학대 사례가 발생하여 피해아동에 대한 상담 및 치료가 성공적으로 진행되더라도 학대행위자 및 가정환경에 대한 근본적인 개입이 이루어지지 않으면 재학대로 이어질 확률이 높다. 20××년 전국아동학대현황보고서에 따르면 아동학대 사례 1만 7천여 건 중 가해자가 부모인 사건은 80%이며, 전체 피해아동의 76%는 가정으로 돌아갔다. 또한 전체 피해아동 10명 중 1명은 재학대 경험이 있으며, 재학대 장소의 93%가 가정이라는 점은 부모에 의한 재학대 발생의 심각성을 뒷받침한다. 최근 5년간 재학대 사례를 살펴보면 20△△년 563건에서 20××년 1,240건으로 약 220% 증가한 것으로 나타나고 있으나 이에 대한 대책은 전무한 실정이므로 적극적인 사회적 지원이 필요하다.

3. 프로그램 대상자의 선정

이 장에서는 청소년활동, 상담, 복지실천 현장과의 산학협력을 통한 대상자 선정, 현장에서 서비스 제공을 필요로 하는 대상자를 우선적으로 선정하는 방법에 대해 살펴본다.

1) 청소년 프로그램 서비스 대상자 선정

대상자 선정이란 프로그램을 개발하면 그 서비스를 받을 사람은 누가 되어야 하는가에 대한 부분이다. 앞서 설명된 욕구조사가 실시된 후 그 욕구를 해결하기 위한 프로그램을 설계하게 되는데, 그때 주요 대상이 누가 되는지에 대해 고민해볼 필요가 있다. 욕구를 가진 지역사회 청소년 전체가 대상이 될 수도 있고, 기관의 재정과 서비스의 효율성, 효과성을 고려하여 우선적으로 필요한 대상자를 선정하게 될 수도 있다. 대상집단을 분석하는 방법으로 대표적으로 Rapp와 Poertner(1992)의 일반집단, 위험집단, 표적집단, 클라이언트 집단이 자주 사용된다.

(1) 일반집단(general population)

프로그램이 적용 가능한 지역의 청소년 전체를 의미한다. 예를 들어, 시행할 프로그램이 ○○지역의 학교폭력 피해청소년의 우울예방 프로그램이라고 한다면 ○○지역의 모든 청소년들이 일반집단에 해당된다.

(2) 위험집단(at-risk population)

프로그램을 통해 변화시키고자 하는 문제에 좀 더 취약한 잠재적인 청소년 집단이다. 특정문제에 노출되었거나 문제를 경험한 적이 있는 고위험집단을 의미한다. 예를 들어 학교폭력 피해청소년의 우울예방 프로그램의 위험집단은 ○○지역에서 학교폭력 피해경험이 있는 청소년들이 해당될 수 있다.

(3) 표적집단(target population)

표적집단은 위험집단 내에서 직접 프로그램을 받게 될 적합성이 높은 집단을 의미한다. 예를 들어 '학교폭력 피해청소년 우울예방 프로그램'의 표적집단은 학교폭력 피해경험이 있는 청소년 중에서 우울선별 검사결과 기준치 이상의 점수에 해당하는 청소년이 될 수 있다. 표적집단은 위험집단에 비해 범위가 좁다. 문제해결 또는 치료프로그램에 비해 예방프로그램은 더 넓은 층의 표적집단을 가지게 된다.

(4) 클라이언트 집단(Client Population)

표적집단 중에 실제 프로그램에 참여하게 되는 집단을 클라이언트 집단이라고 한다. 표적집단과 클라이언트 수가 일치할 수도 있지만 대개는 표적집단보다 청소년 기관에서 서비스를 제공해줄 수 있는 클라이언트의 수는 적은 편이다. 이는 기관의 인력 및 예산 등의 상황이 여의치 않기 때문이며, 문제의 적합성, 심각성, 기관의 예산, 효율성, 효과성 등을 고려하여 클라이언트 집단을 결정한다. 프로그램을 개발하는 청소년지도자는 프로그램 참여할 인원, 공간, 예산 등을 고려하여 클라이언트 집단의 규모를 결정한 후, 실제 참여할 대상자를 선정해야 한다. 프로그램 참여는 클라이언트의 자발적 의사를 원칙으로 한다.

다음 〈표 6-7〉에서 대상자 선정 과정의 구체적인 예시를 제공하였다.

〈표 6-7〉 대상자 선정 과정

사업명: ○○ 지역의 학교폭력 피해청소년의 우울예방 프로그램

대상구분	서비스대상자 산출근거	단위수
일반집단	○○동의 청소년	○○○명
위기집단	○○동의 학교폭력 피해청소년	○○명
표적집단	○○동의 학교폭력 피해청소년 중 우울선별검사에서 우울증의 가능성이 있다고 선별된 청소년	○○명
클라이언트 집단 (실인원수)	표적대상 중 기관이 프로그램을 실시할 수 있는 적정인원	○명

다음으로 사회복지공동모금회에서는 최근 배분사업 안내 지침을 제시함에 있어 사업에 참여하는 대상자를 핵심참여자와 주변참여자로 구분하도록 설명하고 있다(사회복지공동모금회, 2023).

(5) 핵심참여자

성과를 측정하게 되는 대상은 누구이며, 인원은 몇 명입니까? (이 사업에 참여하게 함으로써 누구의 변화를 이끌어내려고 하는 것입니까?)

(6) 주변참여자

성과측정 대상은 아니지만 핵심 참여자의 변화를 이끌어내는 데 중요한 역할을 하는 사람은 누구이며, 인원은 몇 명입니까?

다음 〈표 6-8〉에서 참여자에 대한 예시를 제시하였다(사회복지공동모금회, 2023).

〈표 6-8〉 핵심참여자와 주변참여자

사업명: 아동 학대 고위험 가정의 재학대 예방을 위한 심리정서지원 프로그램	
핵심 참여자	• ○○구, △△구, ××구 내 아동학대 고위험가정 피해아동 20명 • ○○구, △△구, ××구 내 아동학대 고위험 학대행위자 20명
주변 참여자	• ○○구 내 핵심참여자 가족구성원 60명

(7) 참여자 선정기준

어떤 기준을 세워서 참여자를 모집하게 됩니까?

다음 〈표 6-9〉에서 참여자 선정기준에 대한 예시를 제시하였다(사회복지공동모금회, 2023).

〈표 6-9〉 참여자 선정기준

사업명: 아동학대 고위험가정의 재학대 예방을 위한 심리정서지원 프로그램	
1순위	• 본 기관에 접수된 아동학대 사례 중 아동학대 위험도 평가척도 측정결과 재학대 고위험가정으로 판단된 가정의 아동 및 학대행위자
2순위	• 본 기관에 접수된 아동학대 사례 중 실무진 회의를 통해 재학대 가능성이 높다고 판단된 가정의 아동 및 학대행위자

(8) 참여자 모집방안

기준에 적합한 참여자를 어떻게 모집할 예정입니까?

다음 〈표 6-10〉에서 참여자 선정기준에 대한 예시를 제시하였다(사회복지공동모금회, 2023).

〈표 6-10〉 참여자 모집방안

사업명: 아동학대 고위험가정의 재학대 예방을 위한 심리정서지원 프로그램
• 최근 3년간 접수된 아동학대 사례분석 및 위험도 평가척도 측정을 통한 참여자 선정 • 선정된 참여자에게는 사업 소개 후 참여 여부에 대한 참여 동의서 작성

2) 대상자 선정 시 고려할 사항

대상자 선정 시 고려할 사항은 프로그램의 내용과 실시하는 기관, 지역 등에 따라 다양할 수 있다. 첫 번째로, 대상자가 이 프로그램의 참여를 자발적으로 원하고, 참여에 동의하는지 여부가 중요한 고려사항이 된다. 따라서 프로그램에 적합한 청소년에게 프로그램의 목적과 내용, 기간, 유의사항에 대해 사전에 상세한 설명을 한 후, 참여 여부를 스스로 결정하도록 하는 것이 중요하다. 예외적으로 스스로 참여 여부를 결정하기 어려운 아동, 지적장애인 등의 경우에는 보호자 동의가 필수적이다.

다음 〈표 6-11〉에서 청소년에게 참여의사에 대해 서면으로 동의를 구하는 참여동의서의 예시를 제시하였다.

〈표 6-11〉 성교육집단 참여동의서

성교육집단 참여동의서

안녕하세요? 본 ○○상담복지센터에서는 ○○시에 거주하는 청소년들을 대상으로 건전한 성에 대한 이해를 돕기 위해 성교육집단프로그램을 실시하고자 합니다. 성교육 프로그램에서는 청소년들에게 필요한 기초적인 성에 대한 지식과 청소년들이 이해하고 있는 성, 왜곡된 성, 청소년 성문제 예방을 위한 실제적인 교육 등이 이루어질 예정입니다.
본 프로그램은 참여하는 청소년들의 성교육을 위해서만 이루어지며, 그 외의 목적에는 활용되지 않습니다. 또한 비밀이 보장됨을 알려드립니다.

이에 본 프로그램에 참여하기를 희망하시면, 다음에 서명해 주시면 감사하겠습니다. 프로그램과 관련된 자세한 문의는 Tel. ○○○-○○○-○○○○로 주시면 상세한 설명을 들으실 수 있습니다.

청소년성교육집단에 참여를 희망합니다.

○○○○년 ○○월 ○○일　　성명
보호자

두 번째로, 참여하는 클라이언트의 집단구성원으로서의 적합성에 대한 고려가 이루어져야 한다. 아무리 취지나 목적이 좋은 프로그램이라고 할지라도 클라이언트가 아직 변화에 대한 준비가 되어 있지 않다든지, 프로그램을 잘 수행해 나갈 지적 능력이 부족하거나 정서적으로 많이 불안하거나 집중력이 현저히 저하되어 있는 경우에는 개별적으로 접근하여 개인의 문제를 해결하는 것이 더 효과적일 수 있다. 개발된 프로그램이 개인을 대상으로 하는 것이 될 수도 있지만, 대개 청소년 분야에서 프로그램을 개발할 때에는 집단을 대상으로 하는 프로그램이 다수이기 때문에 집단 프로그램에 참여가 적절한 청소년인지를 고려해야 한다. 예를 들어 주의력이 부족하고 산만한 청소년의 경우 집단 프로그램에 참여하게 되면 프로그램 진도를 따라가지 못하여 개인에게도 효과성이 떨어질 수 있으며, 참여하고 있는 집단구성원 전체에도 방해가 될 수 있다. 따라서 주의력결핍과잉행동장애 문제가 있는 청소년의 경우 먼저 개별상담이나 치료를 통해 문제를 해결하도록 하는 것이 더 적합하다.

7
CHAPTER

청소년 프로그램 목적 및 목표

1. 프로그램 가설 설정

1) 프로그램 가설 설정 시 이론적 배경의 중요성

프로그램을 개발할 때 기존의 효과성이 검증된 프로그램을 근거로 이론적 기초를 확립하는 것이 중요하다. 즉, 프로그램 활동이 청소년 문제 개선에 어떠한 영향을 미칠 수 있는지에 관한 가설을 설정할 때 이론적 근거를 제시하는 것은 매우 중요하다. 프로그램에 이론적 근거를 제시하는 것은 프로그램을 통한 기대효과를 보다 분명히 제시할 수 있다는 장점이 있으며, 목적과 목표 또한 분명히 제시할 수 있다. 그러나 프로그램을 개발할 때 논문을 쓰는 목적이 아니라면 실제 청소년 프로그램 현장에서는 제대로 근거를 제시하지 않고 개발되는 경우가 많다. 이러한 프로그램은 청소년의 문제나 요구에 대해 기술한 후 갑자기 목적과 목표가 등장하고, 프로그램의 활동 내용이 구성된다. 예를 들면 '자아존중감 향상 프로그램'을 주내용으로 개발하는 경우, 왜 청소년의 문제에 자아존중감 향상 프로그램이 필요한지, 자아존중감 향상 프로그램의 이론적 배경은 무엇인지, 자아존중감 향상 프로그램은 청소년 문제의 어떠한 부분에 어떠한 효과를 낼 수 있을 것인지 등의 근거가 제대로 기술되지 않는 경우가 많다. 프로그램 개발에 대한 이론적 근거는 프로그램을 통한 청소년의 변화 원리에 대한 가설이므로 반드시 중요하게 고려되어야 하고, 프로그램의 이론적 기초는 프로그램 개발의 초기단계부터 가설의 형태로 정해진 후, 프로그램 개발의 전체 단계에서 지속적으로 평가되고 재조정되어야 한다.

프로그램을 개발해서 원하는 성과를 달성하기 위해 무엇이 필요한지에 대해 경험적인 증명을 통해 밝혀야 하기 때문에 이론적 배경은 매우 중요하다. 프로그램의 이론을 확립하기 위해 주요 변인(청소년의 문제)에 대한 선행연구를 고찰하는 등 체계적인 검토가 필요하며, 프로그램의 배경이 되는 이론적 기초를 확립하고 이에 따라 경험적으로 근거를 둔 프로그램 개발이 이루어져야 한다. 이를 통해 어떠한 프로그램의 구성요소가 가장 효과적으로 청소년의 문제를 해결하고 변화시킬 수 있는지, 어떠한 과정을 통해 성과가 나타날 수 있는지에 대해 알 수 있으며, 이를 프로그램 개발 시 반영하여야 한다(김창대 외, 2015). 또한 개발된 프로그램을 진행할 때에도 실험설계 등 과학적 설계를 토대로 하여 프로그램의 성과를 입증하도록 하는 것이 필요하다. 이는 이후 프로그램 개발 시 참고할 수 있는 경험적 근거자료가 되며, 이러한 과정을 통해 계속적으로 보다 나은 프로그램이 개발될 수 있는 이론적 기초가 될 수 있다.

김창대 외(2015)는 프로그램 개발 시 이론 선택의 기준으로서 적절성, 완전

성과 정밀성, 검증 가능성, 발견적 가치를 고려해야 한다고 하였다.

첫째, 적절성은 프로그램 개발자가 이론이 문제상황에 대해 적절하게 설명하고 있는지(plausibility) 살펴보아야 한다는 것이다. 이를 통해 왜 이 프로그램이 개발되어야 하는지, 누구를 위한 프로그램인지 등에 대해 더욱 구체화할 수 있다.

둘째, 이론은 완전성(completeness)과 정밀성(precision)을 갖추어야 한다. 이론은 프로그램의 개입전략을 구성할 만큼 완전하게 개발되어야 하며 정밀성을 갖추고 있어 개입 내용을 구성할 때 세부적으로 반영할 수 있어야 한다.

셋째, 검증 가능(testability)하여야 한다. 이론에서 설명하고 있는 인과관계의 요소들이 프로그램 사전, 사후로 검증 가능하여야 하며, 이에 따라 각 요소가 결과를 어떻게 변화시키는지를 관찰할 수 있어야 한다.

넷째, 발견적 가치(heuristic value)이다. 이론은 새로운 아이디어를 활용하는 것이 가능해야 하며, 좋은 이론은 폭넓은 상황에서 적용 가능하고 깊은 수준의 이해를 제공할 수 있어야 한다.

2) 프로그램 가설 설정

청소년문제 분석, 대상자 요구조사, 이론적 배경 조사 등을 통해 프로그램에서 다룰 문제와 대상자, 이론적 기초가 마련되었다면, 다음 순서로 프로그램 가설을 설정하게 된다. 이는 프로그램의 내용이 프로그램 대상자의 요구를 충족시키고 문제를 해결해 줄 수 있는지에 대해 검토하는 것이라 할 수 있다. 프로그램 가설은 대개 'if-then'으로 구성된다. 예를 들면 '만약 이 프로그램이 실시된다면 대상자의 ○○문제가 해결될 것이다. 또는 향상될 것이다.' 등의 가설을 세우게 된다.

청소년 프로그램의 가설을 설정하기 위해서는 청소년의 문제나 요구가 생기는 원인분석이 먼저 이루어져야 한다. 원인이 분석되었다면 원인을 해결하는 방법을 모색해 보는데, 이때 원인이 되는 것을 모두 해결할 수 있는 것은 아니기 때문에 이에 대한 접근 가능성을 살펴본다. 그리고 접근이 가능한 방법 중에서 프로그램 내용을 구성한다. 〈표 7-1〉은 청소년 자살문제에 대한 프로그램 가설의 예이다.

〈표 7-1〉 프로그램 가설의 예

만약 청소년의 자아존중감이 높아진다면 청소년 자살문제가 예방될 것이다.
만약 청소년의 학업 스트레스가 낮아진다면 청소년 자살문제가 예방될 것이다.
만약 청소년의 학교폭력이 줄어든다면 청소년 자살문제가 예방될 것이다.

프로그램의 가설이 〈표 7-1〉과 같이 설정되었다면, 프로그램 내용을 구성하는 개입전략과 서비스 유형을 결정해야 한다. 프로그램 내용과 개입전략을 결정할 때에는 앞서 설명한 이론적 배경이 뒤따라야 한다. 청소년 프로그램에서 주로 활용하는 이론적 관점에는 생태체계학적 관점, 청소년 중심의 인본주의적 관점 등이 있다. 또한 세부 프로그램에 따라서 상담적 기술이 많이 활용되는 경우, 상담이론 모델을 적용하여 프로그램을 구성할 수도 있다. 이와 관련된 지식과 기술은 사회복지실천론, 실천기술론 및 상담이론 수업에 배운 내용을 활용하며, 학술지, 학위논문, 청소년활동 · 상담, 복지실천 기관의 자료 등을 검토하여 참고한다. 다음 〈표 7-2〉에서 청소년 자살문제에 대한 위험요인과 이에 따른 개입전략의 예를 제시해 보았다.

〈표 7-2〉 청소년 자살의 요인과 자살예방 프로그램의 예시

문제	요인	이론적 배경	개입전략
청소년 자살	낮은 자존감	인본주의/강점관점	자아존중감 향상 프로그램
	학업 스트레스	인지행동이론	학업 스트레스 완화를 위한 프로그램 예 집중력 향상 프로그램, 스트레스 관리 프로그램, 학업지원 프로그램 등
	학교폭력	행동수정이론	학교폭력 피해자, 가해자 프로그램
	성별	성인지적 관점	예 남/여 불평등적 요소 접근, 여학생에게 많은 관심과 서비스 제공
	연령	발달적 관점	고등학생에게 많은 관심과 서비스 제공

청소년 자살문제를 해결하고자 '자살예방 프로그램'을 개발하려고 한다면, 청소년 자살의 원인이 무엇인지 살펴보아야 한다. 선행연구들을 찾아본 결과 낮은 자존감, 학업 스트레스, 학교폭력 등이 원인으로 검토되었다면 〈표 7-2〉에서처럼 몇 가지 가설을 세워볼 수 있다.

첫째, 낮은 자존감이 높아진다면 청소년 자살문제가 해결될 수 있다는 가설이다. 가설이 세워졌다면, 청소년 자살예방을 위해 낮은 자존감을 향상시키기 위한 프로그램을 개발해야 하는데, 이때 자존감을 향상시키기 위해서는 어떠한 이론적 배경에 따른 프로그램이 효과적인지에 대한 검토가 필요하다. 검토해 본 결과, 예를 들어 인본주의적 접근이나 강점관점 등의 접근이 청소년들의 자아존중감을 향상시키는 데에 효과적이었다는 결론이 생겼다면, 이들 이론에 입각하여 개입전략으로서 세부 프로그램을 개발한다. 둘째, 청소년 자살의 원인이 되는 학업 스트레스를 완화시키기 위한 스트레스 관리 프로그램을 구성하려고 한다면, 스트레스 완화를 위해 어떠한 이론을 기반으로 할 때 가장 효과적인지에 대해 연구를 해본다. 예를 들면 비합리적 사고를 합리적으로 전환시키는 데 초점을 두는 인지행동적 접근이 청소년들의 학업 스트레스를 완화

하는 데 도움이 되었다는 선행연구 결과를 바탕으로 한 프로그램을 개발한다. 셋째, 학교폭력이 원인이 되어 청소년 자살문제가 일어난다고 가정한다면, 학교폭력을 감소시키기 위한 피해자 또는 가해자 프로그램을 개발할 수 있다. 이때 예를 들어 가해자를 대상으로 행동수정이론을 기반으로 한 선도프로그램을 개발할 수 있다. 넷째, 성별과 연령에 따른 고려가 필요한 경우 성인지적 관점이나 발달이론 등을 참고해서 프로그램을 개발하는 것이 도움이 된다.

2. 목적과 목표 설정

프로그램을 통해 무엇을 달성하고자 하는지 이에 대한 목적과 목표를 세우게 된다. 이 중 목적은 좀 더 큰 전체적인 개념을 의미하며, 목표는 목적을 달성하기 위한 하위개념의 세부적인 내용들을 의미한다.

1) 목적

프로그램의 목적은 프로그램을 수행한 후 달성하고자 하는 포괄적 형태의 성취수준에 관한 개념을 말한다(목표의 상위개념). 목적은 아주 구체적일 필요는 없으며, 측정 가능한 수치를 제시할 필요도 없다. 프로그램이 추구하는 방향이나 달성하고자 하는 가치를 포함한 내용이 기술된다. 목적은 문제해결이 어느 방향으로 되어야 하는지에 대한 지향점을 제시해 주기 때문에 중요하다. 즉, 바람직한 결과에 대한 방향성을 나타내 주는 것이다. 목적이 달성된다면 프로그램을 통해 기대했던 바가 이루어진 이상적 상태가 구현되었다는 것을 의미한다. 따라서 프로그램을 통해 무엇을 추구하는지가 분명하게 드러나야 한다. 목적은 단기간에 달성할 수 없기 때문에 프로그램을 통해 지향하는 바에 대한 방향성을 제시하는 것으로 이해하면 될 것이다. 예를 들어 발달장애청소년의 사회적응 능력을 향상시킨다는 목적을 설정하였을 때, 프로그램을 통해 이들의 사회적응 능력을 향상하기 위한 노력을 하겠지만, 단기간 프로그램을 통해 완벽한 사회적응이 가능한 정도에 도달한다는 것은 한계가 있다. 따라서 발달장애청소년의 사회적응 능력 향상이라는 방향성을 가진 목적을 설정한 후에는 보다 구체적인 목표를 통해 세부적으로 접근하면서 프로그램을 수행한다.

정리하면, 목적은 프로그램을 통해 성취하고자 하는 가치나 추구하는 방향을 표현하는 것이며, 다소 추상적이거나 이념적 언어로 기술되어도 무방하다. 목적은 간략하게 제시할 수도 있고, 때로는 프로그램 대상자들이 경험하는 문제나 개입방법, 프로그램을 통해 변화를 기대하는 성과 등을 포함하며 길게 작성할 수도 있다. 다음 〈표 7-3〉에서 간략하게 작성한 목적과 길게 작성한 목적의 예를 제시하였다.

〈표 7-3〉 간략하게 작성한 목적과 길게 작성한 목적의 예

간략하게 작성한 목적	길게 작성한 목적
발달장애 청소년의 사회적응 능력을 향상시킨다.	경계선 지적 기능 청소년들을 대상으로 주민참여형 취미활동 및 특기적성활동을 준비한다. 자립 준비와 관련한 참여 청소년들의 내적 역량 강화 및 사회적 관계망을 확대하며, 이들에 대한 가족 및 지역사회의 지지적인 환경을 조성함으로써 지역 내 통합을 도모한다.

2) 목표

위에서 살펴본 바와 같이 청소년 프로그램에서 목적을 설정을 하는 것은 이론적 기초에 근거하여 청소년의 문제가 어떻게 변화할 수 있을지에 대한 방향을 결정하는 매우 중요한 과정이다. 목표는 목적과는 달리 구체적이고 세부적으로 설정하게 되는데, 실제 프로그램을 통해 '어떤 것을 성취'할지에 대한 구체적인 내용을 담는다. 목표는 목적을 구체화한 것으로, 목적을 달성하기 위한 실현 가능하고 측정이 가능한 결과 중심의 하위개념을 말한다. 즉, 목표는 프로그램을 통해 달성하고자 하는 결과, 프로그램의 성과로도 이해할 수 있다. 따라서 목표는 구체적이고 조작적이어야 하며 세분화된 차원에서 설정되어야 한다. 목표는 구체적인 대상의 변화와 문제해결의 내용이 포함되어야 하

〈표 7-4〉 변화가 필요한 목표와 좋은 목표의 예시

예시	변화가 필요한 목표의 예시	좋은 목표의 예시
구체적인(specific) 예시	발달장애청소년이 좋은 친구관계를 형성한다.	발달장애청소년이 의사소통기술을 습득하여 대인관계 능력이 향상된다.
측정 가능한(measurable) 예시	학교부적응 학생에게 의사소통훈련을 실시하여 학생들의 학교적응을 돕는다.	학교부적응 학생에게 의사소통훈련을 실시하여 학생들의 학교의 출석률이 향상되도록 한다.
실현 가능한(attainable) 예시	다문화청소년의 언어 능력을 향상시켜 성공적인 진로를 찾도록 한다.	다문화청소년의 언어 능력을 향상시켜 한국어능력시험에 합격하도록 한다.
결과 지향적인 (result-oriented) 예시	자살위기청소년들에게 심리상담 프로그램을 제공한다.	자살위기청소년들에게 심리상담 프로그램을 제공하여 우울감을 감소시킨다.
시간구조를 갖고 있는 (time-framed) 예시	이혼위기 부부들이 부부치료 프로그램에 참여하여 이혼위기를 극복하도록 한다.	○○○○년 ○월~○월까지 총 10회에 걸쳐 이혼위기부부들에게 부부치료 프로그램을 참여하도록 한다. 이를 통해 이혼위기를 극복하도록 한다.

며 측정이 가능해야 한다. Rapp과 Poetner(1992)는 목표를 구성할 때 필요한 요소들을 다음과 같이 설명하였다. 첫째, 목표는 사회문제와 관련이 있어야 하며, 둘째, 결과지향적이어야 하고 실현 가능성이 있어야 한다. 셋째, 분명하게 진술되어야 하며 긍정적이어야 한다. 넷째, 잠재적 대상자집단과 관련이 있어야 한다.

(1) 목표와 세부목표

목표에 따른 세부목표를 설정하기도 하는데, 이때 세부목표는 목표보다 좀 더 구체적으로 설정된다. 세부목표는 반드시 설정되어야 하는 것은 아니지만 프로그램을 좀 더 세분화하여 제시하면 프로그램의 목표를 이해하는 데 도움이 된다. 따라서 세부목표는 측정 가능해야 하며, 단일기준을 제시하는 것이 좋다. 목표는 일반적으로 SMART 기술방법을 사용하는데, 구체적이고(specific), 측정 가능하며(measurable), 실현 가능하고(attainable), 결과 지향적이고(result-oriented), 시간구조를 갖도록(time-framed) 해야 한다.

〈표 7-4〉에서 SMART 기술방법에 의거하여 변화가 필요한 예시와 좋은 목표의 예시를 제시하였다.

- 구체적인 예시: 변화가 필요한 예시에 제시된 좋은 친구관계를 형성한다는 목표에서 좋은 친구관계는 매우 모호한 표현이다. 프로그램 개발자는 프로그램을 통해서 이루고자 하는 목표가 보다 구체적이어야 한다. 이에 의사소통기술을 습득하여 대인관계 능력 향상으로 목표를 수정하였다.
- 측정 가능한 예시: 변화가 필요한 예시의 학교적응을 돕는다는 목표는 측정 가능하지 않다. 따라서 학교적응을 잘 하고 있는지에 대해 측정 가능한 목표의 예시로 학교의 출석률 향상을 목표로 수정하였다.

- 실현 가능한 예시: 변화가 필요한 예시에서 다문화청소년에게 성공적인 진로를 찾도록 한다는 것은 모호하며, 단기간에 이룰 수 있는 실현 가능한 목표가 아니다. 따라서 프로그램을 통해 도움을 제공하여 성취할 수 있는 목표로서 한국어능력시험에 합격하도록 하는 것으로 목표를 수정한다. 이는 다문화청소년에게 진로와 관련하여 중요한 능력일 수 있으며, 궁극적으로 다문화청소년의 진로에 도움을 줄 수 있다.
- 결과 지향적인 예시: 변화가 필요한 예시에는 프로그램 활동 내용과 대상은 있지만 그 결과로서 무엇을 달성하겠다는 내용이 들어가 있지 않다. 따라서 이 프로그램을 통하여 우울감을 감소시킨다는 결과를 제시하는 목표로 수정하였다.
- 시간구조를 갖고 있는 예시: 변화가 필요한 예시에서는 기간에 대해 명시하지 않았다. 프로그램은 대개 기한을 가지고 실시되므로, 그 시간구조를 명확하게 제시하는 목표가 좋은 목표이다.

다음으로 김창대 외(2015)는 집단프로그램에서 목표를 기술할 때 포함되어야 할 내용으로 다음의 9가지 내용을 제시하였다.

첫째, 목표는 목적과 연결되어 있어야 한다. 목적, 목표, 세부목표는 서로 연관되고 위계적으로 구성되어야 한다.

둘째, 프로그램의 목표에는 태도, 기능, 교육, 이해도 등이 변화의 영역으로 포함되어야 한다.

셋째, 결과목표는 과정보다는 최종적으로 산출되어야 하는 성과로서 과업지향적으로 표현하는 것이 좋다.

넷째, 결과목표를 설정할 때에는 언제까지, 어떤 상태로 변화시킬 것인지를 구체적으로 표현한다. 포함 내용으로는 목표(무엇을), 달성기준(얼마만큼), 방법(증가 또는 감소), 시기(언제까지) 등이 있다.

다섯째, 목표는 변화의 수준과 방향 등을 산술적으로 측정할 수 있도록 서술하는 것이 좋다. 목표달성 여부가 확인 가능하고 목표를 어떻게 측정할 것인지가 구체적으로 기술되는 것이 좋다. 이는 이후 프로그램의 평가와도 관련된다.

여섯째, 목표설정은 단계별로 순서대로 배열한다.

일곱째, 목표는 구체적인 행동으로 표현되고, 현실적으로 달성 가능한 것이어야 한다.

여덟째, 목표는 이해하기 쉽고, 간단명료해야 하며, 명확한 동사로 표현하는 것이 좋다.

아홉째, 목표를 평가하기 위한 평가기준, 측정방법, 측정대상, 자료의 출처, 측정 시기 등이 세분화되는 것이 좋다.

〈표 7-5〉에서 프로그램 개발 시 목적, 목표, 세부목표의 예를 제시하였다.

〈표 7-5〉 프로그램의 목적과 목표, 세부목표

목적	발달장애 청소년의 사회적응 능력을 향상시킨다.
목표 / 세부목표	1. 대인관계에서 의사소통 능력을 향상시킨다. 1-1. 대인관계에서 나타나는 의사소통방식 알아보기 1-2. I-message 표현방식에 대한 이해 1-3. I-message 표현방식을 통한 자기주장훈련으로 자신의 의사를 효과적으로 전달하기
	2. 교통수단을 스스로의 힘으로 이용할 수 있도록 한다. 2-1. 지하철을 스스로의 힘으로 이용해 보기 2-2. 버스를 스스로의 힘으로 이용해 보기 2-3. 신호등 건너기 등 도보로 등 · 하교를 혼자 해보기
	3. 은행, 관공서 등을 스스로 이용할 수 있도록 한다. 3-1. 은행 이용방법에 대해 알기 3-2. 주민센터에서 필요한 서류 발급해 보기 3-3. 우체국에서 편지나 소포 보내기

〈표 7-5〉의 예시에서 프로그램의 목적, 즉 지향하는 바는 발달장애 청소년의 사회적응 능력을 향상시키는 것이다. 그렇다면 발달장애 청소년의 사회적응 능력을 향상시키기 위해 구체적으로 어떤 것들이 필요한지를 고민해 볼 필요가 있고, 그것이 목표로 구현된다. 이 예시에서는 대인관계에서 의사소통 능력을 향상시키는 것, 교통수단을 스스로의 힘으로 이용해 보는 것, 은행·관공서 등을 스스로 이용해 보는 것으로 설정하였다. 이를 통해 발달장애 청소년의 사회적응 능력이 향상될 것이라고 가정하는 것이다. 또한 목표보다 더욱 세부적이고 구체적인 세부목표를 규정함으로써 프로그램을 통해 달성하고자 하는 바를 분명히 제시하였다. 첫 번째 목표인 대인관계에서 의사소통 능력을 향상시키기 위한 세부목표로는 우선, 발달장애청소년이 대인관계에서 의사소통방식이 어떠한지 스스로 알아보게끔 한다. 그다음에는 타인의 입장에서 소통하는 방식이 아닌 나의 입장에서 의사소통하는 'I-message' 의사소통방식에 대해 이해하도록 한다. 마지막으로 I-message 표현방식을 통한 자기주장훈련으로 자신의 의사를 타인에게 효과적으로 전달하는 것을 세부목표로 한다. 두 번째 목표인 교통수단을 스스로의 힘으로 이용할 수 있도록 하는 것과 관련해서는 세부목표로서 첫 번째로 가장 많이 이용할 수 있는 교통수단 중 지하철을 스스로 이용할 수 있도록 하는 것을 목표로 하고, 다음으로 버스를 스스로의 힘으로 이용해 볼 수 있도록 하며, 마지막으로 도보로 등하교 시 스스로의 힘으로 가능할 수 있도록 훈련하는 것을 목표로 한다. 세 번째 목표인 은행, 관공서 등을 스스로 이용할 수 있도록 한다는 것과 관련한 세부목표는 우선 은행을 이용할 수 있도록 하고, 다음으로 주민센터에서 자신이 필요한 서류를 스스로 발급할 수 있도록 하는 것을 목표로 한다. 마지막으로 우체국에서 편지나 소포 등을 보내는 것을 스스로 해보는 것을 목표로 한다. 이를 통해 궁극적으로는 발달장애청소년들의 사회적응 능력이 향상될 수 있다고

가정하는 것이다.

이러한 목적, 목표, 세부목표 등을 설정한 이후, 프로그램은 목표를 달성하기 위한 다양한 활동요소로 구성된다.

다음 〈표 7-6〉에서 프로그램 개발 시 목적, 목표, 세부목표의 예를 하나 더 살펴보기로 한다.

〈표 7-6〉 프로그램 목적, 목표, 세부목표의 예

프로그램명: 경계선 지적 기능 청소년의 사회 기능 향상 및 자립 역량 강화를 위해 주민참여형 취미활동을 기반으로 한 지역사회 연계 통합 사업 "한울타리 II"[1]	
목적	경계선 지적 기능 청소년들을 대상으로 주민참여형 취미활동 및 특기적성활동을 준비한다. 자립 준비와 관련한 참여 청소년들의 내적 역량 강화 및 사회적 관계망을 확대하며, 이들에 대한 가족 및 지역사회의 지지적인 환경을 조성함으로써 지역 내 통합을 도모한다.
목표 / 세부목표	1. 또래 청소년과 함께하는 취미공동체활동을 주민의 재능기부를 통해 운영함으로써 경계선 지적 기능 청소년의 사회적 관계망을 형성한다. 1-1. 경계선 지적 기능 청소년의 욕구를 반영한 3가지 주제의 취미활동 집단을 조직하여 주 1회(연 20회) 지역주민, 또래 친구와 함께 진행함으로써 친밀한 관계 형성을 도모한다. 1-2. 취미공동체활동 내용을 반영한 지역사회 나눔활동을 연 1회 진행하여 성취 경험을 공유하고 유대감을 증진한다. 1-3. 연 1회 취미공동체활동 참여자가 직접 기획하는 1박 2일 여행을 진행하여 집단 결속력을 높인다.
	2. 주민참여형 취미공동체활동에서 연장된 심화활동으로, 진로 및 직업 계획과 관련한 특기적성활동을 진행하여 경계선 지적 기능 청소년의 자립과 관련한 내적 역량을 강화한다. 2-1. 1차 연도의 취미공동체활동 중 공인 민간자격 취득이 가능한 집단을 중심으로 이론 교육과 실습 교육을 병행하는 특기적성활동을 주 2회(연 40회) 진행함으로써 직업 계획에 대한 인식을 증진한다. 2-2. 직업 체험 활동을 연 1회 진행하여 독립된 사회구성원으로서의 긍정적 자아상을 형성한다.

1) 2016년 삼성꿈장학재단 작은나눔 큰사랑 우수자료집의 동대문종합복지관 사례로, 삼성꿈장학재단 및 동대문종합복지관 담당자로부터 동의를 얻어 수록.

	3. 가족관계 증진 프로그램을 통해 가족구성원 간의 지지적 관계를 형성한다. 3-1. 연 2회 가족 문화활동을 통해 가족구성원 간의 유대감을 증진한다. 3-2. 연 4회 보호자 간담회 및 교육을 통해 경계선 지적 기능 자녀에 대한 인식을 개선한다. 3-3. 연 8회 일상생활과 관련한 경계선 지적 기능 청소년집단 교육을 진행한다.
	4. 지역 인식 개선 프로그램을 통해 경계선 지적 기능 청소년에 대한 지역사회의 이해를 도모하고 사회적 지지망을 확대한다. 4-1. 학생(또래 청소년) 및 교사, 지역 기관 실무자를 대상으로 지역 교육을 진행하여 경계선 지적 기능에 대한 올바른 이해를 돕는다. 4-2. 월 1회 주민 등 관련 참여자와 함께하는 사례 회의를 진행하여 경계선 지적 기능 청소년과 함께 하는 활동에 대한 고민과 의견을 나누고 동료 슈퍼비전을 한다. 4-3. 연 1회 지역캠페인을 통해 경계선 지적 기능에 대한 관심을 유도한다.

(2) 산출목표와 성과목표

사회복지공동모금회 등의 기구에 제안서를 제출할 때에는 목표를 두 가지 기준으로 분류, 즉 산출목표와 성과목표로 구분하여 작성한다. 이 중 산출목표란 사업시행을 통해 발생하는 산출물에 대한 목표를 의미하며, 성과목표는 사업의 결과로 나타나는 효과나 변화를 의미한다. 우리가 흔히 얘기하는 목표는 성과목표로 이해할 수 있으며, 산출목표는 성과목표를 달성하기 위해 산출되는 프로그램의 달성치에 대한 목표로 이해할 수 있다.

다음 〈표 7-7〉과 〈표 7-8〉에서는 프로그램 목적과 산출목표, 성과목표에 대한 예시를 제공하였다(사회복지공동모금회, 2023).

〈표 7-7〉 산출목표

세부사업명	산출목표	모니터링 방법
맞춤형 서비스 지원	• 20가정 일반상담 5회, 총 100회 실시	• 방문 일자별 상담기록 작성
	• 20가정 심리치료 1회, 총 120회 실시	• 검사결과/치료일지 확인
	• 서비스 통합 사례 회의 5회 실시	• 사례회의록 작성
	• 일상생활 지원 가정별 1회, 총 20회 실시	• 자원연계 내역 기록
양육교육 프로그램	• 전문가 상담 및 교육 가정별 2회, 총 20회 진행	교육일지 및 상담기록 작성

〈표 7-8〉 성과목표

성과목표	평가도구 및 방법	측정 시기
아동학대 행위자의 학대위험요인 감소	•성과지표: 학대위험 20% 감소 •평가도구: 학대위험도 평가척도 •평가방법: 학대행위자 20가정 대상 사전 사후 설문조사	사전(2월), 사후(12월)
아동학대 행위자의 부모양육태도 향상	•성과지표: 부모양육태도 20% 향상 •평가도구: 부모양육태도검사(PAT) 척도 •평가방법: 부모, 가족구성원 사전 사후 설문조사	사전(4월), 사후(12월)
아동학대 피해가정 가족기능 강화	•평가주체: 본 기관 담당자 •평가방법: 참여자 20가정 대상으로 구조화된 질문지를 통해 인터뷰 실시	사업종료 후(12월)

CHAPTER 8

청소년 프로그램 구성과 개입전략

이 장에서는 청소년 프로그램을 개발하는 과정 중 앞서 다루었던 청소년 문제 분석, 목적과 목표를 설정한 다음 단계로서 구체적인 프로그램의 내용 구성과 활동계획, 개입전략에 대한 설계를 중점적으로 다룬다. 프로그램은 청소년집단의 요구와 청소년에게 도움이 될 수 있도록 설계되어야 한다. 또한 프로그램의 목적과 목표 등 방향에 부합해야 하며, 실제 생활에 도움이 되고 활용 가능해야 한다. 프로그램의 구조(장소, 공간, 시간, 회기, 지켜야 할 약속 등), 프로그램의 세부적인 내용, 프로그램의 진행 과정 등에 대한 상세한 고려가 필요하다.

1. 프로그램 개입유형과 전략

프로그램을 구성하기 위해서는 어떠한 개입유형과 전략을 설정할 것인지에 대한 고려가 사전에 필요하다.

1) 청소년 프로그램 개입전략의 주요 관점

(1) 생태체계학적 관점

청소년활동, 상담, 복지실천 분야에서 프로그램을 통해 청소년에게 개입을 할 때에는 생태체계학적 관점을 기반으로 하는 경우가 많다. 생태체계학적 관점은 인간과 환경을 각각 분리하지 않고 상호교류한다는 기본틀을 가지고 있다. 이에 생태체계학적 관점에서는 인간의 행동을 환경과의 상호작용 속에서 이해한다. 즉 인간은 환경과 영향을 주고받으며 변화하는 존재이다. 생태체계학적 관점을 기반으로 프로그램 개입전략을 세울 때에는 개인뿐 아니라 집단, 가족, 지역사회 더 나아가서 사회 전체의 변화까지 문제 접근 범위로 한다. 특히 이 관점에서는 청소년의 문제가 개인 내적인 문제이기보다는 사회환경과의 상호작용 속에서 적응하지 못한 스트레스나 대처 능력의 부족 등으로 바라보기 때문에 개인과 환경과의 관계, 적응과 부적응, 상호작용 속에서 발생하는 스트레스 등에 대해 관심을 둔다. 또한 개입 단위에도 개인뿐 아니라 가족, 집단, 학교, 지역사회 등을 포함시키기도 한다.

(2) 인본주의적 관점

청소년에 대한 학문에서는 인간의 성장과 변화에 대해 인본주의적 관점으로 접근한다. 이에 프로그램 개발 · 운영자와 대상자 간에 공감적 이해, 진실성, 무조건적 긍정적 수용 등이 필요하며 이러한 과정을 통해 청소년들이 성장할 수 있을 것이라고 믿는다. 인본주의적 관점에서 효과적인 개입전략은 청소년의 문제해결을 위한 동기를 높여주고 스스로 문제를 해결하기 위한 능력을 키우도록 하는 데 중점을 둔다.

(3) 강점관점 · 역량강화

청소년활동, 상담, 복지 분야에서는 청소년의 강점을 최대한으로 강화하여 자신의 잠재력과 역량을 발휘하도록 강점관점에 기반하여 역량을 강화하고 이를 통해 문제를 해결하도록 한다. 청소년이 가지고 있는 긍정적 자원에 관심과 초점을 맞추며, 자신의 긍정적 자원을 활용하여 문제에 대처할 수 있도록 역량을 강화하는 것이다.

2) 청소년 프로그램 개입의 유형

(1) 개입 수준

개입의 수준은 청소년 프로그램이 전달되는 차원을 의미한다. 청소년 프로그램을 통해 해결하고자 하는 문제가 개인적 수준에서 접근될 수도 있고, 집단 수준 또는 지역사회 수준의 개입이 포함될 수도 있다. 또한 개인 · 집단 · 지역사회에 대한 접근을 각각 할 수도 있으며, 통합적으로 하는 것도 가능하다.

(2) 개입방법

청소년 프로그램의 개입방법은 직접적 방법과 간접적 방법으로 구분할 수 있다. 직접적 방법은 개인, 가족, 집단 등의 표적체계를 중심으로 접근하기 때문에 미시적 접근방법이라고도 한다. 직접적 접근방법은 표적체계의 문제해결 및 기능 향상에 목적을 두고, 청소년지도자가 프로그램을 통해 표적체계의 직접적 변화를 추구한다. 간접적 방법은 사회환경과의 상호작용에 초점을 두고 환경체계에 접근하기 때문에 거시적 접근방법이라고도 한다. 간접적 접근방법은 표적체계에 직접 개입하기보다는 표적체계의 변화를 도모하기 위해 행정, 관리, 지역사회조직, 옹호 등의 활동을 하게 된다(황성철, 2005). 청소년활동, 상담, 복지실천 현장에서의 프로그램은 대개 직접적 접근방식을 많이 수행하게 되며, 문제해결을 위해 프로그램의 범위나 유형에 따라 간접적 접근방법이 병행될 수도 있다.

(3) 개입전략

개입전략은 프로그램의 목적과 목표를 달성하기 위해 사용되는 기술, 방법들에 대한 부분이다. 청소년활동, 상담, 복지실천 분야에서는 인지행동적 접근, 정서적 접근, 생물학적 접근, 환경적 접근 등의 전략을 주로 활용한다. 최근에는 상담적 접근을 보다 강화하여 인간중심, 해결중심, 현실치료, 가족치료적 접근방법 등을 프로그램의 개입전략으로 활용하기도 한다.

2. 프로그램 구성의 개념과 절차

프로그램의 구성이란 문제 확인 후 설정된 목적과 목표를 달성할 프로그램을 구체적으로 설계하는 과업을 말한다. 여기에서는 프로그램을 구성할 때 고려해야 할 사항, 프로그램의 활동 내용을 선정하고 조직할 때 지켜야 할 원리, 프로그램 구성의 절차 등의 내용에 대해 다룬다.

1) 프로그램 구성 시 고려할 사항

프로그램을 구성할 때에는 사전에 다음의 내용을 고려해야 한다(이봉주 · 김기덕, 2015).

(1) 프로그램 대상자에 대한 고려

프로그램을 구성할 때에는 먼저 프로그램 대상자에 대한 고려가 필요하다. 프로그램의 위험집단 중 구체적인 표적집단(target group)이 프로그램 참여 대상 후보가 될 수 있는데, 이들 가운데 프로그램에 참여하기로 동의한 청소년 집단이 최종 서비스 대상자가 된다. 서비스 대상자로서 프로그램에 참가하는 청소년에 대한 고려는 매우 중요하며, 프로그램 대상자의 인원, 연령, 성별, 거주지 등에 대한 고려가 사전에 반드시 필요하다.

(2) 프로그램 주체기관에 대한 고려

프로그램에는 실시하는 주체기관의 의도가 분명하게 담겨 있어야 한다. 즉 프로그램을 실시하는 기관의 철학, 목표 등이 프로그램 속에 분명하게 표현되어야 하는데, 프로그램 실시 주체의 의도는 목표나 참여자 집단을 통해 표현되기도 하지만 구체적인 프로그램 내용 속에 반영되어야 한다.

(3) 프로그램 활동 내용에 대한 고려

프로그램 활동 내용에는 구체적인 장소와 시간, 프로그램 내용의 양과 질, 수행방법, 사용될 장비나 도구, 환경 등이 고려되어야 한다.

(4) 프로그램 담당자에 대한 고려

프로그램은 반드시 전문인력에 의해 수행되어야 한다. 특히 인간을 대상으로 하는 서비스에는 프로그램 담당자의 역량이 매우 중요하게 작용된다. 일반적으로 프로그램을 수행하는 담당자에는 직접 지도하는 프로그램 지도자, 공동지도자, 슈퍼바이저, 강사, 자원봉사자 등이 있다. 프로그램을 구성할 때에는 담당자들의 역할과 책임을 분명히 하는 것이 필요하다.

(5) 프로그램에 필요한 예산에 대한 고려

프로그램에 필요한 예산에는 인건비, 사업비, 관리운영비, 기자재 및 비품집기비 등이 포함되며, 프로그램 구성 시 예산을 고려하여야 한다. 예산에 관해서는 다음 7장에서 보다 자세히 다룰 예정이다.

(6) 프로그램 평가에 대한 계획

프로그램 평가에 대한 계획을 세워야 한다. 프로그램을 실행하는 궁극적인 이유는 프로그램이 설정한 목적과 목표를 달성하기 위해서이다. 따라서 시행된 프로그램의 결과가 언제, 어떻게, 누가, 어디서, 그 결과를 평가할 것인가에 대한 상세한 계획을 가지고 있어야 한다.

2) 프로그램 활동 내용 선정의 원리

프로그램의 활동 내용을 선정할 때에 고려할 사항으로 정무성(2014)은 합목적성, 동기유발, 성취 가능성, 포괄성(다양성), 현실성, 지역성, 효율성 등의 기준을 제시하였다.

(1) 합목적성

합목적성이란 프로그램 내용이 프로그램의 의도한 목적과 목표와 논리적으로 연계성을 잘 가지고 있어야 함을 의미한다. 예를 들어 프로그램 목표에 발달장애청소년의 사회성을 향상시킨다는 내용이 포함되어 있다면, 발달장애청소년의 사회성을 향상시킬 수 있는 내용이 반드시 포함되어야 한다.

(2) 동기유발

프로그램 내용 선정에서 중요한 것 중 하나는 대상자의 동기유발이다. 프로그램의 성패는 대상자들이 얼마나 흥미를 가지고 참여하느냐에 달려 있다고 해도 과언이 아니다. 따라서 대상자의 동기유발을 위해 프로그램이 꼭 필요하다는 인식을 갖도록 해야 하며 흥미를 불러일으키는 요소를 포함시키는 것도 중요하다.

(3) 성취 가능성

프로그램에서 수행하고자 하는 내용들을 실제 대상자들이 할 수 있어야 하고 이는 성취와 연결되어야 한다. 아무리 내용이 좋다고 하더라도 대상자들이 참여를 포기하거나 기관에서 프로그램을 수행할 여건이 되지 않아서 프로그램을 실시할 수 없다면 성취 가능성이 낮다고 봐야 할 것이다. 따라서 프로그램의 내용을 대상자가 성취할 수 있고, 기관에서 실제로 실현할 수 있는 가능성이 있는지를 살펴보는 것도 중요하다.

(4) 포괄성(다양성)

프로그램의 목적과 목표를 달성하기 위해 프로그램 내용이 포괄적이고 다양하게 제공되어야 한다. 한 가지 목적 또는 목표를 이루기 위해 한 가지의 프로그램 활동을 제공하기보다는 여러 가지 활동을 다양하게 제공하는 것이 목적과 목표 달성에 더 도움이 된다. 그리고 동일한 목적이나 목표를 달성하는 프로그램은 프로그램 간 상호 연관성이 있어야 한다.

(5) 현실성(실용성)

프로그램 내용이 사회적인 요구에 적합하고 사회에 적용될 수 있는 현실성 있고 실용적인 내용이어야 한다. 예를 들어 발달장애청소년의 사회적응을 목적으로 개발된 프로그램의 내용이라면 실제 발달장애청소년들이 사회적응을 할 때 도움이 될 수 있는 프로그램으로 대중교통 이용방법이나 인터넷 활용법 등을 익히도록 돕는 것들이 있다.

(6) 지역성

프로그램 내용을 선정할 때에는 프로그램이 진행되는 지역의 특수성이 반영되어야 한다. 지역의 문화적 특성이나 빈곤 여부, 인구, 위치, 보수성(정치성향) 등을 고려한 프로그램이 개발되어야 목적과 목표를 이루는 데 도움이 된다. 예를 들어 아동들을 대상으로 방과 후 프로그램을 개발할 때, 빈곤지역이라면 부모양육이 부재하거나 사교육을 받지 못해 학업적인 어려움을 겪을 수 있는 부분을 고려하여 프로그램 내용이 선정되어야 할 것이다. 상대적으로 빈곤한 아동이 적게 거주하는 지역의 경우는 문화나 인성 등 다른 요소들을 고려할 수 있다.

(7) 효율성

프로그램 내용을 선정할 시 시간적, 경제적으로 얼마나 효율적인가에 대한 고려도 해야 한다. 들어가는 노력이나 비용, 에너지에 비해 성과가 어느 정도인지 등의 효율성은 자원이 제한되어 있는 환경에서 프로그램 내용을 선정할 때 중요하게 고려해야 하는 부분이다.

3) 프로그램 활동 내용 조직의 원리

프로그램의 목적과 목표를 달성하기 위해 프로그램의 내용을 선정한 후에는 체계적으로 배치(조직)하는 과정이 필요하다. 프로그램 내용을 배치할 때에는 프로그램의 유형이나 시간 · 활동 · 내용 등을 모두 고려해야 한다. 프로그램 내용을 조직할 때에 고려해야 하는 원리는 다음과 같다(이봉주 · 김기덕, 2015; 황성철, 2005).

(1) 연속성을 가진 프로그램

프로그램 내용을 조직할 때는 단회성으로 끝내기보다는 연속성을 가져야 한다. 이는 프로그램을 통해 반복적인 경험을 하게 되면 대상자들이 자기 것으로 수용하고 소화해 낼 가능성이 높기 때문이다. 특히 교육이나 훈련 등의 내용으로 구성된 프로그램에서는 중요하게 생각하는 원리이다.

(2) 서열에 맞도록 배치

계열성의 원리는 프로그램 내용이 서열에 맞도록 배치되는 것을 의미한다. 프로그램 내용이 계열성을 갖기 위해서는 프로그램 내용 간에 밀접한 관련성을 가져야 한다. 쉬운 것에서 어려운 것 순으로 배치하는 것이 좋으며, 단순하고 구체적인 것으로부터 복잡하고 추상적인 것으로 배치하는 것이 좋다. 또한 익숙한 것으로부터 생소한 것으로 배치하는 것이 도움이 된다.

(3) 통합성을 가진 프로그램

통합성의 원리는 프로그램을 조직할 때 분류되는 내용들이 상호배타적인 것이 아니라 넓은 범주에서는 통합된 성질을 가지는 것을 의미한다. 즉, 프로그램이 달성하고자 하는 목적과 목표 아래에 상호관련성이 확보되어야 한다는 것이다. 예를 들어 고등학생의 사회성이 향상되기 위해서 필요한 요소가 사교성, 신뢰성, 자주성, 지도성, 협동성 등이라고 한다면, 다섯 가지 요소가 통합적으로 고려된 프로그램이 조직되어야 하며, 이들 프로그램 간에는 사회성을 향상시킨다는 목표에 부합하는 상호관련성이 확보되어야 한다.

(4) 전체에서 부분으로

프로그램 초기에 프로그램의 전반적인 목표나 진행에 대한 인식을 한 후 참여하는 것은 프로그램 참여의 동기유발에 매우 중요한 영향을 미치게 된다. 따라서 프로그램을 구성할 때에 프로그램에 대한 전체적인 이해를 도울 수 있는 프로그램을 먼저 배치하고, 세부 프로그램이 진행되는 것이 바람직하다. 오리엔테이션을 활용하여 전체적인 의도를 전달하는 것도 좋은 방법이 될 수 있다.

(5) 자발성과 창의성 자극 활동은 초반에 배치

프로그램은 참여자의 자발성과 창의성을 극대화할 수 있도록 해야 하며, 이러한 프로그램이 초기에 배치되어야 전체 프로그램을 이끌어가는 데에 도움이 될 것이다. 참여자의 자발성과 동기에 관한 부분은 프로그램의 목적과 목표를 최고로 달성시키는 성취 측면에도 중요한 영향을 미치지만 참여자의 자발적 동의가 이루어진 참여가 중요하다는 윤리적 고려에도 부합하기 때문에 중요한 고려사항이 될 수 있다.

4) 프로그램 구성의 절차

여기에서는 이 장에서 지금까지 살펴본 프로그램 개입모형 및 전략, 프로그램 구성 시 고려해야 할 사항, 프로그램 활동 내용의 선정과 조직의 원리를 바탕으로 하여 프로그램을 실제 구성할 때의 절차에 대해 세부적으로 다룬다.

프로그램 구성은 프로그램을 통해 달성하고자 하는 목적과 목표가 잘 구현되도록 하는데 필요한 요소를 이론적 근거를 바탕으로 추출해 내고 그것을 프로그램의 구성요소로 삼아 구체적인 활동 내용으로 연결시켜 조직시키는 과정이다.

프로그램의 구성요소와 활동요소가 정해졌다면 이 내용을 바탕으로 프로그램의 목적 및 목표를 구현하도록 구성요소 및 활동 내용을 구성하게 된다. 이 절차에 대해 김창대 외(2015) 등은 다음의 내용을 제시하였다.

(1) 다양한 자료 검색

프로그램의 구성요소와 활동요소, 활동 내용 등을 도출하기 위한 다양한 자료들은 관련 주제의 국내외 학술논문, 학위논문, 학회의 워크숍 등의 발표자료, 학술저서, 정부기관 및 연구기관 등의 출판자료, 인터넷 사이트나 블로그, 기업 등의 출판자료 등을 검토할 수 있다. 프로그램의 실험설계를 통해 효과성을 과학적으로 분석한 자료들을 살펴보는 것이 도움이 될 것이다. 학술논문이나 학위논문 중 메타분석을 통해 프로그램의 효과성을 연구한 자료들은 한

꺼번에 많은 결과들을 살펴볼 수 있다는 장점이 있다.

(2) 기존 프로그램 비교분석

기존 프로그램에 대한 관련 자료를 수집할 때는 필요한 키워드를 정한 후에 키워드를 중심으로 다양한 자료를 검색하고 수집한다. 프로그램 별로 핵심 요소를 정리해 두거나 여러 프로그램을 비교분석하는 방식도 가능하다. 그다음에는 수십된 프로그램과 구성요소, 활동요소 등을 비교, 정리한다. 기존 프로그램들의 구성요소, 활동요소 등을 주의 깊게 살펴보면서 장단점을 파악하고, 대안이 될 수 있는 새로운 프로그램의 내용들을 고안한다.

(3) 프로그램의 구성요소와 활동요소 추출

프로그램과 관련된 이론을 충분히 탐색하고, 그에 근거하여 프로그램 구성요소를 추출한다. 프로그램 구성요소는 목표에 대한 핵심 키워드라고도 할 수 있다. 프로그램의 구성요소들은 전체 프로그램 속에서 한 회기 또는 여러 회기에 걸쳐 진행될 수도 있다. 또한 프로그램의 목적과 목표를 이룰 수 있도록 프로그램 안에 여러 가지 구성요소들이 존재하게 될 수도 있다.

프로그램의 구성요소가 정해졌다면 이를 직접적으로 실행에 옮겨 구현할 수 있는 활동요소들이 정해져야 한다. 충분한 이론적 탐색 없이 임의로 구성요소나 활동요소를 선정하게 되면 프로그램 내용의 오류를 가져올 수 있다. 즉, 이론적 배경을 근간으로 한 다양한 자료들을 검토하여 프로그램의 목적과 목표를 달성할 수 있는 구성요소를 산출한 후, 그 각각의 요소들이 다시 그것을 구현할 수 있는 활동요소로 구현된다.

다음 〈표 8-1〉에서 박재연 외(2023)의 연구보고서를 토대로 구성요소, 활동요소의 예를 재구성해 보았다. 〈표 8-1〉은 중등연령 학교밖 청소년의 사회성 향상 프로그램 개발의 목표를 달성하기 위한 구성요소 중 관계형성, 사회성 이해하기를 구현하는 활동요소를 구성한 예시이다.

〈표 8-1〉 프로그램의 구성요소, 활동요소

구성요소	활동요소
관계형성, 사회성 이해하기	프로그램 소개 및 집단규칙 정하기
	친밀감 형성을 위한 자기소개
	사회성 이해하기

출처: 박재연 외(2023).

(4) 프로그램 활동 내용 구상

구성요소와 활동요소를 바탕으로 새로운 프로그램의 활동 내용을 구상한다. 기존 프로그램의 활동 내용들이 프로그램의 목표달성을 위해 적절한지 살펴보고, 구성요소를 제대로 반영하고 있는지도 검토한다. 또한 대상집단의 특성과 요구를 고루 반영한 내용인지도 살펴본다. 기존 프로그램 내용에서 잘된 부분은 반영하고, 부족한 부분은 개선하여 새로운 프로그램 활동을 구상한다.

(5) 프로그램 활동 내용의 선정

효과적인 프로그램 활동 내용을 선정한다. 다양한 프로그램의 활동 내용들 중 프로그램에 가장 적절하면서도 효과적인 프로그램 활동이 무엇인지 고려하고, 선정기준을 구체적으로 마련한 후 다양한 평가 과정을 거쳐 프로그램 활동을 선정한다.

(6) 프로그램 활동 내용의 조직

프로그램 활동의 내용뿐 아니라 활동 순서도 적절하게 배치하도록 고려한다. 프로그램의 활동 순서를 결정할 때는 대상집단의 발달적 특성이나 프로그램 참여자들의 친밀감 정도, 논리적인 순서 등을 고려한다. 프로그램 참여자들이 가장 잘 집중하고 몰입할 수 있는 순서로 배치하는 것이 좋다.

(7) 예비연구

예비연구를 실시해 본다. 이를 통해 프로그램의 부족한 부분을 수정 · 보완한다. 본 프로그램을 실시하기 이전에 예비 프로그램을 진행하여 프로그램 참여자들의 의견을 파악하고, 의견수렴을 통해 본 프로그램에서 발생할 수 있는 문제점을 미리 보완한다.

(8) 프로그램의 지침서 제작

프로그램을 개발자뿐 아니라 지도자들이 실시할 수 있는 가능성을 고려하여 세부적인 활동 내용이 포함된 지침서를 마련하는 것이 좋다.

〈표 8-2〉는 지금까지 설명한 프로그램 구성의 원리와 절차에 따라 중등연령 학교밖 청소년 사회성 향상 프로그램 개발의 회기별 주제와 목표, 주요 활동 내용들이 어떻게 구성되었는지를 보여준 예시이다.

〈표 8-2〉 프로그램의 구성의 원리와 절차

프로그램명	주제	목표	주요 활동
〈1회기〉 '어서와 사회성은 처음이지?' (사회성 이해)	프로그램 소개 및 규칙 정하기	• 사회성 프로그램이 무엇인지 안다. • 프로그램의 규칙을 스스로 정한다.	• 프로그램 소개 • 사전검사
	인터뷰 활동을 통한 친밀감 형성	• 인터뷰 게임을 통해 서로에 대해 알고 친밀감 형성한다.	• 인터뷰 지를 작성하여 자신이 원하는 집단원을 찾아가서 인터뷰하고 인터뷰한 친구를 소개한다.
	사회성 이해하기	• 사회성 스피드 게임을 통해 사회성을 이해한다.	• 사회성 카드를 활용하여 사회성을 이해하고 자신의 부족한 사회성을 찾는다.
	프로그램을 통한 목표설정	• 사회성 향상 프로그램의 개별 목표를 설정한다. • 소속감과 응집력을 가질 수 있도록 한다.	• 프로그램을 통해 성장하고 싶은 개별 목표를 설정한다. • 단기 동아리 활동을 알아보고, 동아리 활동을 계획하고 실시해본다. 이를 통해 소속감과 응집력을 형성할 수 있도록 지도한다.
〈2회기〉 '내 감정은 내가 전문가' (정서적 안정감)	감정 인식	• 다양한 감정들에 대해 알고 이해한다.	• 집단원 중 한 사람이 감정카드의 감정을 몸으로 표현하고 나머지 집단원들은 표현하는 감정을 맞추는 게임을 한다.
	감정 탐색	• 나와 타인의 감정을 알아차릴 수 있다.	• 자신의 표정을 거울 시트지에 비춰보고 그려본다. 이러한 표정들이 어떤 감정인지 나눈다.
	감정 만화 만들기	• 감정을 안전하게 표현하고 조절할 수 있다.	• 다양한 감정들이 일어나는 상황들을 작성하고 그것을 조절하는 방법을 알아본다. • 상황 만화 활동에 직접 참여하고 제작하여 감정을 안전하게 표현해 보고 공감한다.
〈3회기〉 '우리는 공감하는 사이' (공감)	재미있는 공감놀이	• 서로 이야기를 듣고 경청한다.	• 학교중단 시, 중단 이후 지지와 공감받은 경험을 나눈다.
		• 친구의 경험과 상황에 대해 공감한다.	• 그림 팥빙수 활동자료를 통해 서로 공감하는 시간을 갖는다. • 공감한 경험과 공감받았던 경험을 나누며 서로 지지해 준다.

프로그램명	주제	목표	주요 활동
		• 요리활동을 통해 위로와 공감의 마음을 전한다.	• 그림 팥빙수를 직접 요리로 만들어 공감 팥빙수를 만든다. • 서로 나누었던 공감을 생각하면서 각종 공감 재료들을 토핑한다. • 공감 팥빙수로 자신이 공감하는 친구에게 공감을 전한다.
〈4회기〉 '스스로 할 수 있는 우리' (자율성)	풍선 옮기기 게임	• 풍선 옮기기 게임의 원칙에 따라 스스로 자신을 통제하여 절제함으로써 성공하는 경험을 한다.	• 자신의 풍선을 불어서 다리 사이에 끼우고 풍선을 떨어뜨리지 않고 반환점을 돌아와서 오면 다른 팀원이 출발한다. • 풍선을 두 번 이상 떨어뜨리면 탈락이 된다.
	반려식물 만들기	• 다양한 반려 생물체에 대해 인식할 수 있다. • 반려식물을 스스로 만들 수 있다.	• 다양한 반려 생물체에 대해 스스로 알아보고 서로 나눈다. • 반려식물 재료를 선택한다. • 테라리움 만드는 과정을 PPT를 보고 제작한다.
	반려식물 키우기	• 반려식물을 스스로 잘 돌보고 키움으로써 자율성을 향상시킨다.	• 자신이 만든 테라리움을 반려식물로서 인식하고, 잘 키우기 위한 탐색 및 계획을 하고 집에 가져가서 잘 키우도록 한다.
〈5회기〉 '더 괜찮은 나로 UP' (자기조절)	미션 젠가게임	• 미션수행과 미션 팀 활동에서 원하지 않는 미션수행을 하는 경험을 통해 욕구, 행동을 조절하는 경험을 한다.	• 젠가에 미션이 적혀 있음을 안내하고 규칙을 설명하여 이해를 돕는다. • 자신이 뽑은 젠가에 적힌 미션을 수행하고 젠가가 무너지면 그 팀 전체가 미션을 수행한다.
	악기 만들기	• 악기 재료의 다양한 소리를 듣고 양을 조절하여 악기를 만드는 과정에서 조절의 필요성을 깨달을 수 있다.	• 각종 곡물 및 다양한 재료를 선택한다. • 재료의 소리를 들어본다. • 양을 조절하여 악기를 만든다.
	만든 악기로 합주하기	• 팀원과 함께하는 합주를 통해 상황에 알맞은 자기조절을 할 수 있다.	• 재료별로 소리를 파악하고 합주단을 구성한다. • 다양한 재료로 만든 악기로 합주를 한다.

프로그램명	주제	목표	주요 활동
〈6회기〉 '소통 UP! GO!' (의사소통)	침묵의 피구	• 말을 하지 않고 피구를 하며, 소통의 소중함과 어려움을 이해한다.	• 네트를 설치하거나 선을 그어 구분하고 말없이 풍선피구를 하여 소통의 답답함과 소중함을 느껴본다.
	영화치료 활동	• 의사소통 유형을 안다. • 영화 '마빈의 방'의 동영상을 통해 의사소통 방식에 대해 이해한다.	• '마빈의 방'을 시청한 후 등장인물들의 의사소통 방식을 의사소통 활동지를 통해 짝지어 보고 나눈다. • 자신과 가족의 의사소통 방식에 대해 나눈다.
	비폭력 대화	• 자신의 의사소통 유형을 알고 자신과 타인과의 의사소통 방식을 이해한다. • 비폭력 대화를 배우고 사용할 수 있다.	• 의사소통 유형검사지를 통해 자신의 의사소통유형을 알아본다. • 자신의 의사소통방식으로 인해 가족, 타인들과의 대화에서의 문제점을 나눈다. • 비폭력 대화를 배우고 연습하도록 한다.
〈7회기〉 '함께 하면 행복해요' (협동성)	협동사다리 게임을 통한 팀별 협동심 키우기	• 협동사다리게임을 통해 팀끼리 협동하여 목적지에 도달하도록 함으로써 협동심을 키운다.	• 협동사다리 게임을 하기 위해 팀을 나누어 협동미션을 수행한다. • 도착지점에 빨리 도착하는 팀이 승리하며, 모든 팀이 도착지점에 협동하여 도착하면 강화물을 주어 성취감을 갖도록 한다.
	우리동네 맛집 탐색	• 우리동네 맛집을 탐색하고 평가함으로써 서로 간 협동하며 의견을 조율한다.	• 우리동네 맛집을 탐색하고 평가하는 활동을 하기 위해 조별 활동을 한다. • 다양한 검색도구를 이용하여 검색하고 이야기를 나눈다.
	우리지역 맛집 리스트 만들기	• 함께 의견을 조율하고 협동하여 과제를 해결할 수 있다.	• 서로 협력하여 검색도 하고 사진도 출력하며 맛집 리스트를 만든다.
〈8회기〉 'GO 사회 속으로' (사회 정체감)	집단활동 동영상 감상	• 함께 했던 동아리 활동을 돌아보고 다양한 사회성을 인식한다.	• 집단활동 동영상 감상을 통해 함께 했던 시간의 소중함과 보람 등의 소감을 나눈다.
	동아리 만들기	• 그동안의 활동 중 관심사를 선택하여 동아리를 만든다.	• 그동안 활동한 내용 중 서로 토론하여 관심 있는 활동(예. 미술활동, 요리활동, 악기활동 등)을 중심으로 프로그램 후에도 활동할 동아리를 구성한다.

프로그램명	주제	목표	주요 활동
	염색 손수건 선물하기	• 동아리 구성원 간 감사함을 표현하고, 소속감을 갖는다.	• 관심사를 중심으로 형성한 동아리 구성원끼리 염색 손수건을 만들어 선물해줌으로써 감사함을 표현하고 소속감을 증진시킨다.
	프로그램 마무리 격려하기	• 그동안 경험한 사회성에 대해 돌아보고, 일상생활 속에서 적절하게 적용될 수 있도록 한다.	• 프로그램의 마무리와 종결 감정들을 나눈다. • 그동안 활동한 사회성 경험에 대해 다시 돌아보며, 일상생활에 원활히 적용할 수 있는 방법들을 나눈다. • 사회성 프로그램 수료증 증정, 사후검사

출처: 박재연 외(2023).

3. 프로그램 활동계획 설계

지금까지 프로그램의 내용적 설계와 관련하여 살펴보았다면, 이제부터는 활동계획과 관련된 설계를 살펴본다. 프로그램의 목적과 목표를 이루기 위한 구성요소와 활동 내용들이 설정되었다면, 이를 실행하기에 앞서 어떠한 계획을 가지고 진행시킬 것인지에 대한 부분이 상세하게 고려되어야 한다. 김진화(2005)는 프로그램 활동계획을 설계할 때 다음의 7가지 요소를 설명하였다.

① 무엇을 해야 하는가(what)

- 프로그램 제목
- 프로그램 종류
- 프로그램의 내용(순서 등 포함)

② 왜 해야 하는가(why)

- 프로그램의 목적은 무엇인가
- 프로그램의 주제
- 프로그램의 주안점
- 프로그램과 중점 사항들과의 관계

③ 언제 해야 하는가(when)

- 기간(언제부터 언제까지)
- 회기별 시간 등

④ 어디서 해야 하는가(where)

- 최적의 장소
- 대안적 장소

⑤ 누가 하는가(who)

- 주최, 주관, 후원 등
- 준비위원
- 프로그램 책임자, 프로그램 진행자, 공동진행자, 강사 등
- 자원봉사자

⑥ 누구를 위해서 하는가(for whom)

- 대상자
- 대상자들의 특성
- 인원

⑦ 어떻게 진행해야 하는가(how)

- 일의 분담
- 프로그램 진행의 세부내용
- 예산의 수립
- 홍보방법
- 보고서 등 출간계획

프로그램 세부사업 내용과 사업진행 일정, 기관 연계 협력 전략에 대한 예시는 〈표 8-3〉, 〈표 8-4〉, 〈표 8-5〉과 같다.

〈표 8-3〉 프로그램 세부사업 내용

프로그램명: 아동학대 고위험 가정의 재학대 예방을 위한 심리정서지원 프로그램

세부 사업명	활동(수행방법)
맞춤형 서비스 지원	• 상담/심리치료: 담당자의 가정방문을 통한 문제 파악 및 해결방안 모색/가정별 5회, 전문 심리검사/가정별 1회, 심리치료/가정별 6회 • 일상생활 지원: 주거환경 개선, 긴급생계지원, 학습지원 등 서비스 연계/가정별 1회 • 사례 회의: 참여자 및 사업 담당자 대상 사례별 진행상황 점검 및 상호 피드백 실시/1회 • 정신건강 지원: 정신의학 전문가 진단에 따라 치료 정신과 진료 지원/10가정 선정, 가정별 1회
양육교육 프로그램	• 담당자 상담을 통해 양육교육이 필요한 10가정 선정 • 전문기관 연계를 통한 양육기술 상담 교육 - 행위자 초기 상담, 종합심리평가, 양육태도검사 각 1회 실시 - 양육태도 및 감정코칭 등 전문가를 통한 교육 2회 실시

출처: 사회복지공동모금회(2023).

〈표 8-4〉 사업 진행 일정

주요 내용 \ 기간		1월	2월	3월	4월	5월	6월	7월	8월	9월	10월	11월	12월
참여자 선정													
맞춤형 서비스 지원	상담/심리 치료												
	일상/정신 건강지원												
	사례회의												
양육교육 프로그램	초기상담/검사												
	교육 진행												

출처: 사회복지공동모금회(2023).

〈표 8-5〉 기관 연계협력 전략

협력기관명	세부사업명	협력 계획	비고
△△복지관	맞춤형 서비스 지원	• 일상생활 지원(긴급생계지원) 연계	협약 체결 예정
○○대학병원	맞춤형 서비스 지원	• 정신의학 자문 제공, 의료서비스 연계	협약 체결 (20××)

출처: 사회복지공동모금회(2023).

9 CHAPTER 청소년 프로그램 예산 수립

1. 청소년 프로그램 예산의 개념

1) 청소년 프로그램 예산의 개념

청소년 프로그램에서 예산은 프로그램을 구동시키는 데에 필요한 세입과 세출에 대한 재정계획이다. 프로그램 예산은 프로그램을 실행하여 목표를 달성하기 위해 필요한 재정적 계획으로 대개 1년 정도의 기간 안에 필요한 비용을 금전적으로 표시하는 것을 의미한다. 기간은 프로그램의 성격에 따라 6개월, 1년 혹은 3개월 등으로 조정 가능하다. 프로그램이 아무리 훌륭하게 기획되었다 하더라도 필요한 예산을 확보하지 못한다면 소용이 없을 것이다. 따라서 예산을 확보하는 전략과 자원개발계획은 매우 중요하다.

2. 예산의 유형

예산이 어떻게 구성되고 조직화되는가에 따라 유형을 분류한다. 예산의 유형은 크게 항목별 예산, 성과주의 예산, 영기준 예산 등으로 분류된다. 예산의 유형별 특징을 자세히 살펴보기로 한다.

1) 항목별(품목별) 예산

가장 전통적이고 보편적인 예산 체계이다. 구입하거나 지출하려는 품목별로 수입과 지출을 기재하는 방법이다. 프로그램에 사용될 인적 · 물적자원으로 항목별로 정리한 후, 금전적인 방식으로 표현한다. 여기서 항목이라고 하면 인건비, 사업비, 교통비, 관리비 등으로 구분하는 것을 의미한다. 예산을 지출 항목에 따라 분류함으로써 예산에 대한 행정책임의 소재가 분명해질 수 있다. 예산집행자들의 재량권보다는 회계를 담당한 행정파트에서 지출을 통제하게 된다.

이 방식의 장점은 계산이 수월하고 예산의 구조를 이해하기 용이하며 안전한 예산관리가 가능하다는 것이다. 그러나 이 예산 체계는 각각의 항목들에 대한 지출비용을 각각 제시하기 때문에 이들 예산이 전체적으로 어떤 특정한 목표를 어떠한 방식으로 개입해서 달성할 것인지에 대해 알 수 없다는 단점이 있다. 목표달성보다는 투입기준을 기준으로 예산을 편성하기 때문에 산출의 성과를 확인하기가 어렵다. 즉 프로그램에 사용될 인적 · 물적자원이 무엇인지는 알 수 있지만 이러한 자원이 어떠한 프로그램에 사용되는 것인지 명확하게 파악하는 것이 어렵기 때문에 성과와 연결하여 확인하는 것은 쉽지 않다. 또한 예산의 증감을 신축성 있게 편성하기 어려운 단점이 있다. 즉 예전에 사용했던 예산체계를 기반으로 하여 증감하는 방식으로 책정되기 때문에 예산이 경직되기 쉽다.

2) 성과주의 예산

프로그램을 통해서 달성하고자 하는 목표를 고려하여 세부 프로그램 활동별로 예산을 분류한 후, 이 활동에 소요되는 비용을 책정하는 방식이다. 세부 프로그램 단위의 원가를 계산하고 여기에 업무량을 곱하여 예산을 책정한다. 업무단위 하나를 산출하는 데 소요되는 경비를 말하는 단위원가(단위원가×업무량=예산액)를 계산하여 자금을 배분한다. 프로그램 활동별로 예산을 정하여 통제를 하고 프로그램의 효율성을 기할 수 있다는 장점이 있다. 또한 프로그램의 목적을 이해하기 쉽게 계획을 세우는 것도 용이하다. 예산편성의 신축성도 있다. 그러나 프로그램의 단위를 정하고 비용을 계산하는 것이 수월하지 않다는 단점이 있다.

3) 영기준 예산

영기준 예산은 처음부터(영의 상태에서) 프로그램을 시작한다는 전제하에서 예산을 편성하는 것을 의미한다. 전년도 예산을 기준으로 하여 점증적으로 예산을 결정하는 데에서 생기는 폐단을 개선하고 새로운 목표와 우선순위에 따라 예산을 수립하는 혁신적인 예산제도이다.

영기준 예산체계에서는 기존의 프로그램이 효율적이고 효과적인지, 기존의 프로그램을 중단해야 하는지, 또는 지속해야 하는지, 예산을 줄여야 하는지 등을 고려한다. 영기준 예산을 채택할 때에는 예산감축이나 자원재배치 등이 필요할 때 등이다. 영기준 예산체계는 자원의 효율적 배분과 예산절감에 기여할 수 있다는 장점이 있고, 전체 직원들의 예산 과정에 대한 참여를 촉진할 수 있다는 장점이 있다. 반면 전면적인 사업재검토로 인해 빈번한 사업변동 및 예산변동으로 혼란을 가져올 수 있으며 보수적인 조직의 성향과는 갈등이 있을 수 있다.

청소년활동, 상담, 복지실천 분야에서는 대체적으로 품목별 예산모형을 사용하며, 프로그램이나 활동의 단위원가를 계산하는 성과주의 예산방식과 병행하여 예산을 수립하고 있다.

3. 예산수립의 과정

이봉주와 김기덕(2015)은 프로그램 예산수립의 과정으로 산출항목의 명확화, 산출근거의 구체화, 예산조달계획의 명확화를 다음과 같이 제시하였다.

1) 산출항목의 명확화

프로그램 수행에 필요할 것으로 생각되는 인적 · 물적자원을 목록화한 후 인건비, 사업비, 관리비, 교통비 등의 항목으로 구분한다.

첫째, 인건비는 프로그램을 실천하는 데 필요한 인적자원의 동원 비용을 의미한다. 기관장, 프로그램 수행인력(담당자)부터 외부강사 등 인건비 항목에서는 인력에 필요한 모든 비용을 산정하도록 한다.

둘째, 사업비는 프로그램 활동에 사용되는 재료와 물품 구입 등의 비용을 의미한다.

셋째, 관리비는 프로그램을 수행하는 데 필요한 인건비와 사업비 이외에 이들을 관리하기 위해 필요한 비용인데, 대개 시설 및 공간의 사용과 관련된 비용을 포함한다.

넷째, 교통비는 관리운영비 안에 포함시킬 수도 있고, 특별히 교통비가 많이 필요한 상황에서는 따로 책정하기도 한다.

다섯째, 기타 위 산출항목에 해당하지 않지만 필요할 수 있는 예비비 등의 비용을 책정해 놓아야 한다.

2) 산출근거의 구체화

산출항목을 명확히 하였으면, 다음 단계로는 구체적인 액수와 내용이 명확하게 산정되어야 한다. 이때 그 비용의 성격이 분명해야 한다. 예를 들면 청소년집단 프로그램 후 간식을 제공할 예정이면, 총 비용은 얼마이며, 한 개당 가격, 몇 명에게 제공할 것인지에 대해 구체적으로 산출해야 한다. 비용의 성격은 크게 직접비와 간접비로 구분할 수 있는데, 직접비는 특정 프로그램만을 위하여 새롭게 편성되는 비용을 의미한다. 예를 들면 성교육집단 프로그램을 진행할 때 성교육강사에게 지급하는 비용은 직접비에 해당할 수 있다. 간접비는 특정 프로그램의 수행을 위해 새롭게 지출되는 비용이 아니라 기존의 시설이나 인력 가운데에 본 프로그램에 함께 활용되는 비용을 의미한다. 예를 들어 기존 복지관 직원이 성교육집단 프로그램을 진행하게 된다면 간접비가 될 수 있다. 공간의 예를 들면, 새롭게 장소를 대여하여 대여비를 지출하게 되면 직접비에 해당하며, 기존에 사용하던 복지관의 강당을 이용한다면 간접비로 간주된다. 따라서 간접비의 비중이 큰 경우 실제 소요예산은 줄어들 수 있다.

3) 예산 조달계획의 명확화

소요되는 자금을 어떻게 충당할 것인가에 대해 명확히 해야 한다. 새롭게 기획서를 작성하여 외부기관에 프로그램 예산을 신청하는 방식도 있으며, 본래 기관에서 연간계획으로 예산이 책정된 경우도 있다. 또한 외부에서 예산을 지원받는 경우라고 해도 대개 신청분과 자부담으로 구분하여 신청분은 외부지원을 받고 자부담은 기관에서 부담하게 된다. 자부담은 프로그램을 수행하는 기관의 기존 시설이나 인력 중 프로그램에 활용되는 간접비가 해당되며 이외에도 기부금이나 청소년 부담금 등이 포함될 수 있다. 예를 들어 청소년기관에서 프로그램을 기획하여 여성가족부(청소년활동진흥원)에 예산 지원을 신청한 경우, 청소년기관에서 프로그램 수행에 필요한 예산을 지원해 주는 부분을 신청분이라고 하며, 프로그램을 수행할 기관에서 충당하는 간접비 등을 자부담으로 책정한다. 외부에서 지원을 받는 경우 자부담의 비중을 30~40% 정도 책정하는 것이 대부분이다. 〈표 9-1〉은 여성가족부/청소년활동진흥원(2023)의 청소년 프로그램과 사회복지공동모금회(2024)의 예산 항목에 대한 예시이다.

〈표 9-1〉 여성가족부(청소년활동진흥원) 예산수립 항목 예시(여성가족부, 2023)

구분	지출항목	
사업 운영비	인건비	① 교육, 행사, 캠프 등 소요되는 강사비
	홍보제작비	① 현수막, 매체홍보 등 ② 포스터, 리플렛 제작 등 ③ 사진집, 자료집 제작
	진행비	① 프로그램 진행 중에 사용되는 물품과 경비(회의운영비 포함) ② 의약품 등 ③ 식 · 간식비 ④ 소모성 문구류 ⑤ 야외활동 보험가입비 ⑥ 현장수업진행비
	결과발표회 등 임차비	① 특별활동 등 청소년 이동시 필요한 차량 임차 비용 ② 장소임대료: 공공시설 이용 등 최소비용 권장
	출장비	① 시내/외 출장여비 ② 사전 답사비

〈표 9-2〉 사회복지공동모금회 예산수립 항목 예시(사회복지공동모금회, 2024)

목	설명	해당 항목
인건비	해당 사업을 직접적으로 수행하는 인력에 투입되는 비용	프로그램담당자/보조담당자인건비
사업비	프로그램의 수행에 필요한 직접비용 (실인원수에게 제공되는 서비스에 필요한 비용)	강사비, 자원봉사자 관리비, 자문비, 회의비, 행사진행비, 홍보물품 구입, 프로그램 준비물 구입, 사업결과보고서/결과물 제작 등
관리 운영비	프로그램의 수행에 필요한 간접비용 (사업관리에 필요한 비용)	사무용품, 냉난방비, 우편료, 사업담당자 교통비 등

프로그램을 진행하면서 소요되는 예산계획서는 목, 세목, 세세목으로 나누어지고 예산금액의 산출근거를 제시하여야 한다. 다음은 여성가족부(청소년활동진흥원)의 청소년 프로그램에서 요구하는 예산계획서와 사회복지공동무금

회에서 요구하는 예산계획서를 예시로 제공하였으므로 참고하면 도움이 될 것이다.

〈표 9-3〉 여성가족부(청소년활동진흥원) 예산계획서 예시(여성가족부, 2023)

(단위: 원)

구분 (비목)	보조세목	세부내용	산출내역	총 액
합계				10,000,000
인건비 (110)	일용임금 (04)	• 프로그램 일용직	75,000×10일=750,000	750,000
	기타인건비 (05)	• 프로그램 강사비	200,000×10회=1,000,000	2,000,000
운영비 (210)	일반수용비 (01)	• 현수막 및 포스터 제작 • 프로그램 물품구입 • 자료 및 보고서	300,000×1식=150,000 100,000×10회기=1,000,000 320,000×1식=320,000	1,470,000
	공공요금 및 제세(02)	• 활동보험비 • 문자 통신비 • 화상회의시스템 이용료	200,000×1식=200,000 100,000×1식=100,000 20,000×3개월=60,000	360,000
	임차료 (07)	• 비대면 활동 장비 임차 • 장소 임차료 • 차량 임차료	1,000,000×1식=1,000,000 2,000,000×1식=2,000,000 1,000,000×1대=1,000,000	4,000,000
여비 (220)	국내여비 (14)	• 시내 · 외 출장비 • 사전답사비	100,000원×5회=500,000 100,000원×5회=500,000	1,000,000
업무 추진비 (240)	사업추진비 (01)	• 간식 구입 • 회의비 • 평가회의 식비	3,000×10명×3회기=90,000 50,000×5명=250,000 8,000×10명×1회기=80,000	420,000

〈표 9-4〉 예산계획서 예시(사회복지공동모금회, 2023)

목	세목	세세목	계	산출근거	예산조달 계획				
					신청금액	비율(%)	자부담	비율(%)	자부담 재원
총계			52,150,000		48,900,000	100	3,250,000	100	
인건비	전담 인력	급여	16,000,000	1,600,000원×10월×1명	16,000,000				
		사회 보험	1,750,000	175,000원×10월×1명			1,750,000		자체 예산
	소계		17,750,000		16,000,000	32.7	1,750,000	53.8	
사업비	맞춤형 서비스 지원	상담/심리	17,500,000	가정방문 다과 10,000원×20가정×5회			1,000,000		자체 예산
				심리검사 200,000원×20가정×1회	4,000,000				
				심리치료비 100,000원×20가정×6회	12,000,000				
				사례회의 자문 및 진행비 100,000원×5회			500,000		자체 예산
		심화 프로그램	4,000,000	전문상담 100,000원×10가정×1회	1,000,000				
				정신과 진료 지원 300,000원×10가정×1회	3,000,000				
	양육 교육 프로그램	양육 기술 상담 교육	12,000,000	강사비(특별강사, 2시간) 400,000원×20회	8,000,000				
				교재, 교구 200,000원×10회	2,000,000				
				교육진행비 100,000원×20회	2,000,000				
	소계		33,500,000		32,000,000	65.4	1,500,000	46.2	
관리운영비	관리 운영비	교통비	600,000	50,000원×12월×1명	600,000				
		사무 용품비	300,000	100,000원×3회	300,000				
	소계		900,000		900,000	1.9			

4. 자원개발 계획

청소년 프로그램은 자원을 어떻게 개발하고 관리하는지가 매우 중요하다.

1) 프로그램 자원의 종류

프로그램 자원의 종류와 관련하여 김범수(2003)는 다음의 내용을 구분하여 파악해야 한다고 하였다.

(1) 인적자원

지역사회에 거주하고 있거나 지역사회에 연고가 있는 주요 인물들을 중심으로 자원이 될 수 있는지 살펴본다. 예를 들어 기관의 직원, 슈퍼바이저, 자문가, 대학의 관련학과 교수, 법률 · 의료 · 청소년활동, 상담, 복지실천분야 등의 자원봉사자, 실습생 등이 포함된다.

(2) 물적자원

물적자원은 예산이 될 수 있는 재원액, 시설, 장비, 비품 등을 포함한다. 프로그램을 운영하는 주최기관의 물적자원을 포함하여 프로그램을 진행하게 되는 장소의 자원 등을 기본적으로 고려한다. 또한 후원을 받을 수 있는지 살펴보는 것이 도움이 될 수 있는데, 지역사회에서 후원이 가능한 기업, 사회공헌

재단 등을 포함하여 후원금을 개발할 수 있는 계층 등도 파악한다. 프로그램 참여자의 자부담도 물적자원으로 포함할 수 있다.

(3) 공공기관 및 비공식조직 자원

공식자원인 주민센터, 시청, 경찰서, 학교, 소방서, 지역사회 청소년기관 등과 비공식적 자원인 종교, 시민단체, 문화, 봉사단체 등을 파악하여 자원으로 동원할 수 있는지 알아본 후 최대한 활용한다.

(4) 정보자원

지역사회 주민들이 활용 가능한 유용한 정보들을 자원으로 활용한다. 정보자원으로는 의료 및 복지서비스, 법률 정보, 문화공연, 체육 및 여가에 관한 정보 등이 포함된다.

(5) 네트워크 자원

네트워크 자원은 프로그램을 수행하는 곳과 연계된 기관, 프로그램 실행 시 지원가능한 네트워크 등을 포함한다.

(6) 연구조사 기반 자원

프로그램과 관련하여 기존에 연구된 조사결과, 요구조사 결과보고서, 프로그램 활동사례집, 통계분석자료 등이 연구조사 기반 자원에 해당된다.

(7) 자연자원

프로그램에 활용할 수 있는 자연적으로 조성된 곳들이다. 공원, 산책로, 바닷가, 산, 놀이터 등을 포함한다.

2) 프로그램 재정의 특징 및 자원동원

청소년 프로그램은 다양한 재정자원을 갖는다. 정부로부터 지원받는 국고보조금, 사회복지공동모금회의 배분자금, 기업복지재단의 지원금, 개인 또는 단체의 후원금, 교회 등의 기부금, 서비스 요금 관련 참여자 자부담금 등이 포함된다. 여성가족부(청소년활동진흥원)나 사회복지공동모금회, 후원재단 등을 통해 재원을 확보하기 위해서 청소년 관련 기관들은 프로그램 계획서를 통해 운영자금을 요청해야 하는 상황이 발생하기도 한다. 따라서 프로그램 개발 업무가 프로그램을 진행하는 예산과 관련해서도 매우 중요한 업무가 되는 것이다. 이렇듯 운영자금의 상당비율을 외부로부터 지원받기 때문에 청소년 프로그램은 외부환경의 변화에 민감해야 하고, 창의성과 연구하는 자세로 좋은 프로그램을 개발하도록 끊임없이 노력해야 한다. 또한 물질적 자원의 한계를 극복하기 위해 다양한 인적자원의 개발도 중요하다. 체계적인 자원봉사자 발굴, 재능기부자 발굴, 기관 간 네트워크 등을 통해 재원을 마련하는 것도 중요한 업무가 될 것이다.

Rapp과 Poetner(1992)는 프로그램 운영 시 재원을 획득하기 위해 다음의 세 가지를 유의해야 한다고 하였다.

첫째, 청소년 프로그램의 목표를 분명히 하고 그에 초점을 맞추어야 한다. 재원을 구하는 것 자체에만 목표를 두면 자칫 조직이 가져야 하는 임무나 청소년에게 필요한 성과를 간과할 수 있다. 따라서 늘 청소년을 우선으로, 프로그램의 목표에 맞게 재원을 마련하고자 하는 자세가 필요하다.

둘째, 재원의 잠재적인 원천이 될 수 있는 정부나 기업, 재단, 후원자 등과 자주 접촉하고 대화하는 것이 필요하다. 프로그램에 대한 필요성 및 목표에 대해 평소에 잘 인식시키는 것이 중요하다. 또한 일관성 있고 지속성 있는 접근이 필요하다.

셋째, 재원을 획득하기 위해 프로그램 기획을 잘하는 것이 중요하다. 프로그램 기획은 재원 마련의 성패를 좌우할 정도로 매우 중요한 과업이다.

청소년 프로그램 재정의 원천을 크게 국고보조금이나 재단지원금, 자선기금 및 특별모금, 서비스 이용료나 회비 등으로 구분해 보았을 때 각각 재원의 특징에 대해 좀 더 자세히 살펴보면 다음과 같다.

첫째, 보조금이나 지원금은 청소년 프로그램의 중요한 예산 확보 수단이 된다. 국고보조금은 기관의 평가에 따라 달라지기도 한다. 국고보조금은 일정한 요건을 갖춘 청소년기관이나 프로그램에 대해 정부가 재정지원을 하는 것을 의미한다. 또한 민간 청소년기관이 정부와의 계약을 통해서 특정 서비스를 제공하게 될 때 재정지원을 받기도 한다. 예를 들어 장기요양프로그램을 실시하는 민간기관에게 정부가 재정지원을 하는 것 등이 해당된다. 여성가족부(청소년활동진흥원)나 사회복지공동모금회의 배분자금 등 민간단체의 보조금은 프로그램 기획서를 바탕으로 공모에 응시하여 채택될 경우 재원을 확보하게 된다. 그러나 민간보조금의 경우 새로운 사업을 확대한다는 측면에서는 중요한 의미가 있지만, 일시적인 기간 내의 지원인 경우가 많아 지원이 종결된 경우 프로그램이 함께 종결될 가능성이 높음을 충분히 고려해야 할 필요가 있다. 만약 계속 지속되어야 할 프로그램인 경우에는 후원금 마련이나 기관의 정규

프로그램으로 정착시키는 등 후속 조치를 생각해야 한다.

둘째, 개인의 기부금이나 유산, 법인 등을 통한 자선기금이나 특별모금 형태가 있다. 개인 기부금은 단위당 금액은 적을 수 있지만 지역사회주민들의 참여를 도모할 수 있고 지속성을 가질 수 있다는 장점이 있다. 특별모금의 경우 재난이나 특별한 상황에서 지역사회의 관심도 함께 창출하는 데 도움이 된다. 또한 청소년기관을 운영하는 법인으로부터의 지원금도 매우 중요한 비중을 차지할 수 있다. 법인의 안정적인 지원이 있다면 프로그램도 안정적으로 장기간 운영될 수 있다는 장점이 있다.

셋째, 서비스를 이용하는 청소년의 자부담금도 재원 충원에서 중요한 비중을 차지한다. 청소년에게 큰 부담을 지우지 않는 선에서 자부담을 하도록 하는 것은 프로그램 참여 시 동기부여에도 도움이 된다. 반면 청소년이 자부담할 비용이 전혀 마련되지 않거나 위기상황일 경우에는 자부담에 한계가 있으므로 경제력 평가에서 빈곤층에 해당이 될 경우 자부담을 면제하는 방법도 고려해야 할 것이다.

10 CHAPTER 청소년 프로그램 실행

프로그램을 실행하는 것은 목적과 목표를 달성하기 위해 계획된 프로그램을 실제 전개하는 것을 의미한다(양점도 외, 2012). 프로그램을 실행하기 위해서는 우선 프로그램을 수행하는 기관의 상황과 청소년의 요구가 분석되어야 한다. 왜냐하면 이에 따라 프로그램을 실행하는 데 있어 상황이 변동될 수 있기 때문이다. 프로그램을 홍보하고 참여자를 모집하는 일도 중요하다. 프로그램이 아무리 좋다고 하더라도 참여할 사람이 없다면 소용이 없기 때문이다. 이어 인적 · 물적자원이 확보되었다면 기획한 프로그램 내용을 전개해 나간다. 프로그램을 진행할 때에는 윤리적 고려나 대상기관과 협력체계 마련 등도 사전에 이루어져야 한다.

프로그램을 수행할 인력에 대한 부분도 실행단계에서 구체적으로 조직화해야 한다. 프로그램이 본격적으로 진행되는 단계에서는 프로그램 전체 구조화와 더불어 준비단계, 초기단계, 중기단계, 종결단계 등 단계별로 중요한 사항들을 고려하며 진행해야 한다. 프로그램의 진행 과정은 상세히 기록되어야 하며 프로그램 전체 평가, 회기별 평가도 고려하여 프로그램을 실행해야 한다.

대체로 청소년활동 프로그램에서는 프로그램의 실행을 위한 환경조성, 자원 확보 등을 실행단계의 중요한 과업으로 보는 반면, 청소년상담 프로그램에서는 프로그램을 중심으로 한 진행 과정에 보다 초점을 두는 편이다. 이 책에서는 청소년활동, 상담, 복지실천 분야에서 공통적으로 프로그램을 실행할 때 고려해야 하는 부분을 중심으로 살펴본다.

1. 프로그램 수행기관의 상황 분석

프로그램을 설계하기에 앞서 프로그램을 수행할 기관의 상황 분석이 사전에 이루어져야 한다. 그리고 프로그램을 수행할 때 지역사회 청소년의 요구나 활용성 등을 고려해야 프로그램이 성공할 확률이 높아진다.

청소년 분야에서 환경분석을 위해 많이 활용되고 있는 SWOT 분석방법은 강점(strength), 약점(weakness), 기회(opportunity), 위협(threat)요인을 분석하는 방식인데, 외부환경으로부터의 기회와 위협, 내부 역량 측면의 강점과 약점을 분석하여 이를 토대로 전략을 수립하는 방식을 의미한다. SWOT은 프로그램을 수행할 때 강점으로 인식되는 것은 무엇인지, 반대로 약점은 무엇인지, 외부환경에서 유리한 기회요인은 무엇인지, 반대로 불리한 위협요인은 무엇인지를 분석한다. 〈표 10-1〉은 SWOT 분석의 예이다.

〈표 10-1〉 SWOT 분석의 예: ○○시의 청소년상담복지센터

외부 / 내부	기회(opportunity) • 지역 내 청소년 문제의 증가 • 정부의 청소년상담복지 예산의 확대 • 지역 내 민간상담센터 증가	위협(threat) • 학교의 폐쇄성(학교 내 발생하는 청소년 문제에 대해 외부에 알리기를 꺼림) • 학교 교사들의 청소년상담의 전문성과 효과에 대한 인식 부족
강점(strength) • 전문 인력 및 상담도구(심리검사 등) 구비 • 청소년 이용자의 증가 • 지역주민의 청소년상담복지센터에 대한 신뢰도가 높음	강점과 기회를 조합하여 프로그램을 더욱 활성화시키는 전략 • **전략** 1) 전문인력 및 전문 상담도구를 활용하여 프로그램 만족도와 전문성을 높이고, 시설 및 전문도구 구비에 예산을 더욱 증가시킬 수 있도록 노력 • **전략** 2) 센터를 이용하는 청소년들에게 고민하고 있는 청소년 문제에 대해 얘기 나누고 참여를 독려함 • **전략** 3) 지역 상담센터와 네트워크 구축, 주민 홍보 강화를 통해 지역 내 신뢰도를 더욱 증가시킴	강점은 살리고 위협을 극복하여 프로그램을 활성화시키는 전략 • **전략** 1) 학교 교사와 전문상담가 간 실무자 간담회를 개최하여 청소년상담센터의 기능을 알리고 신뢰를 구축하도록 노력 • **전략** 2) 청소년들의 문제를 함께 공유하고 해결할 수 있음에 대해 학교에 홍보함. 청소년들이 많이 이용하고 있고, 청소년들의 고민에 대해 전문가가 보다 안전하고 원활하게 해결할 수 있음을 알리도록 함
약점(weakness) • 실무 인력 부족 • 학교 등 청소년이 많이 있는 공간과 떨어져 있음 • 집단상담 프로그램 진행을 위한 상담실 공간 부족	기회를 활용하여 약점을 보완할 수 있도록 하는 전략 • **전략** 1) 지역 내 민간상담센터와 네트워크를 구축하여 청소년상담복지센터 프로그램의 일부를 상담센터에서도 운영되도록 함. 이때 청소년들의 접근이 용이하고, 프로그램을 진행할 수 있는 안정적인 환경을 제공할 수 있는 센터와 협력함 • **전략** 2) 사회복지공동모금회나 바우처 사업 등을 활용하여 외부 지정기관을 민간상담센터로 활용. 이때 지역 내 청소년 문제가 급증하고 있고, 청소년상담복지센터 내 실무인력이 부족한 부분을 민간센터와 협력하여 보완할 것을 계획하도록 함	위협과 약점을 극복하기 위한 전략 수립 • **전략** 1) 학교에 출장을 나가는 형태로 프로그램을 진행하는 것을 계획하여, 학교 밖에서 프로그램이 진행되고 문제가 노출되는 것을 꺼리는 학교의 폐쇄적인 특성에 대해 보완적인 방법을 활용함

SWOT 분석은 내 · 외부 상황을 분석하고 위협과 기회요인을 고려하여 프로그램을 수행한다는 측면에서 장점이 있지만, 자칫 이 분석틀에 맞추어 인위적으로 기술된다면 오히려 분석 내용에 얽매이는 결과를 초래할 수 있다. 따라서 기관의 내 · 외부 상황과 환경에 대해 제대로 파악하여 정확한 분석을 한 후 활용하는 것이 실제로 도움이 된다.

2. 프로그램 실행 시 윤리 원칙

1) 참여자의 자발적 동의

프로그램에 참여하는 참여자의 자발적 동의가 중요하다. 청소년의 경우에는 부모나 교사 등에 의해 강제로 참여하는 경우가 있다. 이럴 경우 집단에 호의적이지 않을 수 있어 프로그램 전체에 좋지 않은 영향을 미칠 뿐 아니라, 본인에게도 도움이 되지 않는다. 단, 본인의 의사로 결정하기 어려운 대상의 경우(지적장애인, 조현병 등)는 보호자 동의를 원칙으로 하며, 본인과 보호자, 전문가 간에 심도 있는 협의를 통해 진행한다.

2) 비밀보장의 원칙

프로그램에 참여한 대상자들의 상황이나 프로그램 진행 내용에 대해서는 철저한 비밀보장을 원칙으로 한다. 간혹 지도자는 비밀보장의 원칙을 잘 지키지만 참여하는 참여자들이 비밀을 잘 지키지 않는 경우가 발생하기도 한다. 따라서 프로그램을 실행하는 초기에 비밀보장의 원칙은 지도자와 참여자 모두에게 해당됨을 설명하고 약속할 필요가 있다.

3) 프로그램 실행 결과에 대한 정직성

프로그램을 진행하는 청소년지도자는 때로는 프로그램 결과에 대해 포장하고 무조건 좋았다는 식으로 왜곡된 보고를 하려는 유혹에 빠질 수 있다. 왜냐하면 결과가 좋아야 다음에 그 프로그램을 다시 개설할 수 있고, 예산 지원을 받기가 용이하기 때문이다. 그러나 프로그램 실행 결과는 있는 그대로 효과성을 보고하고 이에 대해 반성적 입장에서 고찰할 수 있는 정직성이 요구된다.

4) 지도자의 편견 배제

청소년지도자가 가지고 있는 가치관이나 편견이 프로그램을 진행하면서 참여자들에게 좋지 않은 영향을 미칠 수 있고 결과도 왜곡될 수 있다. 지도자는 최대한 참여자 중심에서 객관적인 입장으로 프로그램을 실행하도록 노력해야 한다. 이를 위해 평소 가지고 있는 뚜렷한 편향이나 가치관에 대해 고찰해 보고, 편견이 작용되지 않도록 주의를 기울여야 한다.

3. 대상기관 섭외

프로그램을 개발한 청소년기관에서 프로그램을 실시하는 경우도 있지만, 때로는 학교나 병원, 지역사회 청소년 유관기관 등 다른 기관에서 프로그램을 진행하는 경우도 있다. 특히 청소년을 대상으로 한 교육집단 등 예방활동 프로그램은 학교에서 실시하는 것이 적합하다. 이에 프로그램이 개발된 후, 어느 곳에서 프로그램을 실시하는 것이 효과적일지에 대해 고려해야 하며, 대상기관을 섭외하기 위해 노력을 기울여야 한다. 지역사회에서 활동하는 청소년 지도자는 대상기관을 원활히 섭외하기 위해 평소 청소년활동, 상담, 복지실천 현장과 협력체계를 구축하여 지속적으로 네트워킹을 하는 것이 좋다.

4. 프로그램 홍보

프로그램 참여자 대상(표적집단)에 대해 어느 정도 윤곽이 잡히면 대상이 될 수 있는 잠재적 수요자에게 프로그램에 대해 알리고 참여를 권장하게 된다. 이를 위해 프로그램을 홍보해야 하는데, 홍보 전략을 잘 짜는 것도 매우 중요하다.

우선 프로그램 홍보의 대상을 생각해 보면 프로그램에 직접적으로 참여하게 될 대상이 되겠지만, 그 주변 인물도 포함시킬 수 있다. 청소년 프로그램에서는 청소년의 보호자인 부모나 교사, 친구, 지역사회 관련인들도 홍보해야 하는 대상에 포함해야 한다. 왜냐하면 그들이 프로그램 참여를 권장하거나 허

락해야 하는 입장일 수 있기 때문이다.

프로그램은 같더라도 홍보하는 대상이 누구인지에 따라 다르게 주안점을 두기도 한다. 즉, 청소년들에게 이해가 잘 되고 참여하고 싶은 마음이 들게끔 하는 프로그램의 홍보내용과 성인인 부모나 교사입장에서 좋은 프로그램이라서 내 자녀 혹은 지도 학생을 프로그램에 참여하게 하고 싶다는 생각이 들게 하는 것은 내용상 차이가 있을 수 있다.

프로그램을 홍보할 때에는 프로그램의 제목(주제), 프로그램 대상자, 신청자격, 목적 및 목표, 간략한 내용, 일시 및 장소, 참가비용, 담당자 연락처, 신청방법 등의 내용이 포함된다. 프로그램을 홍보하는 내용에는 프로그램 계획서의 내용보다 좀 더 간략하고 인상 깊으며, 잘 와닿는 표현이 사용되어야 하며, 프로그램 대상자의 범위나 신청자격 등에 대해 분명하게 제시하는 것이 도움이 된다.

프로그램의 홍보방법으로는 여러 가지가 활용될 수 있는데, 과거에는 포스터나 유인물, 홍보 부스 활용(길거리 홍보), 우편물이나 가정통신문, 신문이나 방송매체 홍보 등이 많이 활용되었다면 최근에는 핸드폰 문자메시지나 인터넷, SNS를 통한 홍보들이 활성화되어 있다. 인터넷을 통한 홍보로는 기관 홈페이지에 소개하거나 광고 등을 활용할 수 있다. 청소년 분야에서 많이 활용되는 사이트에 홍보하는 것도 좋은 방법이다. 방송매체 홍보는 대중들에게 인지도를 높이는 수단으로서 효과는 좋을 수 있지만 비용이 많이 들고 홍보를 위한 제작 작업 등을 고려했을 때 영세한 기관인 경우에는 쉽지 않는 방법일 수도 있다. 기관의 서비스나 상담을 받고 있는 경우라면 전화나 면담을 통해 홍보할 수도 있다. 지역사회 내에서는 소위 입소문도 중요하다. 영향력이 있는 사람들을 통해 프로그램이 소문이 나고 참여율을 높일 수 있도록 하는 것도 좋은 전략이 될 수 있다. 또한 학교, 복지관 등 청소년 유관기관들에게 공문을 발송하여 지역사회주민들에게 전달될 수 있도록 홍보하는 방법도 있다.

5. 실행 인력

효과적인 프로그램의 수행을 위해 프로그램 지도자뿐 아니라 필요한 경우 공동지도자가 필요하며, 프로그램 전반에 걸쳐 슈퍼비전을 줄 수 있는 슈퍼바이저, 특정 프로그램에 대한 강사, 자원봉사자 등이 실행인력으로 포함될 수 있다.

공동지도자의 필요 여부는 인원이나 프로그램 참여자들의 연령에 따라 다를 수 있다. 인원이 많으면 공동지도자가 함께 진행하는 것이 효율적이며, 낮은 연령대일수록 공동지도자가 조력하는 것이 도움이 된다. 그러나 지도자와 공동지도자 간의 협력이 원활하지 않은 경우 함께 진행하는 것이 오히려 방해가 되는 상황도 발생할 수 있다. 따라서 지도자와 공동지도자가 프로그램 내에서 어떠한 역할을 수행할 것인지 초기에 분명하게 설정할 필요가 있다.

6. 프로그램 실행계획 수립

프로그램이 진행될 때 효과성, 효율성을 높이기 위해서는 사전에 실행계획을 수립하는 것이 필요하다. 프로그램 실행계획을 위해 점검해야 할 사항에 대해 김창대 외(2015)가 제안한 6W1H를 소개한다. 여기서 점검하는 항목은 실행 내용, 실행 목적, 실행 주체, 실행 대상, 실행 시기 및 기간, 실행 장소, 실행 방법의 일곱 가지 요소이다. 이 요소들을 사전에 점검하고 난 후 프로그램을 진행한다면 프로그램 실제 진행상황에서 발생되는 문제점을 미리 예방할 수 있으며, 원활한 프로그램 진행에 도움이 된다. 이는 궁극적으로 프로그램의 목적과 목표를 달성하는 데에 기여할 것이다.

다음 〈표 10-2〉에서 프로그램 실행계획 수립과 의사결정을 위한 6W1H 체크리스트를 제시하였다.

〈표 10-2〉 프로그램 실행계획과 의사결정을 위한 6W1H 체크리스트

6W1H	실행계획 수립을 위해 고려해야 할 요소	문제 확인 및 의사결정 사항
WHAT (무엇을)	무슨 프로그램을 실행하는지 • 프로그램의 종류와 형태 • 프로그램의 제목 • 프로그램에 포함된 요소 및 내용 (프로그램의 순서 등 포함)	실행 활동과 관련된 문제 • 유사한 다른 활동이 실행되고 있는가? • 더욱 급히 실행되어야 할 활동은 없는가? • 프로그램의 주제와 무관하게 이루어지는 활동은 없는가?
WHY (왜)	왜 해야 하는지 • 프로그램의 목적 • 프로그램의 주제 • 프로그램의 주요 강조점 • 프로그램과 집단의 회기, 중점 사항과의 관계	실행 목적 달성과 관련된 문제 • 왜 그 사람이 그 활동을 하는지 • 왜 그 시간과 장소에서 해야 하는지 • 왜 그 방법으로 활동해야 하는지 • 목적을 달성하는 데 있어서 관련이 없는 부분은 없는지, 일관성이 없는 부분은 없는지

WHO (누가)	누가 하는지 • 프로그램의 주최와 주관, 후원 등 • 프로그램 실행의 준비위원 • 프로그램 진행 담당자 • 그 외 필요한 외부전문가 (강사, 자원봉사자 등)	실행 주체와 관련된 문제 • 현재 실행하는 사람은 누구인지 • 반드시 참여해야 할 사람은 누구인지 • 그 밖에 실행에 참여해야 할 사람은 누구인지
FOR WHO (누구를 대상으로)	누구를 위해 하는지 • 프로그램 참가 대상의 특성 (연령, 성별, 해당 문제 등) • 참가자 선정 • 참가인원 등	실행 대상과 관련된 문제 • 왜 이들을 대상으로 프로그램을 진행해야 하는지 • 참가자 선정은 어떻게 할 것인지 • 참가인원의 구성은 적절한지 • 프로그램 진행에 부적절한 참가원은 없는지
WHEN (언제)	언제 해야 하는지 • 프로그램이 실행될 예정 일시 • 프로그램의 실행 기간	실행 시기 및 기간과 관련된 문제 • 언제 실행하는 것이 가장 효과적인지 • 어느 정도의 기간이 가장 적절한지 • 실행기간이나 시기에 무리는 없는지
WHERE (어디서)	어디서 해야 하는지 • 가장 적절한 장소 • 우천 시 등의 상황을 고려한 대안 장소 • 본 프로그램 진행 장소 외 특별프로그램을 위한 장소(문화행사, 현장탐방 등을 위한 장소)	실행 장소 및 주변 여건과 관련된 문제 • 현재 고려하는 장소가 가장 적절한지 • 주변 여건에 방해를 받거나 주지는 않는지
HOW (어떻게)	어떠한 방법으로 실행해야 하는지 • 프로그램 진행 구조와 절차 • 일의 분담 • 프로그램 세부내용 • 예산과 인력 • 홍보방안 • 평가 방안 • 보고서 및 참고자료 출간을 위한 계획	실행 방법과 관련된 문제 • 어떠한 방법으로 실행될 계획인지 • 더 좋은 방법은 없는지 • 방법들은 일관성 있게 진행될 예정인지

출처: 김창대 외(2015).

김창대 외(2015)는 프로그램 실행을 준비하기 위한 제반사항을 점검하기 위해 다음 〈표 10-3〉과 같은 내용이 도움이 될 수 있다고 제안하였다.

〈표 10-3〉 프로그램 실행 준비를 위한 실무 체크리스트

구분	점검사항
예산 확보 및 진행	1) 필요한 예산의 확보가 가능한가? 2) 원하는 일정에 맞추어 경비 지출이 가능한가? 3) 경비 지출에 필요한 구비서류 및 양식은 무엇인가?
인적 체제는 누가 어떻게 관리할 것인가	1) 지도자는 섭외되었는가? 2) 강사료의 협의와 지급방식은? 3) 지도자 연락처는 확인했는가? 4) 관련 기관과의 협의가 필요한가? 5) 운영진의 역할 분담이 명확하게 이루어졌는가?
물리적 자원과 환경 정비	1) 장소는 잘 준비되어 있는가? • 상소는 지정된 날에 사용할 수 있는가? • 강의실의 크기, 밝기, 환기, 온도는 적절한가? • 프로그램 진행에 적합한 좌석 배열이 가능한가?(책상 및 의자 등) • 장소 배치는 적절한가? 2) 기자재 및 설비는 잘 준비되어 있나? • 필요한 기자재는 무엇인가? (칠판/화이트보드, OHP, VTR, 노트북, 빔 프로젝터, CD 플레이어 등) • 음향시설은 적합한가? (마이크, 스피커, 녹음기 등) • 그 외 필요한 교구 및 준비물은 잘 갖추어졌는가?
프로그램 홍보와 참여자 모집	1) 홍보채널과 홍보방법은? 2) 프로그램에 대한 홍보가 충분히 이루어졌는가? 3) 참가자 접수방법이 명확하게 전달되었는가? 4) 접수창구는 누가 맡는가? 5) 별도의 사전 면담이 필요한가? 6) 참가자 접수 담당자는 누구인가? 7) 참가자에게 참석 확인이 이루어졌는가? 8) 참가자에 대한 안내 및 통지는 잘 이루어졌나? (사전 준비물, 목적, 일시, 장소 등에 대한 안내)
프로그램 진행 관련사항	1) 장소안내는 잘 이루어졌는가? (사전 확인, 장소 안내문 부착 등) 2) 사무절차에 대한 안내가 잘 이루어졌는가? 3) 출석 체크는 어떻게 하나? 4) 명찰 및 유인물은 준비되었는가? 5) 간식 및 음료수 준비는 적절히 이루어졌는가? 6) 필요한 자료는 준비하였는가? (필기도구, 자료 등) 7) 지도자, 운영진과의 사전 준비사항에 대한 점검이 이루어졌는가? (외부

	강사라면 강의일정, 장소, 시간 등에 대한 사전 확인이 이루어졌는가? 강사와의 접촉자는 누구인가?) 8) 진행에 필요한 제반 사항을 누구에게 문의하고 확인하나? 9) 기록 계획이 있는가? 기록 준비는 되어 있는가? (녹음기 혹은 VTR, 기록용지와 필기도구 등)
안내 및 위험관리	1) 만일 기록을 한다면 사전동의는 구했는가? 2) 참가자에 대한 안내가 잘 이루어지는가? 3) 궁금한 사항, 돌발 상황에 대한 문의창구가 공지되었는가? 4) 비상 의약품 준비가 잘 되었는가?

출처: 김창대 외(2015).

7. 프로그램 진행

1) 프로그램 진행의 구조화

프로그램의 전체 기간 및 회기수, 시간대, 공간, 비용 등을 결정해야 한다.

2) 프로그램 진행 과정

(1) 준비단계

• 지역사회에 프로그램을 홍보한 후 대상자를 모집한다. 프로그램 홍보의

방법은 인터넷을 통한 게시판 등을 활용할 수도 있으며, 이메일이나 문자 발송도 가능하다. 학교나 유관기관에 포스터를 붙이거나 설명회를 개최할 수도 있다.

- 프로그램에 대한 자발적 참여 및 동의도 매우 중요하다. 프로그램의 목적과 목표에 대해 설명한 후, 본인이 자발적인 의사로 참여하는지를 반드시 확인한다. 앞서 설명한 프로그램 진행 시 고려해야 하는 윤리적인 부분들을 반드시 사전에 점검하여야 한다.
- 참여를 희망한 구성원들이 본 프로그램에 적합한지 선별한다. 집단구성원의 동질성과 이질성을 고려하여 선별한다. 기본적으로 구성원들 간 동질성을 고려하여 선별하되 집단의 역동을 고려하여 적절한 정도의 이질성은 수용될 수도 있다. 예를 들어, 동질한 집단으로 구성한다고 해서 모두 남학생으로 구성하는 것보다는 일반적인 주제의 프로그램이라면 남학생과 여학생을 고루 분포시키는 것이 이질적인 면이 있기는 하나 집단을 실제 운영하는 데에 더욱 흥미가 있을 수 있다.

그러나 성폭력 피해 청소년의 집단 프로그램을 운영할 계획이라면 성별의 동질성을 확보하도록 해야 할 것이다. 이성 앞에서 성과 관련된 고통이나 경험들을 나누기 어려울 수 있기 때문이다. 또한 연령은 가급적이면 세대차이가 크게 나지 않도록 동년배로 구성하는 것이 프로그램을 운영하는 데에 훨씬 효율적일 수 있다. 또한 주의력결핍 및 과잉행동장애(attention deficit hyperactivity disorder: ADHD)와 같이 주의력이 부족하고 과잉행동의 문제를 갖고 있는 청소년의 경우는 집단을 대상으로 하는 프로그램보다는 1 : 1 프로그램에 참여하여 개별적으로 개입하는 것이 대상자 본인에게도 효과적이며, 다른 집단구성원들에게도 지장을 주지 않을 것이다.

- 프로그램 진행 시 지도자와 필요한 예산, 프로그램 구성, 장소, 시간 등에

대해 준비한다.

(2) 초기단계(집단구조화)

- 오리엔테이션을 실시하여 집단에 대한 정보를 제공한다. 우선 프로그램을 진행할 청소년지도자를 소개한다. 소개 시 청소년지도자의 이름이나 소속, 지위, 프로그램과 관련된 경력사항 등을 소개한다.
- 다음으로 집단성원들이 소개하는 시간을 갖는다. 한 사람씩 자기 자신을 소개하는 방법도 있고, 짝을 지어 상대방을 소개할 수도 있다. 자기소개를 잘 할 수 있는 활동지(관심사, 좋아하는 음식, 장래희망, 사랑하는 사람 등의 내용을 포함)를 준비하여 소개하게 할 수도 있다.
- 집단의 목적과 목표를 소개한 후 집단지도자와 집단구성원들의 역할도 설명한다.
- 집단에서 지켜야 할 규칙에 대해 이야기를 나눈다. 집단에서 지켜야 할 규칙은 집단구성원들이 스스로 정하게 하는 것도 효과가 좋다. 단, 비밀보장과 관련된 규칙은 미리 설명한다. 비밀보장은 꼭 지켜져야 하며, 생명이나 안전의 위협이 있는 경우가 아니면 보장됨을 설명한다.
- 프로그램의 구조화와 동의를 구한다. 프로그램의 전체 기간 및 횟수, 시간대, 공간, 비용 등을 설명한 후 집단구성원들의 동의를 구한다.
- 집단구성원들과의 라포(Rapport)를 형성한다. 집단지도자는 집단구성원들이 프로그램에 대해 적극적으로 참여할 동기를 갖게 하고, 집단구성원과 친밀감과 신뢰감 등을 기반으로 라포가 형성되도록 한다. 그리고 경청과 공감, 집단구성원들을 있는 그대로 수용해 주는 자세가 중요하다.
- 초기단계에 집단구성원들이 불안과 저항을 느낄 수 있다. 이는 프로그램에 처음 참여할 때 자연스러운 감정임을 설명하고, 차츰 불안한 마음이 편

안한 마음으로 변화될 수 있도록 지지적으로 프로그램을 진행한다.

- 구성원들의 개별 목표를 설정한다. 프로그램 전체의 목적과 목표를 설정한 이후에는 구성원들 개개인의 개별화된 목표를 설정하도록 한다. 개별 목표는 가급적 명확하고 행동적이며 구체적인 것이 좋다.

(3) 중기단계

- 중기단계는 집단의 역동이 활성화되는 시기이다. 집단구성원들이 적극적으로 프로그램에 임하고 자신의 감정을 솔직하게 표현할 수 있도록 한다.
- 지도자와 구성원들 간 깊은 신뢰관계가 이루어져야 하며, 집단응집력이 고조되는 단계이다.
- 프로그램의 목적과 목표를 달성하기 위해 본격적으로 작업하는 단계이다. 구성원들이 자신의 문제에 직면하고, 프로그램 진행 중 갈등이 발생하면 스스로 해결할 수 있도록 갈등조정 능력을 키운다.

(4) 종결단계

- 프로그램의 목적과 목표를 달성되었으면 프로그램을 마무리짓는 시기이다. 집단경험에서 도움이 된 점과 아쉬운 점에 대해 나누며, 새롭게 변화한 부분을 실생활에 적용될 수 있도록 돕는다.

(5) 추후관리단계

- 프로그램이 종결된 후에는 프로그램을 통해 변화된 것들이 계속 유지되는지를 확인해 볼 필요가 있다. 변화된 것들이 계속 유지된다면, 이는 프로

그램이 실생활에 효과적으로 적용된 것이라고 할 수 있다. 프로그램을 하고 있는 동안에는 좋아지다가 프로그램을 종결한 이후에는 다시 예전의 상태로 돌아가거나 후퇴하게 될 가능성도 있다. 반대로 프로그램의 효과가 지속되며 더욱 좋아지게 되는 경우도 나타날 수 있다.

- 보통 프로그램이 종결된 후 한 달 정도 지난 시점에서 추후관리를 해보는 것이 효과적이며, 이때 프로그램의 효과가 제대로 지속되지 않고 있다고 평가될 경우에는 그 원인을 파악해 보고 다시 프로그램을 참여해야 하는지 여부에 대해 고려해볼 필요가 있다. 반대로 프로그램의 효과가 계속 지속되고 있다면, 어떠한 요인들로 인해 지속될 수 있었는지 확인해 보고 다음 프로그램 시행 시 이를 참고하면 도움이 될 것이다.

3) 회기별 평가

프로그램을 진행하는 동안 진행 회기별 평가를 통한 지속적 모니터링이 필요하다.

① 집단 회기를 시작할 때에는 지난 회기 때 느낀 것과 배운 것, 일주일 동안 경험했던 바를 나눈 후, 금번 회기에서 경험하고 싶은 것에 대해 얘기하도록 한다. 집단 지도자는 지난 회기 때 느꼈던 생각, 관찰 내용 등에 대해 다룬다.

② 집단 회기를 마무리할 때에는 해당 회기 때 다루었던 내용을 요약하고, 집단구성원들이 느낀 부분에 대해 이야기를 나누며 구성원들에 대해 인정, 강화하도록 한다.

③ 또한 프로그램에서 배운 내용을 일상생활에 어떻게 적용할 것인지 나누고, 필요한 경우 과제를 주어 수행해 오도록 한다. 또한 다음 회기에 다루고자 하는 희망사항을 표현하도록 한다.

11 CHAPTER 청소년 프로그램 제안서 작성

1. 양식에 대한 이해

최근에 청소년활동, 상담, 복지실천 기관에서는 기존의 예산으로 운영되는 프로그램 이외에도 새로운 프로그램을 개발해서 지역사회 청소년들에게 도움이 되고자 하는 노력을 기울이고 있다. 그런데 새로운 프로그램을 시행하고자 할 때 가장 걸림돌이 될 수 있는 것이 예산이다. 기존 프로그램을 정리하고 다른 새로운 프로그램을 시행하는 것이 아니고서는 새로운 프로그램을 위한 예산을 기존 예산 내에서 확보하기 어렵기 때문이다. 이에 후원을 받을 수 있는 곳에 사업제안서를 제출하여 예산을 확보하려는 노력을 하고 있다. 이때 후원을 받을 수 있는 곳은 5장 예산수립 파트에서 설명한 바와 같이 다양한 경로들이 있는데, 청소년활동, 상담, 복지실천 분야에서 대표적으로 사업제안서를 제출하는 곳은 여성가족부(청소년활동진흥원), 재정지원사업을 가장 광범위하게 전국적으로 시행하고 있는 사회복지공동모금회나 국내에서 공모사업을 최초로

도입했던 삼성꿈장학재단이 있다. 이에 이 책에서는 여성가족부(청소년활동진흥원), 사회복지공동모금회의 사업제안서 양식에 대해 소개하고자 한다.

여성가족부(청소년활동진흥원), 사회복지공동모금회 두 가지의 제안서 양식을 비교해 보면, 여성가족부(청소년활동진흥원)와 사회복지공동모금회, 삼성꿈장학재단의 제안서 양식에 포함되는 내용은 비슷하다. 차이점은 여성가족부(청소년활동진흥원)과 사회복지공동모금회는 신청기관과 운영법인에 관한 정보에 비중을 두고 있으며, 담당인력이나 자원활용 등에 관한 항목이 반영되어 있어 실행했을 때의 운영상황을 많이 고려하고 있다. 삼성꿈장학재단의 양식은 지향가치 및 방향, 네트워크 구성이라는 항목을 따로 포함시키고 있어 청소년 복지실천의 가치와 지역사회와의 네트워크를 중요한 내용으로 다루고 있다는 것을 알 수 있다.

재정지원 주체에 따라 심사기준이 어떻게 다른지에 대해서도 고려해 보아야 하는 중요한 사항이다. 여성가족부(청소년활동진흥원)의 경우 1차 서류심사에서 신청자격, 구비서류의 적격성 등을 평가하고 2차 심사에서는 1차 심사 통과 단체를 대상으로 사업계획의 적절성, 효과성 등을 평가하고, 선정된 기관(단체)의 사업계획서와 외부 심사위원의 의견을 종합 검토하여 단체별 지원금액을 최종 확정한다. 심사기준은 청소년의 참여, 사업의 효과성, 사업운영계획의 적절성, 지도자 전문성 및 단체 역량을 포함하고 있다. 사회복지공동모금회의 경우, 지원사업에 대한 예비심사를 거친 후, 서류심사, 면접심사, 현장심사의 방법을 취한다. 심사의 기준은 사업수행기관의 신뢰성, 사업수행 능력, 사업수행의 경험, 인력 및 예산 편성의 적절성, 목적 및 목표달성을 위한 사업의 적합성, 사업 주제에 부합되는 산출 및 성과의 실현 가능성 등을 포함하고 있다. 삼성꿈장학재단의 경우 온라인 서류심사를 거쳐 사업제안서 심사, 면접 및 현장심사의 방법으로 심사를 하고 있다. 심사기준은 프로그램 기획력, 참신성, 전문성, 구성 요건, 전문인력의 개입, 기관의 참여도 등의 내용을 포함하고 있다. 각 재단의 홈페이지에 들어가 보면 보다 자세한 내용을 살펴볼 수 있다.

2. 제안서 작성요령

여성가족부(청소년활동진흥원)나, 사회복지공동모금회, 삼성꿈장학재단에서는 지원사업의 방향이나 내용, 방법 등의 기준을 제시해 주며, 사업제안서 작성요령 매뉴얼을 제공하고 있다. 여성가족부의 경우 사업지원포털을 통해 청소년활동분야, 청소년 보호분야, 청소년 참여분야에 대한 프로그램 공모를 진행하고 있다. 또한 매년 청소년 프로그램 공모사업 사례집을 발간하여 배포하고 있다. 사회복지공동모금회에서는 배분사업 안내책자를 매년 발간하여 참고할 수 있도록 하며, 삼성꿈장학재단도 관련한 매뉴얼을 발간하기도 하였다. 이에 어느 지원기관에 사업제안서를 제출할 것인지가 결정되었다면 기존에 선정된 사례들을 참고하는 것이 크게 도움이 될 것이며, 사업제안서 작성요령과 매뉴얼에 따라 지원기관에서 요구하는 바에 적합한 사업제안서를 작성할 수 있도록 전략적인 접근이 필요하다.

여기에서는 사업제안서를 작성하는 데 있어 공통적으로 요구되는 참고사항에 대해 설명하기로 한다. 선물의 내용이 아무리 좋다 하더라도 포장을 제대로 하지 못하면 그 가치가 떨어져 보이는 것처럼 사업제안서에 담긴 세부내용들이 아무리 좋다 하더라도 제안서의 내용이 체계적으로 잘 정리되지 않으면 돋보이는 제안서로서 채택되는 데에 한계가 발생할 수 있다. 김상곤 외(2015)

에서는 사업제안서를 작성하는 데 중요한 기술로서 1) 한눈에 드러나는 사업 개요를 작성하도록 하기, 2) 인상적인 사업명을 짓기, 3) 설득력 있게 사업의 필요성을 기술하기, 4) 기초가 튼튼한 이론적 배경 제시하기, 5) 목적과 목표를 올바르게 수립하기, 6) 대상자의 범위와 선정방법을 객관적으로 표현하기, 7) 사업의 내용을 논리성과 참신성이 느껴지도록 기술하기, 8) 체계적인 평가 계획 수립하기, 9) 예산을 합리적으로 수립하기 등을 제안하였다. 더불어 계획서 작성을 마무리하는 공정으로서 심사위원들의 마음을 사로잡을 수 있는 인상적인 프레젠테이션의 중요성을 강조하였다. 프레젠테이션을 할 때 중요한 포인트로는 1) 기억에 남을 핵심 어구를 제시, 2) 핵심어구를 흥미롭고 매력적인 이야기로 설명, 3) 프레젠테이션의 최초 2분 내에 청중을 사로잡을 수 있도록 역동적으로 시작하기, 4) 파워포인트 등 프레젠테이션의 도구를 효과적으로 활용하기, 5) 숫자는 가급적 많이 사용하지 않기, 6) 진부한 문구 사용은 금물, 7) 마무리를 강력하게, 8) 반복적인 연습, 9) 정해진 시간의 준수 등을 강조하였다.

사업제안서는 표지 작성이 중요한데, 다수의 제안서를 검토해야 하는 심사위원들의 입장에서는 첫 장 표지에서 받은 인상이 이후 내용을 평가하는 데 영향을 줄 수 있기 때문이다.

표지에 제시되는 사항 중 가장 중요한 것은 사업명일 것이다. 사업명은 프로그램의 제목, 부제 등이 포함되는데 프로그램을 통해 목표하는 바를 집약적으로 잘 표현하는 것이 중요하다. 이에 사업명에는 프로그램의 대상, 목적, 방법 등이 명확하게 제시되어야 하고 프로그램 내용을 함축적으로 반영할 수 있는 표현이 제시되어야 한다. 〈표 11-1〉에서 표갑수 외(2013)가 삼성꿈장학재단(2012)의 작은 나눔 큰 사랑 프로그램 기획 매뉴얼을 참고하여 설명한 '제목이 명확한 사례와 불명확한 사례'에 대해 제시하였다.

〈표 11-1〉 제목이 명확한 사례와 불명확한 사례

제목이 명확한 사례	제목이 불명확한 사례/검토의견	
• 미취학 자녀를 둔 다문화 가족의 학교생활 적응을 위한 교육 지원 프로그램 "다문화 가족의 꿈꾸는 무지개 스쿨"	• 다문화 복지향상 프로그램	제목이 너무 일반적이어서 핵심사업의 특징을 알기가 어려움
• 자살 시도 후 생존 또는 사망한 청소년의 학교 공동체를 중심으로 한 위기관리 및 정상화 프로그램 "우리의 생명 소중하게 가꾸기"	• 통합보육, 희망으로 크는 나무	사업의 취지를 은유적으로 표현하였으나 제목을 통해 정확한 정보를 전달하는 데에는 못 미치는 수준임
• 지역사회 기반의 독서 문화활동을 통한 문화공동체 만들기 "책과 함께 성장하는 우리 마을"	• 소리로 보는 영화세상	호기심을 자극하지만 부제가 없어 정보전달이 미흡함

출처: 표갑수 외(2013).

3. 제안서 작성 사례2)

청소년 프로그램 제안서 사례는 여성가족부 청소년활동진흥원에서 진행하고 있는 공모사업 계획서 양식을 제시하였다.

2) 본 사례는 대구대학교 청소년상담복지학과에 재학 중인 강동헌, 김민호, 김정현, 남윤찬, 변준영, 장진욱이 본 책의 저자 박재연 교수의 슈퍼비전 하에 개발한 사례이다. 개발한 학생들의 동의 절차를 거쳐 이 책에 수록하였으며, 여성가족부(청소년활동진흥원)의 사업계획서 양식에 맞추어 작성한 예시이다.

제목: 가정밖 청소년 정체성 확립 및 사회적 위축 완화를 위한 아웃리치

1) 배경 및 목적

가정 밖 청소년이 증가하고 이들에 대한 문제점이 대두되면서 사회적 관심이 높아졌으나, 청소년 쉼터의 홍보 부족으로 가정 밖 청소년들이 청소년 시설을 활용하지 못하는 상황이다. 여성가족부 청소년 통계(2023)에 따르면 2022년 초(4~6) · 중 · 고등학생의 최근 1년 이내 가출경험률은 3.6%로 전년도 대비 0.4% 증가하였으며 남자(3.8%)가 여자(3.4%)보다 높고 초 · 중학생(3.8%)이 고등학생(3.2%)보다 가출 경험이 높은 것으로 나타났다. 어린 청소년은 가출하여 생활하는 과정에서 의식주 문제, 외로움, 심리적 불안감, 신체적 폭력, 성폭력 등 다양한 문제에 노출이 되고, 인권침해, 노동착취 등으로 지속적인 우울감과 불안을 경험한다. 또한 가출자라는 사회적 입지로 인해 지지기반이 약하고 금지약물에 노출이 쉬우며, 성매매와 같은 윤락행위 등으로 정서적 장애 상태에 놓이게 된다(김희진 외, 2018).

청소년 쉼터는 이러한 청소년에게 의식주를 제공하고 심리정서적 안정감을 주기 위해 유익한 프로그램을 운영하고 있으며, 교육 프로그램을 통해 가정 밖 청소년이 정체성을 확립하고, 사회구성원으로서 성장할 수 있도록 돕고 있다. 그러나 가정 밖 청소년들 중 청소년 쉼터에 대한 정보가 부족하거나 왜곡된 정보를 가지고 있어 적극적으로 이용하지 못하는 경우가 많다. 따라서 가정 밖 청소년들의 쉼터에 대한 인식을 개선하고 프로그램 제공을 통해 심리적 안정감을 찾아 자신과 미래에 대해 깊이 있게 고찰하여 정체성 확립 및 사회적 위축감을 완화하고자 한다. 이러한 목적을 달성하기 위해 청소년 쉼터에 대한 정보를 제공하고 쉼터 이용을 활성화하기 위한 프로그램을 연구하여 개발하였다. 그러므로 이 프로그램을 활용하여 가정 밖 청소년에게 청소년 쉼터 이용을 통해 자아정체성 확립과 자신감을 회복하고자 하였다.

이러한 프로그램의 목적에 따라 다음과 같이 목표를 설정하였다.

첫째, 가정 밖 청소년들이 자신의 감정을 이해하고 다양한 정서표현 방법에 대해 알 수 있다.

둘째, 청소년의 연령에 해당되는 특성과 권리를 알고 청소년 지원 정책교육을 통해 청소년의 발달특성을 이해할 수 있다.

셋째, 가정 밖 청소년의 집단 참여활동으로 또래들과 공감대를 형성하고 사회적 지지를 통해 위축행동을 완화할 수 있다.

2) 세부내용

(1) 일정별·회기별 세부추진내용

〈표 11-2〉 일정별·회기별 세부추진내용

일정	구분	시간	소요시간	단위 프로그램명	비고
3월	1회기	13:00~17:00	5시간	나의 감정 이해하기	
4월	2회기	13:00~17:00	5시간	청소년 권리교육 프로그램	
5월	3회기	13:00~17:00	5시간	나의 감정 이해하기	
6월	4회기	13:00~17:00	5시간	청소년 권리 교육 프로그램	
7월	5회기	10:00~16:00	6시간	청소년 어울림 한마당	

(2) 회기별 세부 프로그램 계획서

① 1회기 / 3회기

〈표 11-3〉 회기별 세부프로그램 내용1

<table>
<tr><td>단위(회기)
프로그램명</td><td>나의 감정 이해하기</td><td>일 정
(운영시간)</td><td>3월3주(5시간)
5월3주(5시간)</td></tr>
<tr><td>단위(회기)
프로그램 목표</td><td>감정을 이해하고 다양한 정서표현방법을 알 수 있다.</td><td>대상 및 인원</td><td>청소년 50명</td></tr>
<tr><td>활동장소</td><td>대구시 동구 율하광장</td><td colspan="2">□실내 ☑ 실외 □야외(중복선택가능)</td></tr>
<tr><td>준비물</td><td colspan="3">감정카드, A4용지, 필기구, 사전설문지, 테이블, 의자, 천막, 쉼터홍보물</td></tr>
<tr><td>활동단계</td><td colspan="2">활동내용</td><td>중점(특이) 사항</td></tr>
<tr><td>도입</td><td colspan="2">• 사전 설문지 작성
• 감정카드 설명
• 상담활동 : 비밀보장의 원칙 및 활동내용 안내</td><td>정보제공
라포형성</td></tr>
<tr><td>전개</td><td colspan="2">• 감정카드
- 감정의 의미, 감정의 역할, 감정의 가치 알아보기
- 감정카드를 활용한 감정 분류와 감정에 따른 행동 나누기
• 상담활동
- 부정적 감정 대처행동 리스트 만들기
- 부정적 감정 대처방법 연습하기
- 불안의 ABC모형 이해
- 문장완성하기 놀이를 통한 적용</td><td>감정이해
대처방법 탐색
자신에 대한 이해 증진</td></tr>
<tr><td>정리</td><td colspan="2">• 사후설문지 작성
• 다음 프로그램 안내
• 청소년 쉼터 홍보물 배부</td><td></td></tr>
</table>

② 2회기 / 4회기

〈표 11-4〉 회기별 프로그램 내용2

<table>
<tr><td>단위(회기)
프로그램명</td><td>청소년의 권리를 알아보자</td><td>일 정
(운영시간)</td><td>4월3주(5시간)
6월3주(5시간)</td></tr>
<tr><td>단위(회기)
프로그램 목표</td><td>청소년의 연령과 권리, 청소년 지원 정책교육을 통해 청소년의 발달을 이해한다.</td><td>대상 및 인원</td><td>청소년 50명</td></tr>
<tr><td>활동장소</td><td>대구시 동구 율하광장</td><td colspan="2">□실내 ☑ 실외 □야외(중복선택 가능)</td></tr>
<tr><td>준비물</td><td colspan="3">태블릿PC, 스티커, 피켓, 간식세트, 테이블, 의자, 천막, 쉼터홍보물</td></tr>
<tr><td>활동단계</td><td colspan="2">활동내용</td><td>중점(특이) 사항</td></tr>
<tr><td>도입</td><td colspan="2">• 프로그램 홍보 피켓활동
• 프로그램 목적과 목표 안내 및 구조화</td><td>• 정보제공
• 구조화</td></tr>
<tr><td>전개</td><td colspan="2">• 청소년 권리교육
- 청소년의 연령과 범위
- 청소년의 권리
- 청소년 지원 정책
• 학습 내용 확인
- O, X 퀴즈
- 빈칸 채우기 게임
- 청소년 권리 관련 영상시청</td><td>청소년의 권리와 지원정책을 통해 정체감확립</td></tr>
<tr><td>정리</td><td colspan="2">다음 프로그램 안내
청소년 쉼터 홍보물 배부 및 간식제공</td><td></td></tr>
</table>

③ 5회기

〈표 11-5〉 회기별 프로그램 내용3

단위(회기) 프로그램명	청소년 어울림 한마당	일 정 (운영시간)	7월3주(5시간)
단위(회기) 프로그램 목표	집단참여 활동으로 또래들과 공감대를 형성하고 사회적 지지를 통해 위축행동을 완화한다.	대상 및 인원	청소년 50명
활동장소	대구시 달서구 두류공원	□실내 ☑ 실외 □야외(중복선택가능)	
준비물	스케치북, 색판뒤집기세트, 투호, 퍼즐, 컵스텍, 종이컵, 사전사후 설문지, 테이블, 의자, 천막, 쉼터홍보물		
활동단계	활동내용		중점(특이) 사항
도입	• 활동부수 및 프로그램준비 • 자원봉사자 사전교육 및 배치 • 개회식 및 기관장의 인사 • 사전 설문 조사		행사준비
전개	• 청소년 어울림 한마당 - 행동으로 일심동체 - 색판 뒤집기 - 투호 던지기 - 퍼스널 컬러 체험 - 퍼즐 맞추기 - 컵 스텍(컵 쌓기) - 가루 쿡 만들기(스포츠 음료 만들기)		감정이해 대처방법 탐색 자신에 대한 이해 증진
정리	• 사후 설문지 조사 • 폐회식 • 참여에 대한 감사 후 해사		

(3) 지도인력 확보

〈표 11-6〉 지도인력 확보 내용

No.	성 명	담 당	수 행 역 할
1	김*현	팀장	프로그램 총괄 및 조율
2	강*헌	팀원	자료 조사
3	김*호	팀원	보고서 작성
4	남*찬	프로그램 운영	자료 조사
5	변*영	프로그램 운영	회의록 작성 및 인터뷰
6	장*욱	프로그램 운영	보고서 작성

(4) 시설 및 장비 확보·활용

〈표 11-7〉 시설 및 장비 확보와 활용방법

시설 및 장비	확보방법	활용방법
활동장소	활동장소 율하광장 운영 및 관할기관 협조	프로그램 실시 장소
태블릿PC	전산매체 기관 MOU를 통한 지원	동영상 시청
천막 등 부스일체	쉼터 자산 및 유관기관 협조요청	프로그램 실시 및 어울림한마당 운영

(5) 지역사회 연계 및 홍보

〈표 11-8〉 지역시회 연계 및 홍보

대상	홍보방법 및 회수	활용매체
청소년, 부모, 교사, 청소년지도자	프로그램 포스터 제작, 홈페이지 게시판, 가정통신문	포스터, 인터넷, 지류
청소년유관기관	홈페이지 게시판, 이메일로 프로그램 소개	인터넷
교육지원청 및 학교	○○교육지원청 공문 발송	나이스 시스템

3) 평가계획

(1) 평가계획

〈표 11-9〉 평가계획 및 방법

목표	평가도구 및 방법	측정시기
자아정체성 확립	• 성과지표 : 자아정체성 점수의 유의미한 증가 • 평가도구 : EOM-EIS • 평가방법 : 사전 · 사후설문조사	프로그램 시작과 종결시점
사회적 위축 감소	• 성과지표 : 사회적 위축 완화 • 평가도구 : 아동의 사회적 선호척도 • 평가방법 : 사전 · 사후설문조사	프로그램 시작과 종결시점

(2) 평가도구

① 자아정체감

청소년의 자아정체감을 알아보기 위해 「한국형 자아정체감」 척도를 한국청소년패널조사(KYPS)의 연구진이 8개 문항으로 수정 · 보완한 것을 사용하였다. 이 척도는 목표지향성, 미래확신성, 주도성, 친밀성 4개 하위영역, 총 8문항으로 구성되어 있다. 4점 Likert척도로 점수가 높을수록 자아정체감이 높은 것을 의미하였다. 본 연구에서는 척도의 문항 수가 적어 전체척도로 측정하였으며 자아정체감의 척도의 신뢰도(Cronbach's α)는 .67로 나타났다.

〈표 11-10〉 자아정체감의 문항구성 및 신뢰도

요인	문항번호	문항수	Cronbach's α
자아정체감	1*, 2, 3*, 4, 5*, 6, 7, 8, 9, 10	8	.67

주: *는 역채점문항

② 사회적 위축

청소년의 사회적 위축을 측정하기 위해서 Bowker와 Raja(2011)가 개발한 아동의 사회적 선호척도(Child Social Preference Scale)와 Nelson(2013)이 개정한 성인의 사회적 선호척도(Adult Social Preference Scale)를 김원희 등(2016)이 우리나라 청소년에게 맞게 수정·보완한 한국판 청소년용 사회적 선호척도(Korea the Social Preference Scale: K-SPS) 중 사회적 위축 요인만추출하여 사용하였다. 사회적 위축은 회피, 수줍음, 비사교성 3개 하위요인 총 15문항으로 구성되어 있고, 각 문항은 5점 Likert 방식으로 평정한다. 점수가 높을수록 사회적 위축 성향이 높음을 의미하며 본 연구에서 신뢰도(Cronbach's α)는 회피, 수줍음, 비사교성 각각 .82, .85, .82로 나타났다.[3)]

〈표 11-11〉 사회적 위축 문항구성 및 신뢰도

하위요인	문항수	문항 번호	Cronbach's α
회피	4	1*, 4*, 9*, 13*	.88
수줍음	6	2, 5, 10, 11, 14, 15	.88
비사교성	5	3, 6, 7, 8, 12	.80
전체	15		.90

주: *는 역채점문항

4) 기대효과

첫째, 강렬한 정서를 경험하는 청소년시기에 감정에 대해 이해하고 조절하며 대처방법을 알 수 있다.

3) 장은량, 청소년의 자아정체감과 사회적 관심의 관계에서 삶의 목표 지향성의 매개효과(공주대학교 교육대학원), 2018, p.39.

둘째, 자신의 감정표현 방법에 대해 탐색해 봄으로써 자신을 이해하고 자아 정체감을 확립해 나갈 수 있다.

셋째, 청소년 교육 프로그램을 통해 현재 자신의 위치와 상황을 알아보고 청소년으로서 발달단계를 이해하고 수용하여 성장을 도모할 수 있다.

넷째, 가정 밖 청소년들이 청소년의 의미와 건강한 청소년 문화를 확립할 수 있다.

다섯째, 청소년기 발달 과정을 이해하여 가정 밖 청소년들이 심리정서적 혼란을 수용하는데 긍정적인 영향을 줄 수 있다.

여섯째, 청소년활동에 참여하며 비슷한 또래와 공감대를 형성하고 사회적 참여가 높아질 것으로 기대가 된다.

일곱째, 청소년 쉼터 정보제공 프로그램을 통해 가정 밖 청소년과 청소년 쉼터를 연결하여 정서적 안정감과 신체적 안전을 확보할 수 있다.

5) 소요 예산

(1) 총사업비

〈표 11-12〉 총사업비 (단위: 원)

구분	금액(원)	세부항목	금 액	비율(%)	비 고
총 사업비	11,350,000 (100%)	국고보조금	10,850,000	95.3%	
		기관부담액	500,000	4.7%	
		청소년참가비	0	-	

(2) 국고보조금

〈표 11-13〉 **국고보조금** (단위: 원)

구분(비목)	보조세목	세부내용	산출내역	총 액
합계				11,350,000
인건비(110)	일용임금(04)	• 프로그램 일용직	100,000×5일=500,000	500,000
	기타 인건비(05)	• 프로그램 강사비	200,000×5회×5=5,000,000	5,000,000
운영비(210)	일반 수용비(01)	• 현수막 및 포스터 제작 • 프로그램 물품구입 • 자료 및 보고서	300,000×1식=300,000 500,000×1식=1,000,000 500,000×1식=500,000	1,800,000
	공공요금 및 제세(02)	• 문자 통신비 • 화상회의시스템 이용료	100,000×1식=100,000 20,000×5개월=100,000	200,000
	임차료(07)	• 장비 임차료 • 차량 임차료	1,000,000×1식=1,000,000 200,000×5회=1,000,000	2,000,000
여비(220)	국내여비(14)	• 시내 · 외 출장비	20,000원×5회×5명=500,000	500,000
업무추진비(240)	사업추진비(01)	• 간식 구입 • 회의비 • 평가회의 식비	3,000×50명×5회기=750,000 100,000×5명=500,000 10,000×10명=100,000	1,350,000

PART IV 청소년 프로그램의 평가

12
CHAPTER

청소년 프로그램 평가

1. 청소년 프로그램 평가의 기초

1) 프로그램 평가의 목적과 필요성

일반적으로 프로그램을 기획하여 설계, 실행 이후 이루어지는 마지막 단계는 평가이다. 프로그램 평가는 계획된 프로그램이 목표에 맞게 실행되고, 기대하였던 성과를 도출하였는지 결과를 분석함으로써 프로그램의 질과 효과성을 향상시키는데 목적성이 있다. 이러한 프로그램 평가는 실시한 프로그램이 목적했던 바를 제대로 이루었는지를 확인할 수 있게 하며, 추후 후속 프로그램을 기획하고 실행할 때 프로그램의 제한점을 최소화할 수 있게 한다. 특히, 세부 목표별로 달성 정도를 측정할 수 있어 프로그램 전달이 효과적으로 이루어졌는지, 어떠한 요소가 프로그램 결과에 영향을 끼쳤는지 살펴볼 수 있다.

프로그램을 평가할 때에는 일반적으로 효과성과 효율성, 대상자 만족도 등을 함께 살펴본다. 첫째, 효과성은 프로그램에 참여한 대상자들이 어느 정도의 변화와 성과가 있었는지에 대한 결과를 평가하는 것이다. 프로그램 초기에 설정했던 목표에 비해 결과가 어느 정도 성취되었는지를 평가함으로써 참여자들에게 프로그램이 도움이 되었는지를 파악할 수 있다. 프로그램 전체 목적과 세부 목표 달성 정도를 확인하며 어떠한 목표가 달성되었으며, 미진한 부분은 무엇인지 확인한다. 이를 통해 향후 참여자들에게 효과적이었던 프로그램은 계속 유지하고, 효과가 좋지 못했던 프로그램은 왜 좋지 못했는지 그 이유를 분석하고 수정 · 보완할 수 있다.

둘째, 효율성은 투자대비 얼마나 효과적이었는지 효과에 대한 비율을 함께 평가하는 것이다. 여기서 투자는 비용, 인력, 시간 등을 포함한 프로그램이 시행되기 위해 필요한 모든 자원을 의미한다. 이러한 과정을 통하여 예산 활용의 적절성도 함께 평가가 가능하다. 효율성은 프로그램이 효과적으로 전달되었는지를 통해 기관의 예산이 적절하게 사용되었는지 향후 프로그램을 유지 · 발전시킬 것인지, 종료할 것인지를 결정하는 중요한 지표가 될 수 있다.

셋째, 대상자 만족도는 프로그램 효과를 논의할 때 프로그램에 참여한 대상자들이 얼마나 만족스러웠는지를 확인하는 것으로 프로그램 평가 시 반드시 함께 평가되어야 할 항목이다. 대상자 만족도는 프로그램을 진행한 지도자들에게 중요한 피드백 자료가 될 수 있어서 이를 통하여 프로그램을 진행할 때 어떠한 부분을 좀 더 신경 써야 하는지, 어떠한 부분은 지도자들도 잘했는지 정확한 평가결과를 확인하면서 반성, 성장할 수 있다.

2. 프로그램의 평가 유형과 요소

프로그램의 평가 유형은 평가의 목적과 방법, 평가 주체, 평가 단위 등에 따라 다음과 같이 구분할 수 있으며, 프로그램 평가 분석이 이루어지는 과정에서 다양하게 적용되게 된다. 프로그램 실행 이후 전문가는 각 프로그램 평가 유형을 숙지함으로써 프로그램 평가를 통해 도출되는 결과를 활용하고자 하는 목적성에 맞게 해당되는 평가 유형을 적용시킬 수 있어야 한다.

〈표 12-1〉 프로그램의 평가 유형

평가목적	형성평가, 총괄평가
평가방법	양적평가, 질적평가
평가주체	내부평가, 외부평가
평가단위	적합성평가, 메타평가

1) 형성평가와 총괄평가

형성평가는 주로 프로그램의 기획이나 실행 과정 중에 이루어지는 평가로, 프로그램 개발에서 요구되는 정보를 수집하는 평가활동이자 품질성에 초점을 둔 평가라 할 수 있다. 형성평가는 프로그램이 진행되는 과정 중에 대부분 실시되기 때문에 내부 직원들이 주로 활용을 하게 되며, 평가 정보는 사업의 목적, 실행, 절차에 초점을 둔다(김상곤 외, 2012). 프로그램의 기획이나 실행 과정에서 수시로 프로그램에 대한 점검 및 환류가 이루어질 수 있도록 하는 것에 목적성이 있기 때문에, 형성평가의 평가 및 자료수집 활동은 총괄평가에 비하여 보다 유연하게 이루어진다.

총괄평가는 프로그램이 목적에 따른 결과(성과)를 도출하였는지를 살펴보는 데 목적성이 있으며, 프로그램이 종결된 이후에 실시된다. 프로그램 기획과정에서 설정된 프로그램 목적을 고려하여 평가가 진행되며, 단기 · 중기 · 장기 성과로 나누어 수집될 수 있다. 일반적으로 총괄평가는 그 결과를 관련 이해관계자와 공유하기 때문에 프로그램의 효과성과 효율성, 서비스의 질 등에 초점을 둔다. 황성철(2005)은 평가자가 주로 관심 갖는 내용을 다음과 같이 정리하였다.

- 프로그램 효과는 과연 프로그램 때문에 발생한 결과인가?
- 프로그램의 효과는 원래 의도했던 문제 해결에 어느 정도 기여하고 있는가?
- 프로그램의 효과는 당초 선정한 프로그램 목표에 대비하여 어느 정도인가?
- 프로그램에 투입된 비용과 문제 감소로 인한 사회적 비용은 얼마인가?
- 프로그램의 효과는 총 비용을 상쇄할 만큼 크게 나타나고 있는가?

2) 양적평가와 질적평가

양적평가와 질적평가는 평가방법에 따라 구분되는 프로그램 평가 유형으로, 각 평가방법이 가지는 장점과 제한점을 고려하여 적용되어야 한다. 양적평가는 경험적이고 실증적인 입장에서 수량화된 자료와 증거를 중심으로 평가하는 방법으로, 객관적이고 타당성이 확보된다는 장점을 가진다. 평가한 내용을 일반화하여 다른 프로그램에도 적용할 수 있으나, 양적평가를 제대로 수행하기 위해서는 조사방법에 대한 기본적인 이해와 연습이 필요하다. 양적평가는 대상자 선정, 표집절차, 프로그램 설계, 표준화된 척도를 활용한 평가지표 선정, 통계분석 등의 과정이 이루어진다.

질적평가는 프로그램에 참여한 대상자의 주관적 경험을 중심으로 평가하는 것으로, 수량화하기 어려운 부분을 평가하거나 프로그램 참여자들이 느끼는 깊이 있고 세부적인 내용을 평가하기 위해 활용하는 방법이다. 질적평가는 프로그램 내용을 깊이 있게 평가한다는 장점이 있으나, 통계분석 등을 활용한 과학적 평가방법을 활용하지 않음에 따라 편향적이거나 주관적일 수 있다는 단점이 있다. 이를 보완하기 위해 최근에는 다양한 질적평가의 방법론들이 개발되고 있으며, 최근에는 학계와 현장에서 양적평가와 질적평가를 동시에 활용하는 혼합평가방법을 적용하는 경우가 증가하고 있다.

3) 내부평가와 외부평가

내부평가와 외부평가는 프로그램 평가주체에 따라 구분되는 프로그램 평가 유형이다. 내부평가는 기관 내부의 최고관리자나 프로그램 수행인력 등 구성원에 의하여 이루어지는 평가이며, 평가를 통해 얻은 결과를 통하여 프로그램을 개선하려는 목적에서 주로 실행된다. 외부평가는 프로그램을 수행한 기관 내부가 아닌 외부평가자에 의하여 실행되는 평가로, 해당 프로그램의 개선 및 문제해결에 목적을 두고 진행되는 경우가 많다.

4) 적합성 평가와 메타평가

평가단위에 해당되는 적합성 평가와 메타평가는 그 목적성에 차이가 있어 실행되는 시점에도 차이가 있다. 개별 프로그램의 사회적 가치를 중시하는 적합성 평가는 실제 프로그램 실행과 평가가 이루어지기 이전에 주로 이루어지며, 실행된 프로그램 평가를 추후 종합적으로 검토하는 메타평가는 프로그램 실행 후 평가결과가 나온 뒤 이루어진다.

적합성 평가는 개별 프로그램에 대한 효과성 평가가 이루어지기 전에 해당 프로그램의 목표가 사회적 가치에 부합하는지 여부를 살펴보는 평가로, 프로그램 평가를 설계하기에 앞서 프로그램 적합성 평가가 이루어질 필요가 있다. 적합성 평가는 프로그램이 추구하는 목표가 사회적 가치에 부합하는지 검토하여 진행되며, 특히 임상연구 목적으로 사람에게 실행되는 프로그램의 경우 생명윤리위원회의 심의를 거친 뒤 실행되기도 한다.

메타평가는 이미 실행된 프로그램의 평가결과를 추후 종합적으로 살펴보는 평가방법으로, 평가방법의 적절성, 자료수집의 오류 여부, 평가결과의 해석 타당성 등을 종합적으로 검토해 보는 방법이다. 기존 평가연구를 통합 정리하는 평가방법으로 메타평가(메타분석)라 지칭되기도 하며, 이런 경우 메타평가는 다양하게 실행된 각 프로그램의 평가결과를 종합적으로 분석함으로써 경험적 근거가 축적되고 검증된 프로그램 요소를 도출하기 용이하다는 장점을 가진다.

3. 프로그램 평가의 단계

프로그램 평가는 일정한 단계와 절차를 거치며 실행된다. 학자마다 프로그램 평가의 단계에 대한 견해가 다르나, 크게 프로그램 평가기획 및 설계단계,

자료수집 및 분석단계, 결과 판단 및 활용단계로 나눌 수 있다.

〈표 12-2〉 프로그램 평가의 절차와 주요 과업

단계	주요 과업
평가기획 및 설계단계	• 평가의 목적 확인 • 평가의 대상과 범위 설정 • 평가방법과 도구 결정 • 평가절차와 일정 확정
자료수집 및 분석단계	• 자료의 출처 확인과 선정 • 지표의 정리 및 선정 • 지표수집방법에 따른 체계적 수집 • 적절한 분석방법과 기법의 활용 • 평가결과의 종합정리
결과판단 및 활용단계	• 평가결과의 추론과 가치판단 • 평가보고서의 작성과 제출 • 평가결과의 활용

출처: 황성철 외(2005).

1) 평가기획 및 설계단계

프로그램을 평가하기 위해서 먼저 평가의 목적을 분명히 하고, 이를 기반으로 평가의 방향과 내용이 구체적으로 설계될 수 있다. 이를 위해서는 프로그램 평가 기획단계에서 평가 대상 및 범위, 평가방법과 도구, 평가 일정 등에 관한 계획이 수립되어야 할 것이다. 프로그램 평가기획 및 설계단계는 추후 프로그램 평가 결과 분석에도 영향을 끼칠 수밖에 없기 때문에 다음과 같은 질문으로 프로그램 평가기획 및 설계를 다시 한 번 점검해볼 필요가 있다.

• 프로그램의 목표가 측정 가능하고 구체적인가?
• 프로그램의 대상과 범위는 명확한가?
• 프로그램 평가방법은 각 평가방법의 장단점을 고려하여 결정되었는가?
• 프로그램 평가도구는 프로그램 성과를 측정하기에 적합하게 선정되었는가?

2) 자료수집 및 분석단계

프로그램 평가기획 및 설계가 완성되면 평가를 위한 자료수집 및 분석을 실행하게 된다. 자료수집은 평가목적에 부합되는 자료인가를 판단하여 이루어져야 할 것이며, 자료수집이 체계적으로 이루어지지 않았을 때 결과의 해석에도 문제가 생길 수 있기 때문에 평가목적에 부합하는 평가지표들을 체계적으로 정리하여 검토한 후 자료수집에 들어가는 것이 좋다. 자료분석은 프로그램의 평가 설계에 따라 분석방법을 적용할 수 있으며, 일반적으로 임상현장 및 학계에서 프로그램의 효과성을 검증하기 위하여 많이 사용하는 프로그램 양적평가 설계는 유사실험설계 중 비동일 비교집단설계가 있다.

3) 결과 판단과 활용단계

자료수집과 분석이 끝나게 되면 평가결과를 추론하고 가치판단하게 되는 결과 판단과 활용단계로 들어가게 된다. 평가는 평가 결과 그 자체로도 의미가 있지만, 평가자가 어떻게 종합적으로 판단하느냐가 더 큰 의미를 가진다. 이를 위하여 평가자는 논리적인 추론과 주장을 할 수 있어야 한다. 예를 들어, 부모교육 프로그램에 참여한 부모가 프로그램 참여를 통해 질적으로는 의미 있는 평가와 변화를 보여주었지만, 양적 평가에서 부모효능감이 낮게 나오는 경우라면 그 결과에 대한 판단과 가치 부여를 어떻게 할 수 있을까? 이 경우는 평소 부모역할에 대해 깊이 고민하지 않았던 부모가 부모교육 프로그램에 참여하면서 다른 부모와 자신을 비교하고 자신의 부족한 양육태도 등에 대하여 깊이 인식하게 된 경우이다. 그런 경우에는 부모교육 프로그램을 통해 도움을 받고 변화가 나타났더라도 부모효능감이 낮아질 수 있다. 임상현장에서 볼 수 있는 또 다른 예로는, 아버지로부터 성폭행을 당한 경험이 있는 아동이 트라우마 치유 프로그램에 참여하고 오히려 부정적 감정 인식 수준이 사전에 비하여 높아진 경우를 들 수 있다. 평가자는 평가결과를 정리하고 종합적으로 판단하여 제언하여야 하는데, 트라우마 치유 프로그램을 통하여 아동이 그동안 억압하였던 부정적 감정을 인식하고 표현하기 시작하는 등의 변화를 보였다면, 부정적 감정 인식 수준이 프로그램 참여 이전보다 높아졌다 하더라도 의미 있는 추론과 가치판단이 가능할 것이다.

4. 프로그램 평가의 윤리적 이슈

프로그램 평가가 강조됨에 따라 평가를 둘러싼 윤리적 이슈가 강조되고 있다. 평가 수행에 있어 반드시 고려하여야 할 윤리 지침은 다음과 같다(이민홍 · 정병오, 2017 재인용; Royse et al., 2006).

첫째, 프로그램 평가를 위하여 참여하는 청소년집단은 반드시 자발적으로 참여하여야 한다. 청소년지도자나 관리자의 강요가 있어서는 안 되며, 프로그램 평가 참여자는 자신의 선택을 이해할 수 있는 능력이 전제되어야 한다. 의사결정 능력이 미흡하다고 판정되는 경우에는 보호자나 후견인을 통하여 평가 참여 동의를 받아야 한다.

둘째, 프로그램 평가에 참여하는 청소년에게 평가 참여로 인해 발생하는 불편이나 위험, 혜택 등에 대한 정보를 충분히 제공하여야 한다. 프로그램 평가 대상이 되는 청소년은 언제든지 평가조사에 대한 의문이 있을 때는 적절한 대답을 들을 권리가 있으며, 평가 도중이라도 원할 경우에 조사를 멈출 수 있다. 이러한 내용은 프로그램 사전에 배포되는 동의서에 문서로 기록되어 있어야만 한다.

셋째, 프로그램 참여에 따른 어떠한 위험도 없어야 한다. 과거 미국 정부가 시행했던 매독생체실험[1] 등과 같은 위험이 아니라 하더라도 프로그램 역동 안에서 경험할 수 있는 심리적, 정서적 외상 등에 대한 고려를 하여야 한다.

넷째, 민감한 개인정보는 보호받아야 한다. 프로그램 평가에 참여하는 청소년의 개인정보는 반드시 보호를 받아야 하며, 원칙적으로 익명으로 수행되어야 한다. 대개 평가조사에서 청소년을 지칭할 때는 이름 대신 숫자나 기호를 사용하여 청소년을 식별하게 되며, 부득이하게 청소년과 관련하여 민감한 정보를 취득하게 된 경우에는 정보관리를 철저하게 하고 평가가 끝난 뒤 곧바로 폐기해야 한다.

1) 매독을 치료하지 않았을 때 어떤 일이 일어나는지 흑인 등 유색인종에게만 치료를 하지 않고 살펴본 연구로 당시 연구참여자들은 자신들이 매독치료를 받고 있는 것으로 알고 있었으며, 매독의 강력한 치료제인 페니실린이 발견된 뒤에도 연구자들은 치료를 해주지 않고 지켜보았음.

13 CHAPTER 청소년 프로그램의 양적평가

1. 양적평가의 종류와 적용

청소년의 변화를 측정하는 양적평가는 표준화된 척도, 개별화된 과제, 과제달성척도, 기능수준척도, 단일사례설계, 만족도 조사 등이 활용된다. 이 장에서는 양적평가를 위하여 빈번하게 활용되는 단일집단 사전 · 사후설계, 실험설계, 유사실험설계 등과 함께 현장에서 적용 시 이해가 요구되는 표준화된 척도 및 비모수검정분석에 대하여 소개하고자 한다.

1) 단일집단 사전 · 사후설계

(1) 개요

단일집단 사전 · 사후설계는 프로그램을 시작하기 전에 사전조사를 실시하고 프로그램을 종결하면서 사후조사를 실시하여 프로그램을 실시하기 전과 후를 비교하는 설계이다. 단일집단 사전 · 사후설계가 많이 이용되는 이유는 실시하기가 편하기 때문이다. 즉 대상자 모집에 대한 기준이 없으므로 의도적 표집을 많이 하며, 비교집단이 없기 때문에 실험집단의 한 집단만 모집하면 바로 실시가 가능하기 때문이다. 다음 [그림 13-1]은 단일집단 사전 · 사후설계를 그림으로 표현하였다.

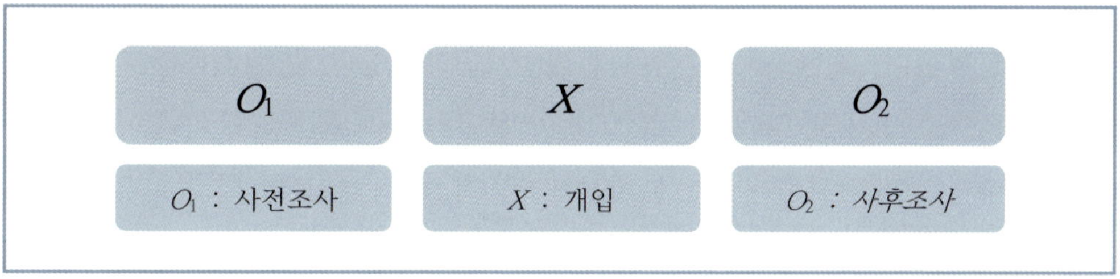

[그림 13-1] 단일집단 사전 · 사후설계

(2) 단일집단 사전 · 사후설계의 문제점

단일집단 사전 · 사후설계는 모집과 평가가 손쉽다는 장점 때문에 많이 활용되고 있지만 내적타당도에 문제가 발생하여 좋은 설계방법으로 평가되지는 않는다. 내적 타당도란 프로그램의 효과가 정말로 대상자들의 변화를 가져왔는지에 대한 타당성을 살펴보는 것인데, 단일집단 사전 · 사후설계의 경우, 프로그램의 효과만으로 사후에 좋아졌다고 하기에는 여러 가지 변수들이 작용할 수 있기 때문에 한계가 발생한다. 즉, 대상자 모집에서도 무작위표본방법을 사용하지 않았기 때문에, 대상자들이 미치는 영향을 통제할 수 없고, 비교집단이 없기 때문에 프로그램의 효과만으로 좋아졌다고 하기에는 다른 외생변수들(시간, 환경적 변화 등)이 작용할 가능성이 높기 때문에 과학적인 설계로 인정받지 못하는 한계가 있다.

2) 실험설계

(1) 개요

실험설계에서는 청소년을 무작위(random sampling)로 실험집단과 통제집단으로 할당한다. 또한 프로그램(독립변인)을 실험집단에만 적용하고 통제집단(비교집단)에는 적용하지 않는다. 이후 실험집단과 통제집단의 종속변인의 변화를 측정하여 비교한다. 이 설계는 가장 이상적인 설계방법으로 평가되나 청소년활동, 상담, 복지실천 현장에서 대상자를 모집할 때 무작위로 샘플링(대상자 모집)을 하는 것이 현실적으로 많은 어려움이 따르기 때문에 자주 활용되는 설계방법은 아니다. 다음 [그림 13-2]는 실험설계의 모형을 제시한 것이다.

R	O_1	X	O_2
R	O_3		O_4
R : 무작위할당	O_1, O_3 : 사전조사	X 개입	O_2, O_4 : 사후조사

[그림 13-2] 통제집단 사전·사후검사설계

3) 유사실험설계

(1) 개요

유사실험설계는 청소년을 무작위(random sampling)로 실험집단과 통제집단으로 할당하는 대신 실험집단과 유사한 비교집단을 구성하는 것이다. 즉, 비교집단(통제집단)을 두어 사전 · 사후의 결과를 실험집단과 비교한다는 것은 실험설계와 같은 방식으로 하나, 무작위 표집 대신 최대한 실험집단과 유사한 비교집단을 구성하는 것이다. 유사실험설계는 청소년활동, 상담, 복지실천 현장에서 실험설계보다는 결과의 타당성이 떨어질 수 있으나, 실제 현장에서 무작위 표집을 하는 것이 현실적으로 어렵기 때문에 대안적으로 가장 많이 활용되는 설계방법이다. [그림 13-3]은 유사실험설계 중 비동일 비교집단설계를 그림으로 표현한 것이다.

O_1	X	O_2
O_3		O_4

[그림 13-3] 유사실험설계

4) 표준화된 척도

위의 세 가지 프로그램 설계방법을 활용할 때 사전/사후조사로 타당도와 신뢰도가 확보된 표준화된 척도를 활용하게 된다(자아존중감 척도, 인터넷중독

척도, 자살위험성 척도, 우울감 척도, 사회성 척도 등이 있으며, 부록에서 참조 가능함). 이때 아래 설명된 타당도와 신뢰도가 확보된 척도를 활용하여 프로그램 효과를 측정하도록 한다.

(1) 타당도

타당도는 본래 측정하고자 하는 내용을 그대로 측정해 내는 도구인가에 대한 것이다. 측정하고자 했던 개념이 얼마나 정확하게 이루어졌는지에 대한 부분을 평가하는 개념이 타당도이다.

(2) 신뢰도

신뢰도는 측정하고자 하는 개념을 얼마나 안정적이고 일관성 있게 측정하는 평가도구인지에 대한 부분이다. 즉, 평가한 내용이 언제 어디서 측정하더라도 안정적으로 그 결과가 유지될 수 있는지에 대한 부분을 평가하는 개념이다.

5) 소집단 대상 프로그램 효과성 평가: 비모수검정 적용

일반적으로 학생들은 사회복지자료분석론과 같은 교과목을 통하여 통계분석에 대하여 배우게 된다. 그러나 청소년활동, 상담, 복지실천 현장에서 주로 운영되는 집단 프로그램이 많은 경우 30인 미만의 인원이 참여하는 소집단 형태로 진행되어 통계적으로 정규성을 가정하기 어렵다는 점에서 비모수검정을 활용한 분석이 요구되나, 비모수검정분석을 실행해볼 기회가 많지 않다는 점에서 비모수검정분석의 실행에 대하여 일부 다루고자 한다.

모집단의 분포를 알 수 없거나, 표본의 크기가 작아 정규성 가정이 어려울 때 선택하게 되는 비모수검정은 다음 〈표 13-3〉과 같이 표본 수 등에 따라 다양하게 활용하게 된다.

〈표 13-3〉 표본 수에 따라 주로 쓰이는 비모수검정방법

표본 수	주로 쓰이는 비모수검정방법	비고
1표본	x^2 적합도 검정	
	1표본 Kolmogorov-Smirnow 검정	정규성 검정
	Run 검정	독립성 검정
독립 2표본	Mann-Whitney의 U검정	≒ 독립표본 T검정
대응 2표본	McNemar 검정	질적인 2개의 사전 · 사후 종속변수
	Wilcoxon 부호순위 검정	≒ 대응표본 T검정
독립 k표본	Kruskal-Wallis의 H검정	≒ 일원분산분석

출처: 이종환(2009).

이 장에서는 일반적으로 청소년활동, 상담, 복지실천 현장에서 많이 활용되고 있는 유사실험설계의 비동일 비교집단설계를 기준으로 비모수검정에서 주로 많이 사용되고 있는 Mann-Whitney의 U검정과 Wilcoxon 부호순위 검정에 대하여 살펴보도록 하겠다.[2)]

(1) 동질성 검증

유사실험설계의 비동일 비교집단설계에서는 사전 · 사후평가를 할 때 개입 프로그램에 참여하는 실험집단과 비교집단의 동질성을 가정하고 프로그램 실

2) 30인 미만의 인원이 참여하는 경우를 기준으로 살펴본 것으로, 비모수검정 전반에 대하여 보다 상세히 알아보고 싶을 경우, SPSS를 이용한 조사방법 및 통계분석의 이해와 적용(이종환, 2009)을 추천함.

행에 따른 변화를 비교하게 된다. 개입 프로그램의 효과성을 객관적으로 검증하기 위하여 우선적으로, 실험집단과 비교집단의 동질성 검사가 요구된다. 연구참여자들의 인구사회학적 특성, 프로그램에서 변화를 측정하고자 하는 척도의 수준에 있어 동질성을 가정할 수 있는지 살펴보게 되며, 이를 통하여 집단에 따라 통계적으로 유의미한 차이가 존재하지 않는 것으로 가정하게 된다.

지역아동센터 종사자의 아동 대상 실천역량 강화 프로그램(배은경, 2015)에서 실행된 비모수검정의 예를 살펴보면, Mann-Whitney의 U검정을 활용하여 실험집단과 비교집단의 ADHD 지식, 사회복지실천기술 숙련도, 대상자 관계변화 임파워먼트의 동질성을 비교하였다. 그 결과는 다음 〈표 13-4〉와 같이 나타났으며, ADHD 지식, 사회복지실천기술 숙련도의 지지기술과 치료기술, 청소년 관계변화 임파워먼트에 있어 두 집단 간 점수의 차이는 통계적으로 유의미하지 않는 것으로 나타났다.

〈표 13-4〉 실험 · 비교집단의 ADHD 지식, 사회복지실천기술 숙련도, 대상자 관계변화 임파워먼트 동질성 비교

(N=20)

항목		집단구분	평균	표준편차	평균순위	U값	Z값
ADHD 지식		실험	52.82	6.15	11.75	37.50	-.95
		비교	49.95	5.05	9.25		
사회복지 실천기술	지지 기술	실험	3.90	.31	11.65	38.50	-.88
		비교	3.74	.34	9.35		
	치료 기술	실험	3.10	.40	11.00	45.00	-.38
		비교	3.02	.36	10.00		
대상자 관계변화 임파워먼트		실험	3.51	.34	11.75	37.50	-.98
		비교	3.38	.31	9.25		

〈표 13-5〉 실험 · 비교집단의 사회복지실천기술(지지기술)

집단구분	1	2	3	4	5	6	7	8	9	10
실험집단	3.67	3.50	3.83	3.83	4.17	4.0	4.0	3.5	4.5	4.0
비교집단	4.0	3.33	4.17	4.0	3.67	3.67	4.17	3.67	3.17	3.50

〈표 13-5〉에서 실험집단과 비교집단의 사회복지실천기술(지지기술)을 기준으로 Mann-Whitney의 U검정 실행의 예를 살펴보도록 하겠다. 〈표 13-5〉는 실험집단과 비교집단 개개인의 사회복지실천기술(지지기술) 수준을 나타내는 것으로, 두 집단의 차이를 통계 프로그램을 활용하여 검정하는 방법은 다음과 같다.

SPSS 20.0을 기준으로 주어진 자료를 입력한 이후, SPSS 20.0 상단의 분석(A)-비모수검정(N)-레거시대화상자-독립2 표본(2)을 실행한다. 이후 [그림 13-4]와 같이 대화상자가 뜨면 검정변수(T)에 사전지지를 옮긴다. 이때 검정유형이 Mann-Whitney의 U(M)으로 체크되어 있는지 확인하며, 옵션을 클릭하여 기술통계(D)를 체크하면 기술통계 결과를 지정할 수 있어 편리하다.

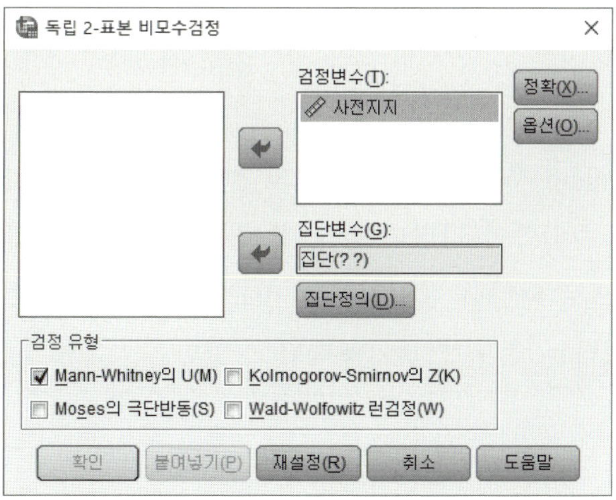

[그림 13-4] 비모수검정(N)-레거시대화상자-독립 2표본(2) 클릭 시 대화상자

이후 [그림 13-5]와 같이 집단정의(D)를 클릭하여 집단 1과 집단 2에 대하여 각각 0과 1로 집단정의를 부여한다. 집단정의는 각자 설정한 수치를 입력하면 되기에 0과 1, 1과 2 등 연구자가 설정한 수치를 각각 기입하면 되며, 이후 계속을 클릭한다.

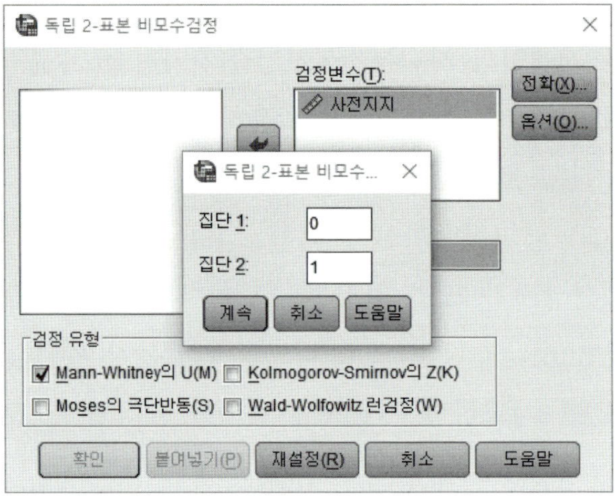

[그림 13-5] 비모수검정(N)-레거시대화상자-독립 2표본(2)-집단정의(D) 클릭 시 대화상자

확인을 눌러 Mann-Whitney의 U검정의 결과를 불러내면, [그림 13-6]과 같이 평균순위 및 순위합이 나타나게 된다. 검정통계량을 보면 Z값이 -0.882이며 P값이 0.393으로 나타나 실험집단과 비교집단의 사회복지실천기술(지지기술)은 차이가 없다는 귀무가설이 채택되고 있다.

Mann-Whitney 검정

순위

	집단	N	평균순위	순위합
사전지지	.00	10	11.65	116.50
	1.00	10	9.35	93.50
	합계	20		

검정 통계량[a]

	사전지지
Mann-Whitney의 U	38.500
Wilcoxon의 W	93.500
Z	-.882
근사 유의확률(양측)	.378
정확한 유의확률 [2*(단측 유의확률)]	.393[b]

a. 집단변수: 집단

b. 동률에 대해 수정된 사항이 없습니다.

[그림 13-6] Mann-Whitney의 U검정 결과

(2) 사전·사후변화 검증

소집단인 대응된 양적변수의 사전 · 사후변화 검증은 일반적으로 Wilcoxon 부호순위 검정이 사용된다. Wilcoxon 부호순위 검정을 활용하여 사전 · 사후 변화를 검증한 지역아동센터 종사자의 아동 대상 실천역량 강화 프로그램(배은경, 2015)의 결과를 예시로 활용하여 살펴보도록 하겠다.

프로그램 실행 이후, 본 프로그램의 효과성을 평가하기 위하여 Wilcoxon 부호순위 검정를 활용하여 지역아동센터 종사자의 ADHD 지식, 사회복지실천기술 숙련도, 대상자 관계변화 임파워먼트 척도로 사전 · 사후를 비교하였으며, 그 결과는 〈표 13-6〉와 같이 나타났다. 실험집단은 사회복지실천기술 숙련도의 지지기술($p < 0.01$)과 치료기술($p < 0.001$)에서 유의미하게 향상된 것으로 나타났고, 청소년 관계변화 임파워먼트에서도 유의미하게 향상되는 것으로 나타났다($p < 0.01$). 그러나 ADHD 지식은 실험집단과 비교집단 모두에서 소폭 향

상된 것으로 나타나 통계적으로 유의미한 변화는 없는 것으로 나타났다.

〈표 13-6〉 실험 · 비교집단의 ADHD 지식, 사회복지실천기술 숙련도, 대상자 관계변화 임파워먼트의 사전 · 사후변화 비교

(N=20)

항목		집단 구분	평균(표준편차)		평균순위	순위종합	Z값
			사전	사후			
ADHD 지식		실험	52.82(6.15)	56.58(4.46)	10.60	106.00	-.07
		비교	49.95(5.05)	52.50(2.99)	10.40	104.00	
사회복지실천기술	지지기술	실험	3.90(.31)	4.38(.34)	14.65	146.50	-3.24^{**}
		비교	3.74(.34)	3.73(.33)	6.35	63.50	
	치료기술	실험	3.10(.40)	3.34(.42)	15.50	155.00	-3.83^{***}
		비교	3.02(.36)	2.96(.36)	5.50	55.00	
대상자 관계변화 임파워먼트		실험	3.51(.34)	3.78(.41)	14.65	146.50	-3.24^{**}
		비교	3.38(.31)	3.33(.36)	6.35	63.50	

$p^{**} < .01$, $p^{***} < .001$

〈표 13-6〉에서 실험집단과 비교집단의 사회복지실천기술(지지기술)을 기준으로 Wilcoxon 부호순위 검정 실행의 예를 살펴보도록 하겠다. 〈표 13-7〉은 실험집단 개개인의 사회복지실천기술(지지기술) 수준을 사전 · 사후로 나타낸 것이다.

〈표 13-7〉 실험 · 비교집단의 사회복지실천기술(지지기술)

집단구분	1	2	3	4	5	6	7	8	9	10
실험집단 프로그램 전	3.67	3.50	3.83	3.83	4.17	4.0	4.0	3.5	4.5	4.0
실험집단 프로그램 후	4.50	4.50	4.0	4.0	4.50	4.50	4.50	3.83	5.0	4.5

SPSS 20.0를 기준으로 주어진 자료를 입력한 이후, SPSS 20.0 상단의 분석

(A)-비모수검정(N)-레거시대화상자-대응2 표본(L)을 실행한다. 이후 [그림 13-7]과 같이 대화상자가 뜨면 검정 쌍(T):의 변수1과 변수2에 사전지지와 사후지지를 각각 대응시키고, 검정 유형을 Wilcoxon으로 체크한 뒤 확인을 클릭한다.

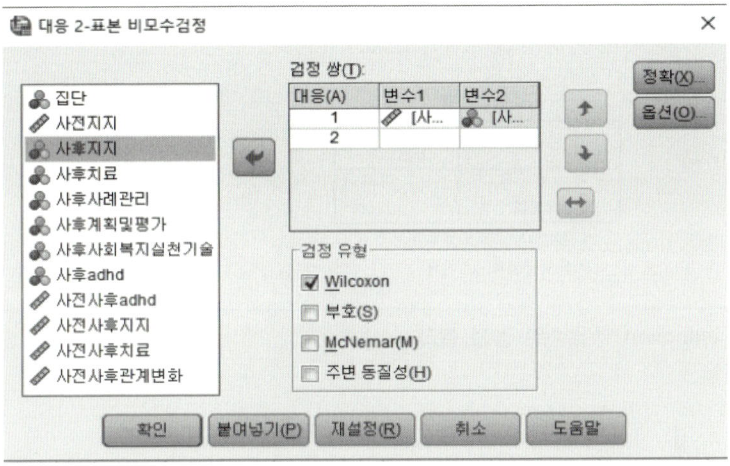

[그림 13-7] 비모수검정(N)-레거시대화상자-대응2 표본(L) 클릭 시 대화상자

확인을 클릭하여 Wilcoxon 부호순위 검정의 결과를 불러내면, [그림 13-8]과 같이 나타나게 된다. 검정통계량을 보면 Z값이 -2.809이며 P값이 0.005로 나타나 실험집단의 사회복지실천기술(지지기술)은 사전과 사후에 통계적으로 차이가 있는 것으로 나타나 프로그램 실행의 효과가 있다고 할 수 있을 것이다.

Wilcoxon 부호순위 검정

순위

		N	평균순위	순위합
사후지지 - 사전지지	음의 순위	3[a]	4.67	14.00
	양의 순위	13[b]	9.38	122.00
	동률	4[c]		
	합계	20		

a. 사후지지 < 사전지지

b. 사후지지 > 사전지지

c. 사후지지 = 사전지지

검정 통계량[a]

	사후지지 - 사전지지
Z	-2.809[b]
근사 유의확률(양측)	.005

a. Wilcoxon 부호순위 검정

b. 음의 순위를 기준으로.

[그림 13-8] Wilcoxon 부호순위 검정 결과

6) 정규분포 집단의 프로그램 효과성 평가: 독립표본 T검정과 대응표본 T검정 적용

청소년 프로그램에 참여한 모집단의 수가 큰 경우에는 앞서 설명한 비모수 검정이 아닌 모수적 통계분석방법을 적용할 수 있다. 학급 단위로 집단프로그램이 진행되어 해당 학년 전체가 프로그램 참여자가 되거나, 개발된 프로그램을 일정 기간 동안 다수의 집단프로그램이 운영되는 등의 경우에 해당된다고 할 수 있으며, 공공 영역에서 개발되어 다수의 참가자를 대상으로 실행된 프로그램의 효과성 평가에서 특히 빈번하게 활용되는 편이다.

일반적으로 유효 사례 수가 30 이상[3]이면 정규성 검정 없이 모수적 통계분석방법을 적용할 수 있으며, 유효사례 수가 30 미만인 경우에도 정규성 검정을 만족시킨다면 비모수적 통계분석방법을 적용하지 않아도 된다. 통계분석을 위한 기초개념 및 통계분석방법은 사회복지자료분석론 교과목을 통하여 보다 심층적으로 배울 필요가 있으며, 이 장에서는 정규분석 집단의 프로그램 효과성 평가에 있어 가장 많이 활용되는 독립표본 T검정과 대응표본 T검정 분석을 다음과 같이 적용해 보고자 한다.

(1) 집단의 동질성 검증, 집단 간 변화량 비교: 독립표본 T검정 적용

청소년 프로그램에서의 프로그램 효과성 평가는 일반적으로 실험실에서 진행되지 않으며, 최대한 실험집단과 유사한 비교집단을 구성하여 유사실험설계로 진행하게 된다. 앞서 살펴봤던 [그림 13-9]와 같이 유사실험설계의 비동일 비교집단설계를 활용하여 프로그램 효과성 평가를 실행하게 된다.

정규분포 집단의 프로그램 효과성 평가 예시로 청소년용 정신화증진프로그램(Mentalization Improvement Program for Adolescent-Community Model)[4] 효과성 평가 논문(오소영 외, 2012)을 활용하고자 하며, 구체적으로 살펴보면 다음과 같다. 청소년용 정신화증진프로그램(오소영 외, 2012)은 학생정신건강 시범사업 경험이 있는 중학교의 4개 학급 133명을 대상으로 실행되었으며, 각각 두 학급을 실험집단과 대조집단으로 무작위로 선정되었다.

프로그램에 참여하는 실험집단과 비교집단의 동질성을 가정하고 프로그램

3) 유효 사례 수는 각 범주에 해당되는 사례 수를 기준으로 하며, 각 범주의 사례 수가 30 이상일 때는 정규성 검정 없이 모수적 통계분석방법이 적용 가능함. 이와 관련하여 보다 상세한 이해가 필요한 경우 SPSS를 이용한 조사방법 및 통계분석의 이해와 적용(이종환, 2009)을 참고 바람.

4) 정신화(mentalization)의 개념은 '자신과 타인의 감정 상태에 대한 정신적 표상을 형성하고 사용할 수 있는 능력'(Fonagy et al., 2004)으로, 국내에서 실행된 프로그램(오소영 외, 2012)은 영국에서 정신화에 기반을 두어 개발된 '평화로운 학교 환경 조성 프로그램'인 Creating a Peaceful School Learning Environment(CAPS-LE)를 한국형으로 축약한 단기 프로그램임.

실행에 따른 변화를 비교한다는 점에서 정규집단에서도 실험집단과 비교집단의 동질성 검사는 우선 요구된다. 이에, 청소년용 정신화증진프로그램(오소영 외, 2012)은 프로그램 실행 전 사전 동질성 확인을 위하여 각 변수에 대한 두 집단 간 차이를 독립표본 T검정을 활용하여 분석하였을 때 결과는 다음 〈표 13-8〉과 같이 나타났다. 불성실한 응답자 및 결석자 등을 제외하고 117명을 대상으로 최종 분석된 결과, 청소년용 정신화증진프로그램 실험집단과 대조집단의 학교생활적응 수준은 유의한 차이가 있는 것으로 나타났으며(t = 2.882, df = 110, p = .005), 실험집단이 비교집단에 비하여 학교생활적응에서의 문제가 더 큰 것으로 나타났다.[5)]

〈표 13-8〉 실험 · 비교집단의 주요 변수 동질성 비교

(N=117)

항목	실험집단	통제집단	t값	유의확률
청소년정신건강	46.16(12.50)	43.25(8.29)	- 1.438	.153
공감적 이해	110.90(10.63)	112.82(8.83)	1.023	.309
또래공격성	17.47(5.33)	16.89(5.86)	- .547	.586
또래괴롭힘	13.26(5.29)	12.50(5.04)	- .790	.431
학교생활적응	70.73(16.73)	80.64(19.56)	2.882	.005
시험불안	41.00(13.31)	42.14(12.98)	0.467	.641

출처: 오소영 외(2012).

5) 실험집단과 비교집단의 동질성을 가정하고 실행되는 프로그램 효과성 평가이나 실제 임상 실천 현장에서는 실험집단과 비교집단의 동질성 검사 결과, 의도치 않게 동질성이 확보되지 않는 경우도 발생함. 실험집단 및 비교집단의 동질성 가정이 어려운 경우, 프로그램 효과성 평가 결과를 해석하며 제한점을 명확히 기술함과 동시에 실험집단과 비교집단의 동질성 비교에 영향을 끼칠 수 있는 요인에 대한 합리적 추론이 함께 제시되어야 함. 양적평가에 있어 집단 간의 동질성을 확보하고 통계적인 유의미함을 분석하는 것은 중요하나, 기대하는 결과가 나오지 않았더라도 결과를 어떻게 해석할 수 있느냐에 따라 프로그램 효과성 평가의 의미는 달라질 수 있음. 그러한 예로 보호관찰 청소년을 위한 금연 프로그램 효과성 평가 논문(전종설·송인선, 2010)을 추천하고자 함.

통계분석 측면에서 정규분포 집단에서 실험집단과 비교집단의 동질성을 확인하기 위하여 독립표본 T검정을 실행한다면 다음과 같다. 직무교육 참여에 따른 청소년지도사의 의사소통 역량 변화를 살펴보고자 통계분석을 적용한다면, 우선 SPSS 20.0 상단의 분석(A)-평균비교(M)-독립표본 T검정(T)을 실행한다. 이후 [그림 13-9]와 같이 대화상자가 뜨면 직무교육을 클릭하여 검정변수(T)로 옮기면 되며, 이때 필요 시 옵션을 통하여 신뢰구간(C)을 설정할 수 있다.

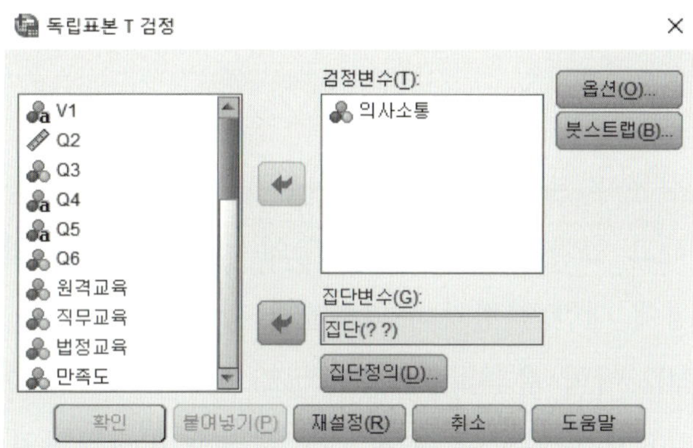

[그림 13-9] 분석(A)-평균비교(M)-독립표본 T검정(T) 클릭시 대화상자

이후 [그림 13-10]과 같이 집단정의(D)를 클릭하여 집단 1과 집단 2에 대하여 각각 0과 1로 집단정의를 부여한다. 집단정의는 각자 설정한 수치를 입력하면 되기에 0과 1, 1과 2 등 연구자가 설정한 수치를 각각 기입하면 되며, 이후 계속을 클릭한다.

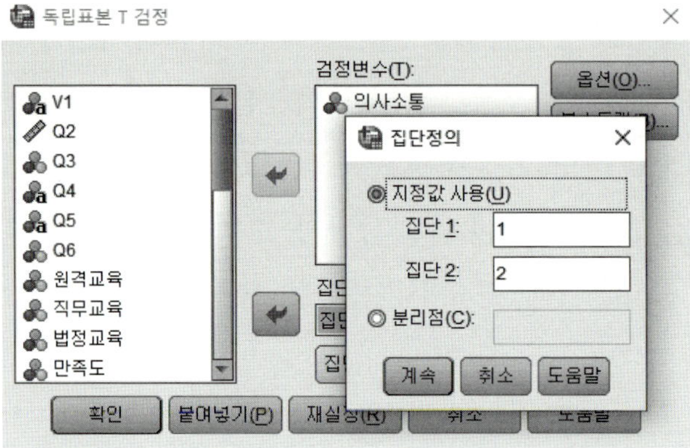

[그림 13-10] 분석(A)-평균비교(M)-독립표본 T검정(T)-집단정의(D) 클릭시 대화상자

독립표본 T검정은 기본 가정의 만족 여부를 기본적으로 정규성의 만족 여부만을 전제로 하고 있다. 독립표본 T검정의 결과를 불러내면, [그림 13-11]과 같이 등분산성에 대한 검정과 유의확률을 확인할 수 있다. Levene의 등분산검정에서 F=0.026이며 유의확률(p)은 0.873으로 유의수준 0.05에서 귀무가설이 채택되는 것으로 나타났다. 이에, 실험집단과 비교집단의 의사소통 수준은 차이가 없다는 귀무가설을 채택할 수 있다.

독립표본 검정

		Levene의 등분산 검정		평균의 동일성에 대한 t-검정						
									차이의 95% 신뢰구간	
		F	유의확률	t	자유도	유의확률 (양쪽)	평균차	차이의 표준오차	하한	상한
의사소통	등분산이 가정됨	.026	.873	-.216	53	.829	-.050	.230	-.510	.411
	등분산이 가정되지 않음			-.210	26.214	.835	-.050	.237	-.536	.437

[그림 13-11] 독립표본 T검정 결과

실험집단이 프로그램에 참여한 이후, 집단 간 변화량을 비교하는 경우에도 [그림 13-10], [그림 13-11]과 같이 적용할 수 있다. 실험집단과 비교집단의 사후검사점수와 사전검사 점수의 변화량을 새로운 변수로 구성한 다음, 독립표본 T검정을 활용하여 두 집단 간 차이를 구할 수 있고, 이를 통하여 두 집단이 통계적으로 유의미한 차이를 나타내는지 확인할 수 있다.

(2) 집단 내 변화: 대응표본 T검정 적용

실험집단의 프로그램 사전 · 사후변화를 살펴본 예시로써 청소년용 정신화 증진프로그램(오소영 외, 2012)의 분석결과를 살펴보면 〈표 13-9〉과 같다. 또래공격성이 유의하게 감소한 것으로 나타났으며(t=2.103, df=57, p=.040), 시험불안이 유의미하게 감소한 것으로 나타났다(t=2.266, df=57, p=.027).

〈표 13-9〉 실험집단의 집단 내 변화 분석

(N=59)

항목	사전	사후	t값	유의확률
청소년정신건강	46.08(12.56)	45.66(12.65)	.280	.781*
공감적 이해	111.09(10.74)	109.57(10.48)	1.247	.219*
또래공격성	17.47(5.33)	15.81(5.81)	2.103	.040*
또래괴롭힘	13.26(5.29)	13.09(5.67)	.242	.810*
학교생활적응	70.69(16.88)	66.78(20.78)	1.829	.073*
시험불안	41.00(13.31)	37.69(11.89)	2.266	.027*

* : $p<.05$

출처: 오소영 외(2012).

실험집단의 프로그램 참여에 따른 집단 내 변화를 살펴보기 위하여 대응표본 T검정을 실행한다면 그 절차는 다음과 같다. 직무교육 참여에 따른 실험집단의 의사소통 수준 변화를 살펴보고자 통계분석을 적용한다면, 우선 SPSS 20.0 상단의 분석(A)-평균비교(M)-대응표본 T검정(T)을 실행한다. 이후 [그림 13-12]와 같이 대화상자가 뜨면 '교육전'을 클릭하여 대응변수(V) 변수1로 '교육전'을 이동시키고, '교육 후'를 클릭하여 대응변수(V) 변수2로 '교육후'를 이동시킨다. 이때 필요시 옵션을 통하여 신뢰구간(C)을 설정할 수 있으며, 95%가 기본 설정되어 있다.

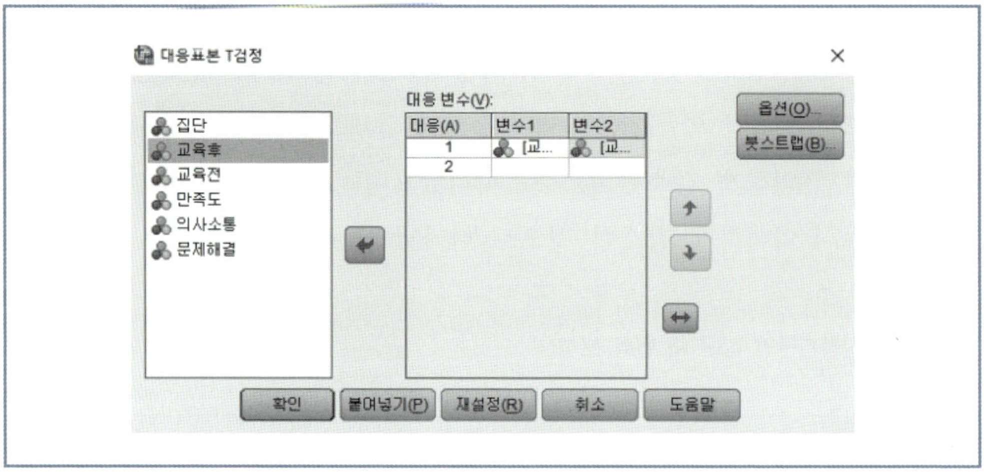

[그림 13-12] 분석(A)-평균비교(M)-독립표본 T검정(T) 클릭 시 대화상자

[그림 13-13]은 대응표본 T검정의 결과이다. 실험집단의 교육 전과 교육 후 평균 등과 같은 기술통계량, 교육 전과 교육 후 간의 상관계수가 제시되며, 대응표본 검정을 살펴보면, t값이 -1.530이며, 이에 대한 유의확률(p)가 0.132로 귀무가설을 기각할 수 있다. 즉, 실험집단의 집단 내 변화는 교육 전 평균에 비하여 교육 후 평균이 향상되었으나, 통계적으로 유의미한 차이는 아닌 것으로 나타났다.

대응표본 통계량

		평균	N	표준편차	평균의 표준오차
대응 1	교육전	3.75	56	.858	.115
	교육후	3.89	56	.846	.113

대응표본 상관계수

		N	상관계수	유의확률
대응 1	교육전 & 교육후	56	.664	.000

대응표본 검정

		대응차					t	자유도	유의확률 (양쪽)
		평균	표준편차	평균의 표준오차	차이의 95% 신뢰구간 하한	차이의 95% 신뢰구간 상한			
대응 1	교육전 - 교육후	-.143	.699	.093	-.330	.044	-1.530	55	.132

[그림 13-13] 대응표본 T검정 결과

14 CHAPTER 청소년 프로그램의 질적평가

1. 질적평가의 종류와 적용

질적평가는 프로그램에 참여한 참여자의 주관적 경험을 중심으로 평가하는 것이다. 수량화하기 어려운 부분을 평가하거나, 프로그램 참여자들이 느끼는 깊이 있고 세부적인 내용을 평가하기 위해 활용하는 방법이다. 질적평가는 프로그램 내용을 깊이 있게 평가한다는 장점이 있으나, 통계분석 등을 활용한 과학적 평가방법을 활용하지 않음에 따라 너무 편향적이거나 주관적일 수 있다는 단점이 있다. 이를 보완하기 위해 최근에는 많은 질적평가의 방법론들이 개발되고 있다.

1) 개인별 변화 반복측정

변화하고자 했던 지표에 대해 회기마다 반복적으로 측정하여 개인별 변화를 측정하는 방법이다. 예를 들어, ADHD 성향 아동을 대상으로 하는 프로그램에서 착석 태도와 같은 지표에 대하여 진행자 또는 관찰자가 측정하는 것이다.

2) 자가평가

프로그램을 통해 참여자가 변화하고자 했던 지표에 대해 스스로를 평가하는 자가평가의 방법이다. 예를 들어, 0점에서 10점 사이에 표시를 하여 스스로 점수를 매기게 하는 방법도 있고, 매 회기가 끝나고 나면, 스스로 어떻게 변화했다고 느꼈는지를 상세하게 기술하는 방법도 있다. 다음 [그림 14-14]에서 자가평가와 관련된 평가양식을 제시하였다.

방법	자기평가 점수 표기
척도질문	0 1 2 3 4 5 6 7 8 9 10
스스로의 질적평가	

[그림 14-14] 자가평가 양식

3) 경험보고서

프로그램에 참여한 구성원들이 스스로 변화하고자 한 내용에 대한 경험을 나누도록 한 후, 이를 정리하여 보고서 형태로 만들어 프로그램 효과에 대한 질적평가를 하도록 한다. 다음 〈표 14-10〉은 박재연 외(2023)의 연구에서 제시한 경험보고서의 예시 중 일부이다.

〈표 14-10〉 경험보고서 예시

경험 및 소감	
나의 경험	• 사회성이라는 것을 알게 되었다. • 다양한 사회성이 있다는 것을 알았고 사회성을 키우는 데 도움이 될 것 같다. • 감정을 표현하는 것이 어렵다는 것을 알게 되었다. • 다른 사람의 이야기에 공감이 될 수도 있고 안 될 수도 있다는 점을 배웠다. • 다른 사람의 감정에 공감할 수 있게 되었다. • 테라리움을 만들면서 다른 친구들과 친하게 된 것 같다. • 테라리움을 만들기 위해 계획을 세웠지만 그냥 아무렇게 해도 예쁘게 나온다는 것을 알게 되었다. • 만들기를 하면서 다른 사람을 칭찬하는 것을 배웠다. • 악기를 직접 만들어 볼 수 있었고 연주를 하면서 재미있었다. • 부모님과 나의 의사소통 방법이 비난형으로 서로 화를 내면서 말을 한다는 것을 알게 되었다.
나의 소감	• 사회성에 대해서 많이 알게 되었고 부족한 사회성이 무엇인지도 알게 되어 사회성 향상에 도움이 될 거 같다. • 감정을 만화로 표현하는 것이 재미있었고 밝아진 거 같다. • 감정에 대해 잘 알 수 있었고 다른 사람이 그린 만화를 보고 나누는 것이 재미있었다. • 만들기가 재미있었고 말이 많아진 거 같다. • 식물을 키우는 방법을 알게 되어 스스로 키울 수 있을 것 같다. • 젠가 게임에서 미션을 수행하면서 엄마의 장점에 대해 알기위해 엄마에게 전화해 본 것이 재미있었다. • 의사소통을 배우고 난 후에 어머니와 비난하는 자칼의 대화가 아닌 기린의 대화를 하려고 했는데 잘 되지 않았다. 다시 시도 해보려고 한다. • 생각을 하지 않고 행동했는데 생각을 하게 되었다.

	• 프로그램 활동에 점점 더 적극적으로 참여하게 되었다. • 칭찬을 별로 하지 않았는데 칭찬을 하게 되었다.
도움이 되었던 내용 (제목, 기억나는 활동)	• 스스로 하는 우리라는 테라리움 만들기를 하면서 계획을 세우는 것을 배웠고 함께 하는 친구들과 말이 많아졌다. • 곡물 악기를 만들 수 있게 되었고 연주를 하면서 적극적이 되었다. • 친구들과 어울리게 되어 사회성이 좋아진 거 같다. • 공감 팥빙수를 만들면서 감정을 공감하는 것을 배웠다. 공감이 될 수도 있고 공감이 되지 않을 수 있다는 것을 알게 되었다. • 만화 만들기를 통해 내 감정을 알게 되었고 다른 친구들의 만화를 보면서 서로 공감하였다. • 친구들과 함께 맛집을 만들면서 맛집도 많이 알게 되었고 협동할 수 있었다. • 부모님과 서로 자칼로 대화를 하는지 알게 되었다. 기린의 대화를 해야겠다고 생각되었다. 어머니와 기린으로 대화를 해보려고 한다.
도움이 되지 않거나 참여가 어려운 내용	• 맛집 리스트 만드는 게 어려웠다. • 영화를 보고 활동하는 것이 어려웠다.
건의 사항	• 활동시간이 너무 짧다. • 너무 여러 가지가 많아 시간이 부족했고 여유롭게 천천히 할 수 있었으면 좋겠다. • 프로그램 회기가 너무 짧아 더 길었으면 좋겠다,

출처: 박재연 외(2023).

학술논문에서 질적평가가 이루어지는 경우에는 프로그램 구성원이 인식한 변화 경험을 분석하기 위하여 일반적으로 프로그램 일지, 회의록, 연구참여자가 작성한 과제수행일지, 평가지 등을 질적분석자료로 활용한다. 양적평가방법과 함께 질적평가방법을 병행하는 혼합방법론을 활용하는 경우, 프로그램에 참여한 연구참여자들의 객관적 변화 수준과 주관적 변화 경험을 함께 파악하기에 용이하다는 장점이 있다. 다음 〈표 14-11〉는 아동 대상 실천역량 향상 프로그램을 통한 지역아동센터 종사자의 주관적 경험을 분석한 것으로 종사자의 실천역량 향상, 아동의 변화에 대한 인식, 프로그램에 대한 강점 및 보완점 인식 등의 3가지 범주가 도출되었다.[6]

6) 지역아동센터 종사자의 아동 대상 실천역량 강화 프로그램(배은경, 2015)에서 질적평가 분석된 내용의 일부로, 12장에서 보다 상세한 질적평가분석 내용이 수록됨.

〈표 4-11〉 아동 대상 실천역량 향상 프로그램에 참여한 지역아동센터 종사자의 주관적 변화 경험

범주	개념	의미 단위
종사자의 실천 역량 향상	아동과 집단역동에 대한 이해 향상	ADHD 아동에 대한 이해가 늘어남. 아동들 간의 역동에 대한 인식이 커짐
	아동 대상 실천기술 향상	가장 단순하지만 가장 큰 효과. 감정 조절에 있어 아동과 교사 모두에게 도움이 됨. 자기중심적 사고에서 상황을 조망, 해결하도록 하는 기술을 사용하게 됨. 갈등상황을 정리함에 유용하고, 아이들의 참여를 이끌어냄.
	아농을 대하는 태도와 관세의 변화	아이들이 처음에는 어색해하였으나 변화된 분위기에 익숙해짐. 기대보다 잘 하는 아이를 바라보며 마음가짐을 돌아봄. 아동과 유대관계의 신뢰성이 조금 더 생김. 아이들에게 일어나는 일에 대해 알게 되고 (아이들의) 마음 그대로를 인정하는 대화를 했으면 얼마나 좋았을까 성찰하게 됨. 아이들을 보다 긍정적인 메시지로 대하려고 함
아동의 변화에 대한 인식	아동의 행동 변화	수업시간 태도가 좋아짐. 인정하고 잘 받아들이고, 배운 정정당당 규칙을 다른 곳에서도 써먹음. 더 이상 화장을 하고 다니지 않음
	감정조절 및 표현 증가	칼날 같던 마음이 눈 녹듯 평안. 과잉된 감정표현이 변화됨. 자신의 감정을 언어적으로 표현하는 모습이 증가함. 갈등상황에 대한 적절한 대처를 표현함
	아동끼리 서로 지원	갈등 상황인 상대 아이의 마음을 읽어줌. 다른 아이를 쉽게 도와주는 등 주변 아이들에게도 파급력이 있음
	아동 스스로 해결책을 찾음	구체적인 규칙과 순서를 아이들이 직접 만들어냄. 갈등 중재가 필요한 상황에 대한 대처를 아이들이 제안함. 화장이나 핸드폰 같은 민감한 생활규칙을 스스로 결정하게 됨
프로그램의 강점 및 보완점 인식	프로그램의 강점 인식	실제 상황의 어려움을 나누면서 컨설팅처럼 진행. 각 센터별 특수하고 보편적인 상황을 나누어 해결에 도움이 됨. 반복해서 들으니 연습이 됨. 프로그램을 통해 아이들에게 더 집중하고 나의 일상에도 적용해볼 수 있어 좋았음. 받은 교육 중 가장 효과적
	프로그램의 보완점 인식	ADHD에 관해 더 깊이 있는 수업이 필요함. 기법에 대한 숙지가 없을 때 의미 없는 프로그램형으로 진행될 수 있음. 종사자 역량과 시간상의 제약을 가지게 됨. 공간적 제약. 주기적 운영 필요성

출처: 배은경(2015).

4) 만족도 평가

프로그램에 대해 참여자들이 전체적으로 만족했는지에 대한 만족도를 평가한다. 프로그램 진행에 대한 만족도 평가와 프로그램 전체에 대한 만족도 평가로 구분하여 평가해볼 수 있다.

(1) 프로그램 진행에 대한 평가

프로그램 진행에 대한 평가는 지도자와 물리적 환경, 진행회기, 진행시간 등을 포함할 수 있다. 프로그램 내용 및 진행자에 대한 만족도를 평가하는 양식, 프로그램의 물리적 환경까지 포함하여 진행에 대한 만족도를 평가하는 양식의 예는 다음 〈표 14-12〉, 〈표 14-13〉과 같다.

〈표 14-12〉 프로그램 진행 평가지(진행자 평가 포함)

Program Feedback

프로그램 주제: ______________________________

* 전체적인 이해: 나는 프로그램 내용의 _______%를 이해하였습니다.

※ 프로그램 내용을 1-5척도로 평가하세요.

5: 매우 훌륭하다.　　4: 훌륭하다.
3: 잘한 편이다.　　2: 보통이다.
1: 좀 더 노력이 필요하다.

*프로그램 진행자의 전달 _____ 적절한 볼륨
_____ 적절한 속도
_____ 대상자들의 이해에 대한 체크
_____ 눈맞춤
_____ 적절한 시간 분배

*시각적 효과 __________

*질문(진행자는 얼마나 질문을 잘 다루었는가?) __________

*Comments:

〈표 14-13〉 프로그램 진행 평가지(물리적 환경 포함)

"특별한 우정 클럽"을 마치며

이름: ______________

※ 아래의 질문들은 프로그램을 마치면서 만족도를 평가하기 위한 것입니다. 잘 읽어 보고 자신에게 가장 해당되는 곳에 체크해 주십시오.

1. 이 프로그램에 참여하면서 전체적으로 어느 정도 만족했나요?

매우 불만족			그저 그렇다			매우 만족
1	2	3	4	5	6	7

2. 이 프로그램에 참여하는 동안 가장 좋았던 점은?

□① 장소(좌석, 온도 등 전반적으로) □② 프로그램 내용 □③ 강사진
□④ 시작시간 □⑤ 진행시간
□⑥ 부모님 프로그램이 함께 진행된다는 점
□⑦ 선생님 프로그램이 함께 진행된다는 점
□⑧ 부모님과 선생님 프로그램이 함께 진행된다는 점

3. 이 프로그램에 참여하는 동안 가장 불편했던 점은?

□① 장소(좌석, 온도 등 전반적으로) □② 프로그램 내용 □③ 강사진
□④ 시작시간 □⑤ 진행시간
□⑥ 부모님 프로그램이 함께 진행된다는 점
□⑦ 선생님 프로그램이 함께 진행된다는 점
□⑧ 부모님과 선생님 프로그램이 함께 진행된다는 점

4. 프로그램 시간은 그 날의 주제를 다루기에 적당했나요?

매우 불만족			그저 그렇다			매우 만족
1	2	3	4	5	6	7

5. 전체 횟수는 어떠했나요?

매우 불만족			그저 그렇다			매우 만족
1	2	3	4	5	6	7

6. 프로그램을 실시하는 선생님은 어떠했나요?

매우 불만족			그저 그렇다			매우 만족
1	2	3	4	5	6	7

(2) 프로그램 만족도 평가

프로그램의 전반적인 만족도를 평가함으로써 대상자들의 경험과 도움이 되는 점, 개선할 점에 대해 파악한다. 다음 〈표 14-14〉는 ○○시 청소년상담복지센터에서 시행하고 있는 '자기성장 프로그램'의 만족도 평가에 대한 예시이며, 〈표 14-15〉는 ADHD 성향 아동의 담임교사 대상 프로그램인 '특별한 교사 클럽'의 만족도 평가에 대한 예시이다. 프로그램 전반에 대한 만족도의 세부 평가사항은 참여자의 연령 및 특성 등을 고려하여 결정할 수 있다.

〈표 14-14〉 ○○시 청소년상담복지센터 '자기성장 프로그램'의 만족도 평가

프로그램 만족도 평가지

김천시 청소년상담복지센터 "자기성장 프로그램"의 만족도 평가

__________반　　이름: __________

1. "자기성장 프로그램"에 대한 느낌은 어떤가요?
① 매우 좋았다.　② 좋았다.　③ 보통이다.
④ 나빴다.　⑤ 매우 나빴다.

2. "자기성장 프로그램"의 내용이 어느 정도 도움이 되었나요?

회기 및 주제	매우 도움이 되었다	도움이 되었다	보통 이다	별로 도움이 되지 않았다	전혀 도움이 되지 않았다
1회기: 프로그램 방향 제시 및 자기소개					
2회기: 나는 누구인가?					
3회기: 신뢰감 형성					
4회기: 나무위의 친구					
5회기: 가치관 명료화					
6회기: 감정명료화					
7회기: 내 마음의 창문은?					
8회기: 나의 미래 꼴라주					
9회기: 나의 보석찾기, 사랑의 꽃바구니					

3. 가장 기억에 남는 프로그램 활동은 무엇인가요?

4. 그 이유는 무엇인가요?

5. 다음 기회에 "자기성장 프로그램"과 같은 프로그램이 있다면 다시 참여하고 싶나요?
① 참여하고 싶다.　② 참여하고 싶지 않다.

6. 그동안 프로그램에 참여하면서 느낀 소감을 솔직하게 적어 보세요.

☺ 수고하셨습니다. ☺

〈표 14-15〉 ADHD 성향 아동의 담임교사 대상 '특별한 교사 클럽' 프로그램의 만족도 평가

프로그램 만족도 평가지

성명: ________

1. 각 회기별 프로그램의 내용이 어느 정도 도움이 되었는지 골라 체크해 주시고, 관련하여 의견을 작성해 주십시오.

	매우 유용하지 않음			보통			매우 유용
교사 및 아동·부모 프로그램 소개	①	②	③	④	⑤	⑥	⑦
의견:							
ADHD와 ADHD 성향 아동에 대한 이해 및 지도	①	②	③	④	⑤	⑥	⑦
의견:							
거북이숨쉬기 미션	①	②	③	④	⑤	⑥	⑦
의견:							
학급역동과 대화패턴 분석과 "반영적 경청"	①	②	③	④	⑤	⑥	⑦
의견:							
갈등중재대화법	①	②	③	④	⑤	⑥	⑦
의견:							
문제해결 4단계	①	②	③	④	⑤	⑥	⑦
의견:							
멋진 우정을 위한 행동비법	①	②	③	④	⑤	⑥	⑦
의견:							
타임아웃	①	②	③	④	⑤	⑥	⑦
의견:							
정정당당규칙을 적용한 풍선배구게임	①	②	③	④	⑤	⑥	⑦
의견:							
"최악의 이야기, 최상의 이야기"	①	②	③	④	⑤	⑥	⑦
의견:							
문제해결 4단계	①	②	③	④	⑤	⑥	⑦
의견:							
상황과 생각, 감정 나누기 "행동기록"	①	②	③	④	⑤	⑥	⑦
의견:							

2. 구체적인 소감이나 의견

PART V

청소년 프로그램의 사례

15 CHAPTER 청소년 프로그램의 사례

1. 청소년활동 프로그램

Co2? 우리 Do! [1)]

1) 추진 배경 및 필요성

- 산업화가 가속화되면서 이산화탄소 배출량이 급속도로 증가하여 지구온난화현상을 초래함
- 환경교육프로그램을 통해 기후변화에 대하여 구체적이고 실제적으로 개

1) Co2? 우리 Do! 프로그램은 충청남도 예산군청소년수련관에서 개발하여 2022년도 충청남도 청소년활동 우수 프로그램으로 선정되었다. 본 책에는 프로그램을 개발한 예산군청소년수련관과 충청남도청소년진흥원 청소년활동진흥센터의 동의 절차를 거쳐 수록하였다.

선분야를 다루어야 하며 성장기 청소년에게도 중요하게 인식되어야 함

- 환경교육은 인류의 삶의 터전을 지켜나가는 것이며, 이는 에너지절약과 신재생에너지 교육을 통해 진행되어야 함
- 청소년기 환경교육은 기후안정을 위한 지식, 기능, 태도, 가치관 형성에 중요한 영향을 미치며 실천적인 행동에 기본소양이 됨
- 청소년의 숲체험활동은 심리안정, 인성형성, 우울증, 불안감 해소에 도움을 주고 전반적인 신체능력을 향상시킴
- 숲에서의 오감체험은 숲의 다양한 요소를 직접적이고 감각적으로 받아들임으로써 신체적 · 정서적 기능을 증진하고 생태적 감수성을 기르는 활동으로 정의됨

2) 사업개요

〈표 15-1〉 사업개요

구분	내용
목적	체험활동 중심의 환경교육을 통한 환경감수성 향상
대상	중학생 1~3학년
기간	2022년 4월~9월
장소	예산군청소년수련관, 국립예산 치유의 숲, 봉수산 자연휴양림
내용	• 분리수거와 재활용 방법알기 • 샴푸바와 설거지바를 만들어 제로웨이스트 실천하기 • 숲체험을 통한 환경의 중요성 인지 및 환경감수성 향상

3) 지도인력(지도자 배치 및 전문성 수준)

〈표 15-2〉 지도인력

단위프로그램	청소년인원	지도자인원	전문성 수준
사전안전교육 환경보호 캠페인	15명	3명	청소년지도사2급 및 실무경력 2년 이상 청소년상담사3급 및 실무경력 1년 이상 사회복지사2급 소지
탄소중립도 한 걸음부터 환경홍보대사	15명	3명	청소년지도사2급 및 실무경력 2년 이상 청소년상담사3급 및 실무경력 1년 이상 사회복지사2급 소지
숲속의 소리 숲과 함께	15명	3명	청소년지도사2급 및 실무경력 2년 이상 청소년상담사3급 및 실무경력 1년 이상 사회복지사2급 소지

4) 활동장소 및 시설 개요

〈표 15-3〉 활동장소 및 시설

단위프로그램	활동장소	장소사진	수용인원
사전안전교육 환경보호 캠페인	국립예산치유의 숲 (치유센터, 데크로드 등)	-	-
오리엔테이션 탄소중립도 한 걸음부터 환경홍보대사	예산군청소년수련관 (벚꽃반)		40명
숲속의 소리 숲과 함께	예산군청소년수련관 (1층 로비)		

5) 지역사회 자원활용 및 연계 방법

〈표 15-4〉 지역사회 자원 연계

구분	연계기관	연계내용
유관기관	예산군청	홍보 및 군청 소식지, 눈 등재 프로그램 홍보협조
	예산군청소년복지재단	청소년 참가자 모집 협조 및 홍보협조
	무한정보(언론사)	프로그램 및 활동 홍보협조
	국립예산치유의 숲	국립예산치유의 숲 장소협조 및 프로그램 강사 섭외
	함께 숲	프로그램 강사 섭외
학교	초 · 중학교	청소년 참가자 모집 협조 및 프로그램 홍보협조

6) 홍보방법 및 홍보절차

(1) 홍보방법

〈표 15-5〉 홍보방법

구분	홍보방법
준비	• 청소년수련관 등록 청소년에게 프로그램 안내문자 발송 • 배너, 현수막 제작 • 관내 유관기관 방문 및 홍보 게시 요청 • 자체 소식지 제작 • 지역 언론매체를 통한 사업 및 프로그램 운영 홍보 • 전단지 및 리플렛 제작
진행	• 수련관 내 현수막 부착 • 지역축제 체험부스 운영 • 프로그램 안내 전단지 배포
결과	• 언론보도 • 홈페이지 안내

(2) 홍보절차

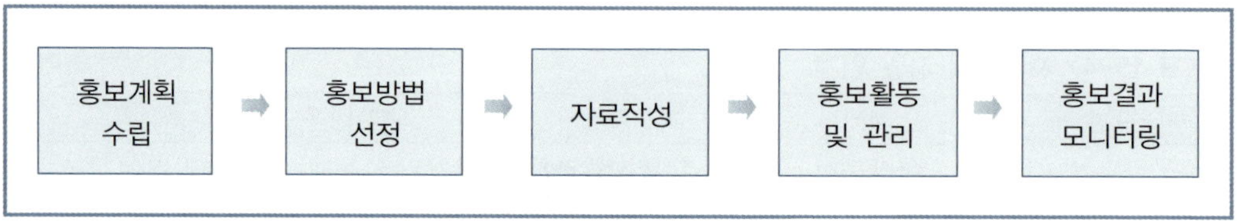

[그림 15-1] 홍보절차

7) 프로그램 운영 일정

〈표 15-6〉 프로그램 활동내용

회기	소요 시간	활동장소	활동내용	참여인원
1	1	예산군 청소년수련관	• 오리엔테이션 및 안전교육 • 프로그램 일정 및 청소년 관계형성	15명
2	3	국립예산 치유의숲	• 숲체험(숲길 걷기, 숲속 요가 등)	15명
3	2	예산군 청소년수련관	• 지구온난화, 탄소중립 관련 교육 • 분리수거방법 배우기 • 수업자료 분리수거 해보기	15명
4	2	예산군 청소년수련관	• 탄소순환을 통한 환경보호 알기 • 식물의 탄소순환 효과 알기 • 화분 심기	15명
5	4	봉수산 자연 휴양림	• 에코티어링 숲체험 • 미션수행으로 지난 회기 돌아보기(탄소중립, 탄소순환, 분리수거 등)	15명
6	2	예산군 청소년수련관	• 쓰레기 배출과정 및 탄소 문제 알기 • 제로웨이스트 설거지바, 샴푸바 만들기	15명
7	2	예산군 청소년수련관	• 캠페인 준비하기 • 내용 선정해 패널 제작하기	15명
8	3	예산군 청소년수련관	• 환경감수성 캠페인 및 홍보	15명
9	1	예산군 청소년수련관	• 평가회의 및 만족도 조사	15명

8) 프로그램 내용

(1) 1회기

〈표 15-7〉 프로그램 1회기

단위프로그램명	오리엔테이션	인원	15명
목표	프로그램의 목적을 이해하고 참여동기를 높인다.		
활동장소	예산군청소년수련관 벚꽃반		
준비물	노트북, 프로젝트 빔, 현수막, 카메라, 안내문(참가신청서), 필기도구 등		
활동단계	활동내용		소요시간
도입	• 개강식 - 참가신청서 작성 및 프로그램 일정안내 - 지도자 소개 및 프로그램 구성내용 안내 • 참여 청소년 안정 및 위생교육 실시 - PPT 활용 안전 · 위생교육 진행		10분
전개	• 프로그램 오리엔테이션 - 일정 및 프로그램 세부계획 안내 • 참여청소년 관계형성 - 아이스브레이킹 - 간단한 게임을 통한 친근감 형성 및 팀구성 - 자기소개 및 친구소개		45분
마무리	• 환경감수성테스트(사전) • 환경을 보호해야 하는 이유 - 환경문제 인식하기 - 생각 나누기		5분

(2) 2회기

〈표 15-8〉 **프로그램 2회기**

단위프로그램명	숲속의 소리	인원	15명
목표	숲에서 자연과 다양한 체험을 통해 심신의 안정감을 가진다.		
활동장소	국립예산치유의숲		
준비물	현수막, 카메라, 필기도구 등		
활동단계	활동내용		소요시간
도입	• 청소년 안전교육 • 2회기 활동내용에 대한 오리엔테이션 - 숲체험 활동 안내와 주의사항 전달		30분
전개	• 국립예산치유의 숲 체험 - 숲을 관찰하고 자연물 접하기 - 숲체험을 통해 숲과 친해지기(숲길걷기, 싱잉볼 명상, 숲속요가, 티테라피, 심신안정체조 등)		130분
마무리	• 소감 나누기 • 다음 활동 안내		20분

(3) 3회기

〈표 15-9〉 **프로그램 3회기**

단위프로그램명	탄소중립도 한 걸음부터-한걸음	인원	15명
목표	재활용과 분리수거방법을 안다.		
활동장소	예산군청소년수련관 벚꽃반		
준비물	노트북, 프로젝트 빔, 필기도구 등		
활동단계	활동내용		소요시간
도입	• 청소년 안전교육 - PPT 활용 교육실시 • 3회기 활동내용에 대한 오리엔테이션 - 프로그램 오리엔테이션 및 주의사항 전달		20분

전개	• 탄소중립이란? - 지구온난화, 탄소중립의 관계 알기 • 나의 분리수거방법 - 평소의 분리수거방법 공유하기 - 활동지 및 수업자료로 분리수거 해보기 • 올바른 분리수거, 재활용방법 알기 - 일반 · 재활용 · 음식물 분리수거 해보기	80분
마무리	소감 나누기 다음 활동 안내	20분

(4) 4회기

〈표 15-10〉 **프로그램 4회기**

단위프로그램명	탄소중립도 한 걸음부터-두 걸음	인원	15명
목표	식물을 직접 심어보고 관리하면서 환경보호의 소중함을 안다		
활동장소	예산군청소년수련관 벚꽃반		
준비물	노트북, 프로젝트 빔, 현수막, 카메라, 필기도구, 식물키트 등		
활동단계	활동내용		소요시간
도입	• 청소년 안전교육 • 4회기 활동내용에 대한 오리엔테이션 - 숲체험 활동 안내와 주의사항 전달		20분
전개	• 탄소를 줄이는 방법 - 탄소배출 절감의 이유와 탄소 순환을 통한 환경보호 • 알아보기 - 우리가 할 수 있는 실천방법 생각해 보기 • 식물심기 - 직접 식물을 심고 키우기 - 식물의 탄소순환과정 알기		80분
마무리	• 소감 나누기 • 다음 활동 안내		20분

(5) 5회기

〈표 15-11〉 **프로그램 5회기**

단위프로그램명	숲과 함께	인원	15명
목표	환경보호의 중요성을 알고 실천의지를 다진다.		
활동장소	국립예산치유의 숲		
준비물	현수막, 카메라, 필기도구 등		
활동단계	활동내용		소요시간
도입	• 청소년 안전교육 - 차량 이용 안전교육 및 응급상황 대처방법 교육 • 5회기 활동 내용에 대한 오리엔테이션		30분
전개	• 에코티어링 숲 체험 - 지난 회기 내용을 기억하며 퀴즈와 미션 수행 • 활동사진 촬영 - 미션 수행 사진 찍기 - 환경보호에 대한 인식 및 다짐		200분
마무리	• 소감 나누기 • 다음 활동 안내		20분

(6) 6회기

〈표 15-12〉 **프로그램 6회기**

단위프로그램명	탄소중립도 한 걸음부터-세 걸음	인원	15명
목표	탄소를 줄이는 방법과 실천방법을 안다.		
활동장소	예산군청소년수련관 벚꽃반		
준비물	노트북, 프로젝트 빔, 현수막, 카메라, 필기도구 등		
활동단계	활동내용		소요시간
도입	• 청소년 안전교육 • 6회기 활동내용에 대한 오리엔테이션 - 프로그램 활동 안내와 주의사항 전달		20분

전개	• 탄소를 줄이는 방법 - 쓰레기 배출과정 알아보기 - 생활쓰레기로 인한 탄소문제 알기 • 제로웨이스트 실천하기 - 설거지바, 샴푸바 만들기 - 내가 할 수 있는 쓰레기 줄이기 방법 찾아보기	80분
마무리	• 소감 나누기 • 다음 활동 안내 • 과제제시: 집에서 가족들과 사용해 보고 후기 적어오기	20분

(7) 7회기

〈표 15-13〉 **프로그램 7회기**

단위프로그램명	환경홍보대사	인원	15명
목표	환경보호 인식개선 활동에 대해 생각하고 실천 할 줄 안다.		
활동장소	예산군청소년수련관 벚꽃반		
준비물	현수막, 카메라, 우드락, 색지, 색연필 등		
활동단계	활동내용		소요시간
도입	• 청소년 안전교육 • 7회기 활동내용에 대한 오리엔테이션 - 프로그램 활동 안내와 주의사항 전달		10분
전개	• 우리가 먼저 - 환경을 위한 행동 약속하기 • 캠페인 준비하기 - 우리가 알리고 싶은 내용 정리 - 캠페인에 필요한 패널 제작		100분
마무리	• 소감나누기 • 다음 활동 안내		10분

(8) 8회기

〈표 15-14〉 **프로그램 8회기**

단위프로그램명	환경살리기 캠페인	인원	15명
목표	환경보호 캠페인을 통해 환경감수성을 향상시킨다.		
활동장소	예산군청소년수련관 벚꽃반		
준비물	노트북, 프로젝트 빔, 현수막, 카메라, 필기도구 등		
활동단계	활동내용		소요시간
도입	• 청소년 안전교육 • 8회기 활동내용에 대한 오리엔테이션 - 프로그램 활동 안내와 주의사항 전달		30분
전개	• 환경감수성 향상 캠페인 - 지역연계 캠페인활동 - 장바구니 전달 및 환경보호 캠페인		140분
마무리	캠페인 마무리 및 정리 다음 활동 안내		20분

(9) 9회기

〈표 15-15〉 **프로그램 9회기**

단위프로그램명	평가회의	인원	15명
목표	평가회의 및 만족도 조사		
활동장소	예산군청소년수련관 벚꽃반		
준비물	노트북, 프로젝트 빔, 현수막, 카메라, 필기도구 등		
활동단계	활동내용		소요시간
도입	• 청소년 안전교육 - PPT 활용 교육실시 • 9회기 활동내용에 대한 오리엔테이션 - 프로그램 활동 안내와 주의사항 전달		5분
전개	• 환경감수성 테스트(사후) - 달라진 점에 대해 이야기하기 • 프로그램 만족도 조사		45분
마무리	• 8회기 총평 나누기		00분

9) 프로그램 평가

(1) 평가목표

프로그램 운영대상의 인식개선 결과 및 만족도 분석, 향후 프로그램 운영 및 반영을 위한 계획수립

(2) 평가방법 및 시기

〈표 15-16〉 평가방법 및 시기

평가방법		시기	비고(대상)
설문지	사전	1회기	청소년
	사후	9회기(프로그램 종결 후)	청소년
출석부		매회기마다	청소년

(3) 평가도구

〈표 15-17〉 평가도구

평가도구명	내용	측정시기
청소년활동 핵심역량 평가	• 의사소통 - 하위요인: 공감, 소통 - 총 9문항, 5점 Likert 척도 • 협업 - 하위요인: 공동체성, 협동성 - 총 9문항, 5점 Likert 척도	사전검사 사후검사
환경감수성평가	• 환경감수성 테스트 - 이재붕, 이두곤(2006) 개발 - 총 15문항, 5점 Likert 척도	

2. 청소년상담 프로그램

1) 프로그램의 필요성

청소년들은 또래들과의 상호작용을 통해 안전하고 즐거운 학교생활을 할 수 있다. 비슷한 발달단계에 있는 또래들과 긍정적인 관계를 경험할수록 청소년들의 자존감은 향상되고 심리 · 정서적, 사회관계적 역량이 강화된다. 또래상담은 일정한 훈련을 받은 청소년이 또래친구의 고민을 들어주고 함께 해결책을 모색해가면서 자신도 더불어 성장하는 경험을 하게 되는 활동이다(주지선 · 조한익, 2014). 또래상담이 활성화되면 많은 청소년들이 긴 시간을 학교라는 공동 공간에 생활하면서 일어나는 다양한 사건을 통한 부정적 경험을 예방하고, 안전하고 즐거운 학교생활을 할 수 있도록 도울 수 있다. 청소년기에는 부모, 교사보다는 또래의 영향력이 크고, 또래집단이 준거집단이 되는 경우가 많으므로 이들에게 직접적인 영향을 미치는 또래상담자의 역할은 아주 중요하다. 그러므로 또래상담자들이 자신의 역할을 잘 수행하도록 돕는 프로그램 개발은 매우 필요한 것이다.

2) 프로그램의 목적

또래상담자는 상담 활동을 통해 또래 친구의 원만한 학교생활을 돕는 정서적 지지자 및 조력자, 문제 해결자로서의 역할을 한다. 또래상담자 교육 프로그램은 비슷한 연령대와 유사한 경험 및 가치관을 가진 청소년들이 일정한 훈련을 받은 후에 자신의 경험을 바탕으로 자기 주변에 있는 다른 또래들의 고민이나 문제 해결을 위해 조력하고, 이들이 성장, 발달할 수 있도록 생활의 제반 영역에서 지지적인 도움을 제공하는 프로그램이다(한국청소년상담복지개발원, 2023). 본 프로그램의 목적은 또래상담자가 학교 현장에서 또래친구들을 돕기 위해 필요한 관심 기울이기, 경청, 공감, 대화법, 친구에게 도움이 되는 행동 등을 익히도록 구성하였고, 이러한 교육 프로그램을 통해 청소년들의 건강한 교실, 안전한 학교생활을 돕고자 하였다.

3) 프로그램의 목표

본 프로그램은 한국청소년상담복지개발원에서 개발한 솔리언 또래상담 교육 프로그램을 토대로 하면서, 단위 학교 위클래스 상황에 맞게 재구성하였다. 프로그램의 목표는 다음과 같다.

첫째, 또래상담자의 친구관계, 친구관계 유형 등을 살펴보면서 자기탐색을 통한 자기이해력을 기른다.

둘째, 또래상담자로서의 역할 수행을 위해 경청, 공감 및 감정 알아차림과 감정조절 등 다양한 전략과 기법들을 배우고 익힌다.

셋째, 또래상담 사례를 찾아보고, 또래상담일지 작성법을 익힌다(한국청소년상담복지개발원, 2022).

4) 프로그램의 개요

- 운영 일정: 주 1회 2시간, 총 8회기(2022. 4. 8 ~ 2022. 5. 27)
- 장소: 위클래스 집단상담실(00 중학교)
- 참여대상: 또래상담자 10명(중학교 1학년 여학생 6명, 남학생 4명)

5) 프로그램의 구성

프로그램은 모두 8회기로 구성하였으며, 각 회기마다 주제를 정하고, 주제에 따른 세부내용을 구성하였다. 또래상담자들은 모두 1학년으로 중학교에 진학한지 1개월 정도밖에 되지 않아 또래상담자들끼리도 낯설고 심리적 거리를 느끼는 상황이었다. 따라서 촉진게임과 신체활동, 모둠활동 등을 통해 먼저 또래상담자 간 친밀감을 형성하도록 하였다. 그리고 또래상담자들이 친구를 도와주는 상담자로서의 역량을 기르기 위한 교육과 자기탐색, 도움활동 등에 대해 체계적인 교육과 현장실천활동 중심으로 내용을 구성하였다. 전체 프로그램에 대한 설명은 〈표 15-18〉에 제시되어 있다.

〈표 15-18〉 프로그램 구성

회기	프로그램 목표	프로그램 내용
1회기	• 또래상담에 대한 동기부여를 한다. • 자신은 어떤 친구가 되고 있는지, 친구의 의미를 생각해 본다.	• 또래상담 소개 • 함께 지킬 약속 정하기 • 친한 친구되기: 친구의 의미와 친구에 대한 생각을 나누고 모둠별로 발표하기
2회기	• 또래상담자의 친구관계 유형을 탐색한다.	• 친구관계 살펴보기 • 친구관계 돌아보기 • 친구관계 걸림돌 찾아보기 • 친구에게 먼저 다가가기 • 우정곡선 그리기
3회기	• 경청하기와 공감하기에 대해 학습하고 실습한다.	• 또래상담 대화법 • 친구의 마음 공감하기 • 공감 연습하기 • 어기역차 전략 이해하기 • 어기역차 연습하기
4회기	• 대화를 이끌어 나가는 잠하둘셋 전략, 도움 주는 대화법 원무지계 전략을 익힌다.	• 최근에 화가 났던 때는? • 잠하둘셋 이해하기 • 잠하둘셋 연습하기 • 원무지계 전략 이해하기 • 원무지계 전략 연습하기
5회기	• 도움이 필요한 친구, 도움 줄 수 있는 행동들을 찾아본다.	• 어떤 친구를 도와줄 수 있을까? • 내가 친구에게 도움이 되었던 경험은? • 도움 줄 수 있는 활동 찾기
6회기	• 또래상담자로서 자신을 이해하고 스스로 관리할 수 있는 방법을 배운다.	• 또래상담자로서 강점과 약점 탐색하기 • 자기관리, 시간관리 탐색하기 • 또래상담 경험 나누기
7회기	• 친구의 정서적 지지자로서 다양한 감정 단어와 감정의 수준을 이해한다.	• 감정단어 스피드 퀴즈 • 다양한 감정 단어와 수준 알아보기 • 감정그래프 그려보기
8회기	• 역할극을 통해 친구에게 효과 있는 도움행동을 연습한다. • 또래상담일지 작성법을 배운다.	• 도움행동을 알고 도움행동의 효과 알아보기 • 역할극으로 도움행동 연습하기 • 또래상담 사례 알아보기 • 또래상담일지 작성법 익히기

6) 프로그램의 세부 활동

(1) 1회기

1회기에서는 오리엔테이션을 통해 또래상담 소개 및 프로그램 운영 방법에 대하여 안내하였다. 친해지는 마당으로 "당신의 이웃을 사랑하십니까?"라는 촉진게임을 하여 첫 회기의 긴장과 불안감을 해소하고 또래상담자들 간 친밀감 형성을 돕도록 하였다. 게임 후 자기소개 시간에는 별칭 짓기, 또래상담자를 지원하게 된 동기와 프로그램을 통해 변화되고 싶은 소망을 말하도록 하였다. 본 활동에서는 모둠별 활동을 위해 여학생 2 모둠-6명, 남학생 1모둠-4명으로 모두 3 모둠을 만들었다. 지도자가 친구에 대한 개념을 설명하고 모둠 내에서 친구란 어떤 의미인지 생각하고 이야기 나눈 후 전지에 그림이나 글로 표현하도록 하였다. 모둠별 활동이 마무리되면 모둠별로 활동 내용에 대하여 발표하였다.

〈표 15-19〉 프로그램 1회기

단위프로그램명	또래상담자가 되고 싶어요.
단위프로그램목표	• 또래상담에 대한 동기부여를 한다. • 자신은 어떤 친구가 되고 있는지, 친구의 의미를 생각해 본다.
활동 인원	10명
활동 장소	00중학교 위클래스
준비물	전지, 색연필, 크레파스, 명찰, 필기도구
활동 내용	1. 오리엔테이션: 또래상담 소개, 프로그램 운영 방법 설명 2. 친해지는 마당: "당신의 이웃을 사랑하십니까?" 3. 별칭 짓기 4. 나를 소개합니다: 또래상담을 신청하게 된 동기 발표하기 5. 모둠을 만들어서 친구의 의미를 적고 모둠별로 발표하기

<table>
<tr><td>활동 관찰 및 분석</td><td colspan="2">• 또래상담에 대한 학생들의 막연한 호기심을 프로그램 소개로 설명하고, 프로그램 참여시 지켜야 하는 행동에 대하여 이야기를 나눔.
• 별칭짓기에서는 이름 끝자를 편하게 부르자는 의견이 나와서 마지막 글자를 별칭으로 함.
• 게임을 하면서 서로 어색한 분위기를 화기애애한 분위기로 전환한 후 자기 소개 및 또래상담을 신청하게 된 동기를 발표하게 하였고, 학생들이 편안하게 자기의 마음을 개방함.
• 세 모둠을 만들어 친구의 의미를 전지에 적고 꾸미는 과정에서 각자의 생각을 공유하고 표현하면서 친밀감이 형성됨.</td></tr>
<tr><td>활동사진</td><td>
</td><td>
</td></tr>
</table>

(2) 2회기

2회기에서는 촉진게임으로 007게임을 하면서 에너지를 올리는 활동을 하였다. 본 활동에서는 친구와 관련된 동영상을 시청하면서 친구관계 유형, 친구관계에서 걸림돌이 되는 것에는 무엇이 있는지 탐색하였다. 동영상 시청 후 한 명씩 소감을 이야기하고 그 내용에 공통적으로 나타난 특징을 포스트잇에 적어 유목화하는 작업을 하였다. 그 다음에는 또래상담자들의 친한 친구는 누가 있는지 생각해 보고, 그 친구와 관련된 감정과 에피소드를 떠올려보면서 우정곡선을 그린 후 발표하도록 하였다.

〈표 15-20〉 프로그램 2회기

단위프로그램명	나의 친구는요.
단위프로그램목표	또래상담자의 친구관계 유형을 탐색한다.
활동 인원	10명
활동 장소	00중학교 위클래스
준비물	포스트잇, 컬러매직, A4 용지
활동 내용	친해지는 마당: 007 게임 나의 친구관계 돌아보기 친구관계의 걸림돌 탐색하기
활동 관찰 및 분석	• 자신이 생각하고 있는 친구 유형을 모둠 내에서 이야기하는 시간을 갖고, 모둠별로 친구 유형을 유목화시키는 활동을 하면서 친구관계를 돌아봄. • 친구관계에서 걸림돌이 되는 행동을 보여주는 동영상 시청 후 친구관계를 어렵게 만드는 외적 원인과 내적 원인을 탐색하도록 함. • 나의 친구관계를 돌아보는 우정곡선을 그린 후 각자 자신의 그림을 발표하도록 함.
활동사진	

(3) 3회기

3회기에서는 촉진게임으로 아이엠그라운드 게임으로 친해지는 시간을 보낸 후 본 활동에서는 친구의 마음을 공감하는 대화의 예시가 있는 동영상을 시청하였다. 동영상 시청 후 친구의 고민을 공감하는 대화법인 '어기역차'를 2명씩 짝을 지어 번갈아 역을 바꾸면서 연습하도록 하였다. 그리고 또래상담자들이 최근에 친구와의 관계에서 경험한 감정을 탐색하고 감정카드를 통해 구체적으로 설명하면서 자기감정 알아차림에 대한 연습을 하였다.

〈표 15-21〉 프로그램 3회기

단위프로그램명	대화를 잘 하고 싶어요.
단위프로그램목표	• 경청하기와 공감하기에 대해 학습하고 실습한다.
활동 인원	10명
활동 장소	00중학교 위클래스
준비물	감정카드, 필기도구
활동 내용	친해지는 마당: 아이엠 그라운드 게임 1. 대화하는 친구되기 2. 대화 잘 이끌어가기 3. 어기역차 익히기 어: 어떤 이야기인지 들어줍니다. 기: 기분을 이해해 줍니다. 역: 역지사지(공감)해 줍니다. 차: 생각의 차이가 있음을 인정합니다.
활동 관찰 및 분석	• 친구와 대화하는 자세: 친구의 마음을 공감하는데 걸림이 되는 말, 친구의 마음을 공감하는데 도움이 되는 말을 동영상을 통해 살펴봄. • 경청, 공감 기법과 연결하여 친구와의 대화를 자연스럽게 이끄는 어기역차를 이해하고 연습함. • 두 명씩 짝을 지어서 최근에 경험한 자신의 이야기를 말하고 어기역차에 맞추어 대화를 이어가도록 함. • 최근에 친구에게서 경험한 감정은 어떤 것이 있는지 생각해보고 감정카드에서 찾아보도록 함. • 각자가 고른 감정단어카드를 보여주고 이유를 설명하며 나누기함.
활동사진	

(4) 4회기

4회기에서는 풍선을 불어서 멀리 던지는 촉진게임을 하였다. 그리고 본 활동에서는 갈등상황에서 도움이 되는 대화법인 잠하둘셋, 원무지계 기법을 알아보는 동영상을 시청하였다. 동영상 시청 후 한 명씩 느낌을 나누기하고, 2명씩 짝을 지어서 잠하둘셋, 원무지계를 적용한 대화를 하도록 하였다. 그리고 또래관계에서 부정적인 감정이 올라올 때 어떻게 표현하고 행동하는지 전략을 세워서 표현해봄으로써 부정적 감정에 휘말리지 않고 갈등 상황을 해결하는 연습을 하였다.

〈표 15-22〉 **프로그램 4회기**

단위프로그램명	화가 나면 어떻게 할까?
단위프로그램목표	• 대화를 이끌어 나가는 잠하둘셋 전략, 도움 주는 대화법 원무지계 전략을 익힌다.
활동인원	10명
활동장소	00중학교 위클래스
준비물	풍선, 색사인펜, a4 용지, 필기도구
활동내용	친해지는 마당: 풍선을 입으로 불어서 멀리 보내기 1. 잠하둘셋, 원무지계 관련 동영상 보기 2. 잠하둘셋 기법 익히기: 잠: 이야기를 나누다가 좋지 않은 감정이 생길 때는 이야기를 멈추고 심호흡을 하거나 그 장소를 벗어난다. 하나: 마음속으로 하나, 둘, 셋을 세면서 여유를 가진다. 둘: 내가 하고자 했던 이야기는? 감정을 내세우지 않고 내가 할 말만 한다면? 셋: 만남이나 할 이야기를 계획해 본다. 이렇게 말하자, 이렇게 해보자. 3. 원무지계 전략 익히기: 원: 원하는 게 뭐니? 무: 무엇을 해봤니? 지: 지금부터 무엇을 해야 할까?

	계: 계획을 세워보자 4. 사례를 제시하고 내담자, 상담자, 관찰자를 정해서 잠하둘셋, 원무지계 기법 적용하기
활동 관찰 및 분석	• 화가 났던 장면을 떠올리고 친구들에게 디테일하게 자신의 감정을 잘 표현함. • 최근에는 화난 적이 없지만 친구의 이야기를 들으면서 그 상황이 공감은 된다고 하였으며, 원무지계 방법으로 친구를 도울 수 있을 것 같다고 함. • 누군가 나의 마음을 충분히 들어주고 공감해준다면 행복할 것 같다고 함.
활동사진	

(5) 5회기

5회기에서는 또래상담자 간 마주보며 손을 잡고 근육을 풀어주는 스트레칭 활동으로 신체이완 및 친밀감 형성을 하도록 하였다. 본 활동에서는 또래상담자가 다른 사람으로부터 도움받은 경험과 느낌을 알아보고, 이야기를 나눈 후 학교에서 또래상담자의 도움이 필요한 친구들의 유형을 알아보았다. 그리고 교실에서 친구들과 함께 할 수 있는 사포를 이용한 퍼즐조각만들기 활동을 한 후 모둠별로 그림을 전시하고, 다른 모둠의 작품에 대하여 피드백을 하도록 하였다.

〈표 15-23〉 프로그램 5회기

단위프로그램명	도움이 필요한 친구는 누굴까?
단위프로그램목표	• 도움이 필요한 친구, 도움 줄 수 있는 행동들을 찾아본다.
활동 인원	10명
활동 장소	00중학교 위클래스
준비물	사포, 크레파스, 가위
활동 내용	친해지는 마당: 근육이완 스트레칭 활동 1. 내가 누군가에게 도움을 받은 경험과 느낌을 한 명씩 발표하기 2. 학교생활 속에서 도움을 필요로 하는 친구들은 누구인지 생각해 보고 워크시트지에 적어 본 후 다른 친구들이 적은 것과 합쳐서 정리하기 3. 교실에서 친구들과 활용할 수 있는 사포를 이용한 퍼즐 조각 만들기
활동 관찰 및 분석	• 친한 친구들의 무리에서 소외된 친구, 전학 온 친구, 항상 혼자 다니는 친구 등 주변에서 도움이 필요한 친구들을 찾아보자고 할 때 또래상담자로서 찾아보려는 관심이 부족함. • 대부분 잘 적응하면서 지낸다. 우리 반에는 그런 애가 없다는 말을 함 • 상담자가 예를 들어서 설명한 후 a4 용지에 적도록 하자 다양한 내용들을 적음. • 자신이 누군가에게 도움을 받은 부분 역시 잘 생각이 나지 않는다는 반응을 보임. • 모둠별로 사포를 이용한 퍼즐 만들기 활동에는 매우 적극적인 활동을 함.
활동사진	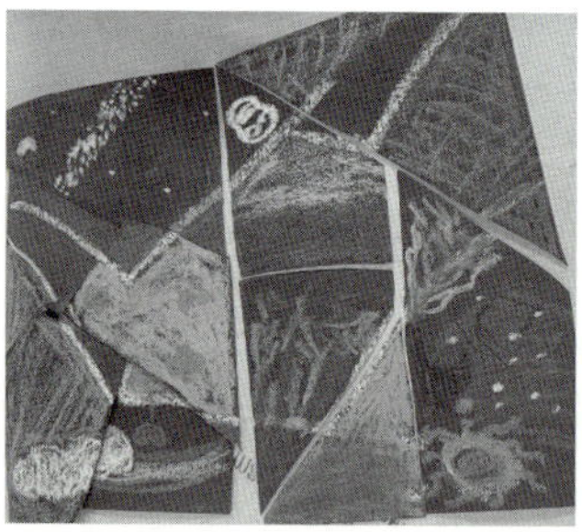 

(6) 6회기

6회기에서는 아이엠 그라운드 게임으로 촉진게임을 한 후 본 활동에서는 또래상담자로서 자신의 강점과 약점을 탐색하도록 하였다. 그리고 자기관리, 시간관리 질문지를 작성하고 자신의 생활유형을 알아보았다. 자기탐색 후 또래상담자로서 교실에서의 역할은 어떠한지, 어려운 부분은 무엇인지 발표하면서 또래상담자로서의 정체성과 역량을 확인해 보도록 하였다.

〈표 15-24〉 프로그램 6회기

단위프로그램명	나를 알고 싶어요.
단위프로그램목표	또래상담자로서 자신을 이해하고 스스로 관리할 수 있는 방법을 배운다.
활동 인원	10명
활동 장소	00중학교 위클래스
준비물	질문지, 전지, 포스트잇, 색연필, 필기구
활동 내용	친해지는 마당: 아이엠 그라운드 게임 1. 또래상담자로서 자신의 강점과 약점을 생각하게 한 후 전지에 포스트잇, 색종이, 색연필 등으로 표현해 보기 2. 자신관리, 시간관리 질문지 작성하기 3. 또래상담 활동을 하면서 어려운 부분을 떠올려보고 서로 나누기
활동 관찰 및 분석	• 또래상담자로서 자신의 강점이나 약점을 알아보는 자기탐색 활동은 비교적 솔직하고 상세히 표현함. • 자기관리 질문지, 시간관리 질문지를 한 후 채점을 하니 대부분 보통, 뛰어나다가 나옴. • 비교적 성실하고 책임감이 있는 학생들이 또래상담자로 지원한 것으로 보임. • 또래상담을 하면서 어려운 점은 친구들이 자기들의 고민을 또래상담자에게 말하지 않는 것이라고 함. 이는 또래상담은 교실에서 친구들을 세밀히 살피고 먼저 다가가서 도와주는 것임을 이해하지 못하는 것으로 느껴짐.(상담실에서 상담자처럼 기다리고 상담하는 것으로 알았다는 말을 함)

활동사진	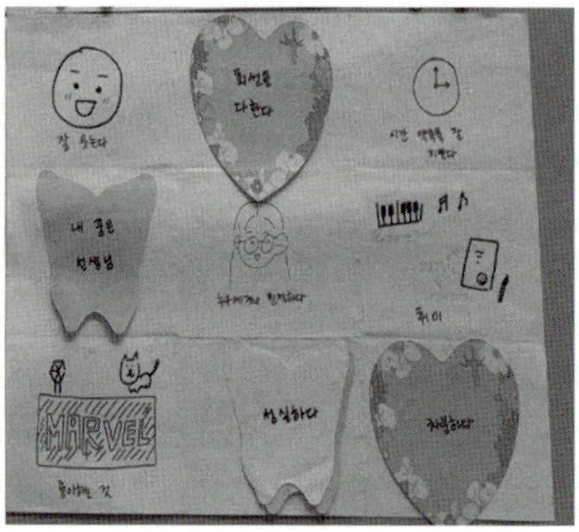	

(7) 7회기

7회기에서는 모둠별로 한 사람씩 앞에 나와서 몸으로 감정단어를 설명하면 나머지 모둠원들은 언어로 단어를 맞히는 게임을 하였다. 본 활동에서는 모둠별로 잡지를 나누어 준 후 잡지 인물의 표정에서 느껴지는 감정단어를 적는 활동을 하였다. 그리고 특정한 주제를 정한 후 기간에 따라 변화되는 감정을 그래프로 표현하고 모둠별로 발표하도록 하였다.

〈표 15-25〉 프로그램 7회기

단위프로그램명	나는 정서적 지지자
단위프로그램목표	친구의 정서적 지지자로서 다양한 감정 단어와 감정의 수준을 이해한다.
활동 인원	10명
활동 장소	00중학교 위클래스
준비물	잡지, 전지, 가위, 풀, 감정카드, 색사인펜
활동 내용	친해지는 마당: 감정 단어 알아맞히기 게임 1. 잡지에 감정이 드러나는 표정을 오리고 전지에 붙인 후 감정 단어 적기 2. 모둠별로 주제를 정해서 감정의 변화를 나타내는 감정그래프를 그리고 발표하기

활동 관찰 및 분석	• 감정 단어가 전 회기보다는 다양하게 도출됨. • 감정 단어를 몸으로 표현하고 그것을 알아맞히는 활동에 매우 흥미를 가지고 참여함. • 감정 그래프를 작성하면서 모둠원끼리 적극적인 의사소통이 이루어지고 글과 그림, 아이디어 제공 등 각각의 재능들을 드러냄.
활동사진	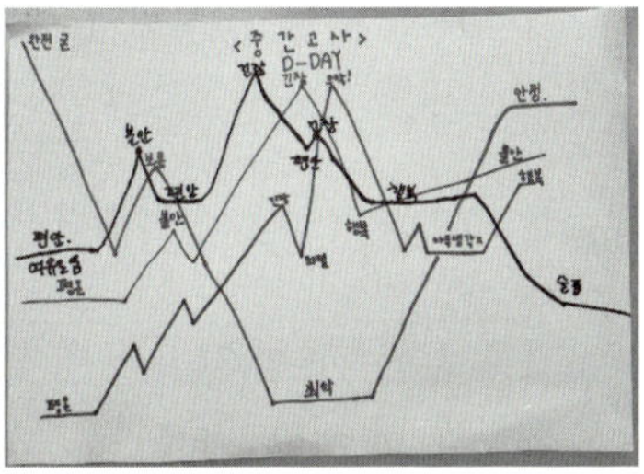 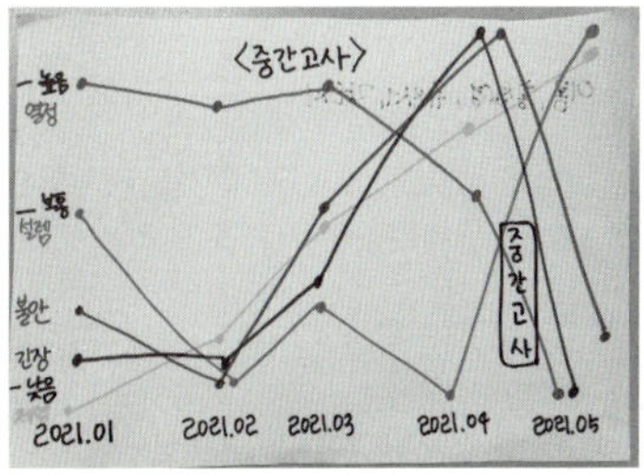

(8) 8회기

8회기에서는 촉진게임으로 그림자밟기 놀이를 하면서 모둠별 응집력과 협동심을 향상하도록 하였다. 본 활동에서는 교실에서 나타나는 다양한 유형의 친구들을 찾아보고 또래상담자가 조력해 주어야 하는 친구유형은 어떤 것이 있는지 탐색하였다. 친구관계에서 어려움을 경험하는 친구에게 도움이 되는 행동을 역할극을 통해 구현해봄으로써 또래상담자의 역할을 연습하도록 하였다. 그리고 또래상담 사례에 대해 살펴보고 또래상담일지 작성법에 대한 교육을 하였다. 모든 프로그램을 마친 마지막 시간에 소감을 발표하고 자기 평가를 하도록 하였다.

〈표 15-26〉 프로그램 8회기

단위프로그램명	나는 또래상담자
단위프로그램목표	• 역할극을 통해 친구에게 효과 있는 도움행동을 연습한다. • 또래상담일지 작성법을 배운다.

활동인원	10명
활동장소	00중학교 위클래스
준비물	상담일지, 필기구
활동내용	친한 마당: 그림자밟기 게임 1. 교실에서 나타나는 여러 유형의 친구들 모습 찾아보기 2. 힘센이, 약한이, 놀린이, 무관이, 조력이 등으로 분류하고 도움되는 행동은 무엇인지 사례를 바탕으로 역할극을 만들어서 도움이 되는 행동 연습하기 3. 또래상담 사례를 알아보고 또래상담일지 작성법 익히기 4. 프로그램 종결 소감 나누기
활동 관찰 및 분석	• 자신이 직접 또래관계의 불편감을 느끼지 못하거나 관심이 없는 학생들은 역할극 놀이를 부담스러워함. • 워크시트지의 사례를 배역을 정해서 읽어보게 하고 자신이라면 어떻게 할 것인지 질문하고 생각하도록 함. • 인터넷에서 또래상담 사례를 찾아와서 읽고, 사례에 대한 궁금함을 질문함. • 또래상담 유형에 대하여 이야기하고 또래상담일지 작성법 설명 후 일주일에 한 사례씩 적기로 함. • 프로그램 참여 자기평가는 간략하지만 솔직하게 표현함.

* 참고: 한국청소년상담복지개발원(2022). 솔리언 또래상담 웹교재 및 동영상

7) 프로그램 결과에 대한 질적 평가

(1) 전체 프로그램 운영에 대한 지도자 평가

- 중학교 1학년 또래상담자들이라는 동질집단으로 구성되어 프로그램을 진행하는데 큰 어려움은 없었으나 구성원 간 친한 친구와의 소통은 잘 되는 반면 잘 모르는 학생들과의 모둠 활동은 어색해하고 자신의 생각이나 감정을 개방하는 것을 어려워하였다.
- 동영상, 활동지 등 매체를 활용한 활동에는 적극성을 가지고 임하였으나

역할극이나 발표시간에는 외향적인 성향이 강한 소수 학생들만 주로 활동하는 모습이 아쉬웠다.

- 또래상담자가 교실이나 또래관계에서 일어나는 갈등이나 학교생활 부적응을 도와주는 역할을 함으로 친구 등 타인에 대한 민감한 관심이 필요하지만 자신과 주변의 친한 친구들 외에는 관심이 없는 경향을 보여 또래상담자 역할에 대한 교육이 지속적으로 필요함을 확인하였다.

(2) 프로그램 참여에 대한 또래상담자 자기평가

또래상담자들은 프로그램 첫 회기에서 프로그램 참여동기 및 개인 목표를 발표하였다. 상담자는 이를 기록하였고, 프로그램 종료 후 변화된 또래상담자들의 모습을 확인하고자 모든 참여자들이 모든 프로그램이 종료된 후 전체 프로그램에 대한 소감과 첫 회기 때의 개인 목표가 얼마나 이루어졌는지에 대하여 평가지에 기록하도록 하였다. 이에 대한 세부적인 내용은 〈표 15-27〉에 제시하였다.

〈표 15-27〉 프로그램 참여자 자기평가

또래 상담자	참여동기 및 개인 목표	프로그램 후 변화
현이	또래상담자 경험을 해보고 싶다.	매주 만나고 활동하면서 나에 대해서 알고 친구들에 대해서도 알게 되어서 좋았다.
경이	친구들의 이야기를 들어주는 것을 좋아하는데 잘하는 방법을 알고 싶다.	친구들을 도와준다는 막연한 생각이 조금 바뀌고 다양한 방법들을 배워서 좋았다.
원이	심리상담사가 진로 희망이라서 상담에 대해서 미리 배우고 싶다.	심리상담이 아직도 어떤 것인지는 잘 모르겠지만 조금은 알게 된 것 같고 재미있을 것 같다.
윤이	상담에 대한 궁금함과 호기심이 많아서 알고 싶다.	상담이 어떤 것인지 조금 안 것 같다. 친구들과 감정에 대해 이야기하고 나눈 것이 신기했다.

지니	친구들의 이야기를 들어주거나 다른 사람들을 도와주는 것을 좋아한다.	친구의 이야기를 잘 들어줄 수 있을 것 같고 재미있었다.
형이	또래상담을 통해 다른 사람의 마음을 알고 싶다.	다른 사람의 마음을 안다는 것이 신기했고 감정단어가 많다는 것이 새로웠다.
욱이	상담하는 사람들이 멋있어 보이고 호기심이 생겨서 알고 싶다.	상담하는 것이 생각보다 어려울 것 같다. 그래도 재미있었다.
재니	아는 언니가 또래상담을 했는데 좋다고 권했고 나도 하고 싶다.	친구들과 매주 만나서 뭔가를 같이 한다는 것이 기대되고 좋았다.
혜니	심리상담에 관심이 있어서 배우고 싶다.	심리상담을 더 배우고 싶다는 생각도 하고 어렵다는 생각도 했다. 그래도 친구들을 도와주는 것에 도움이 되는 것 같다.
주니	또래상담을 하면서 진로에 대해 생각해 보고 싶다.	감정에 대해 알게 된 것이 재미있고 좋았다.

3. 청소년 복지 프로그램

더 자람(The Grow)[2] :
중등연령 학교밖 청소년 사회성향상 프로그램

1) 프로그램 목적 및 필요성

- 학교 밖 청소년의 경우 학교중단으로 체계적인 교육 혜택과 진로정보, 사회성 및 사회기술 습득 등의 기회가 감소되고 소속집단에 대한 소속감 욕구를 충족시키는 데 있어 어려움이 발생하여 다양한 부적응 문제 초래
- 더 자람(The Grow) 사회성 향상 프로그램은 학교 밖 청소년들의 다양한 부적응 문제를 해소하고, 사회화 과정에서 경험하는 여러 가지 어려움을 극복하는 연습을 통해 건강하게 성장할 수 있는 기회를 제공하기 위해 개발
- 중등연령 청소년은 신체적으로는 2차 발달이 나타나며 경험적이고 귀납적인 인지 수준에서 추상적이고 가설 연역적인 사고가 가능한 지적수준에 도달
- 심리 · 사회적으로 자아정체감이 발달하고 풍부한 상상력과 정서의 급격한 발달로 감수성이 예민해져 강렬한 정서를 체험

2) 더 자람(The Grow) 프로그램은 박재연, 박경례, 이인숙, 이정윤, 임세영(2023)이 한국청소년상담복지개발원의 연구용역 과제로 작성한 중등연령 학교 밖 청소년 사회성 향상 프로그램 개발 연구보고서에 담겨 있는 내용이다. 본 책에는 프로그램을 개발한 저자들의 동의 절차를 거쳐 이 중 일부 내용을 수록하였다.

- 중등연령 청소년은 부모나 권위자로부터 독립의지를 가지면서도 어느 집단에 소속되고자 하는 욕구가 동시에 존재
- 학교중단으로 소속집단이 없는 청소년들은 또래들과의 상호작용이 제한될 수밖에 없어 대인관계가 한정적이고 사회성 발달이 제한
- 중등연령 학교 밖 청소년들에게 의사소통 기술, 협동하여 문제를 해결하는 기술, 자신의 일과를 스스로 관리하고 조절하는 기술 등 사회적 환경에 적절하게 대처하고 적응하는 능력을 구체적으로 실현할 수 있도록 돕는 프로그램이 제공된다면, 사회성을 발달시키고 건강한 성장에 매우 도움

2) 더 자람(The Grow) 사회성 향상 프로그램의 구조도

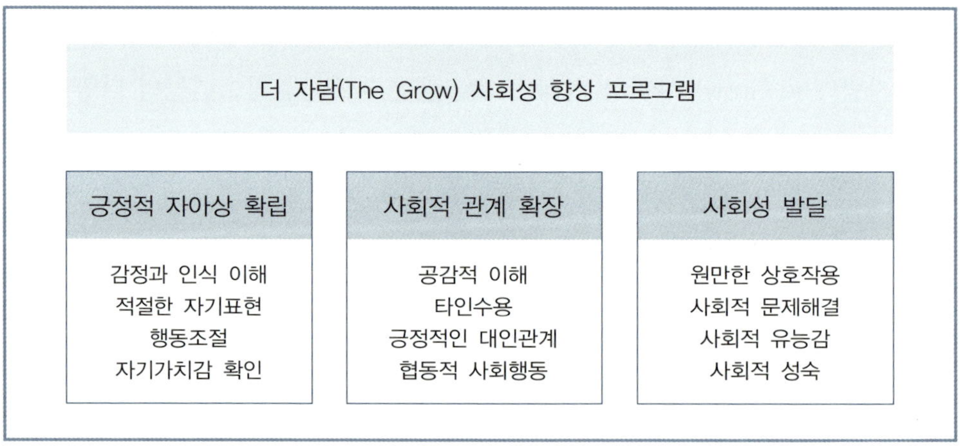

[그림 15-2] 더 자람(The Grow) 사회성 향상 프로그램의 구조도

3) 프로그램의 목표

첫째, 긍정적인 상호작용으로 자신과 타인을 수용하고 이해하는 경험을 통해 자신과 타인에 대한 긍정적 태도를 가진다.

둘째, 자신을 긍정적으로 인식하고 타인의 감정에 공감함으로써 사회적 유대감을 경험하고, 타인에 대한 공감 능력을 유지해 나갈 수 있는 힘을 키운다.

셋째, 자신의 감정을 이해하고, 적절한 자기표현으로 정서적 소통을 하면서 심리적으로 안정되어 직면하는 문제를 적응적인 방법으로 해결할 수 있는 사회기술을 습득한다.

넷째, 갈등상황에서 스스로 조절하는 방법을 향상시키고, 프로그램 내에서 또래들과 협동하는 상황을 통해 협동성을 키울 수 있다.

다섯째, 자신의 감정과 행동을 인식하고 적절하게 표현함으로써 의사소통기술을 증진시켜 친구관계, 부모와의 관계 등 대인관계 증진에 도움이 된다.

여섯째, 성취 경험, 긍정적 자아상 회복, 자율성 증진, 친사회적 규범 습득, 소속감 등을 확보함으로써 사회적 유능감과 사회정체성을 형성한다.

4) 프로그램 개발 과정

단계	내용
1단계 기획	문헌연구 및 계획 수립 - 목표설정 - 이론적 기초 확립 - 요구조사 및 분석
2단계 구성	프로그램 내용구성 - 프로그램 모형개발 - 척도구성 및 타당화 - 프로그램 회기별 내용 구성
3단계 검증 및 실시	프로그램 검증 및 시범운영 - 프로그램 내용 전문가 자문 - 프로그램 체계 확립 - 프로그램 시범운영 및 만족도 조사
4단계 평가 · 완성	효과성 분석 및 최종 프로그램 개발 - 프로그램 평가 및 효과성 검증 - 프로그램 수정 보완 - 더 자람(The Grow) 프로그램 개발

[그림 15-3] 프로그램 개발 과정

5) 프로그램 효과성 검증

(1) 사전 · 사후 평가도구: 사회성 척도

사회성 척도는 프로그램 효과성 검증을 위해 참여자에게 프로그램 시행 전과 후에 실시하여 사회성 변화도를 측정하기 위해 개발되었다. 사회성 척도의 구성 요인은 공감, 사회정체감, 정서적 안정감, 자율성, 자기조절, 협동성, 의사소통으로 기존 사회성 관련 연구와 각 척도개발 연구에서 인용하여 구성되었다. 전체 문항은 43문항이며 4점 Likert 척도로 구성하였고 공감 6문항, 사회정체감 8문항, 정서적 안정감 5문항, 자율성 3문항, 자기조절 9문항, 협동성 3문항, 의사소통 9문항이다. 또한 역채점 문항 11문항이 포함되어 있다.

(2) 회기별 평가 및 종합평가

회기별 평가는 회기별 만족도, 매회기마다 경험보고서, 지도자 평가를 작성하도록 하고 종합평가는 전체 프로그램에 대한 만족도 조사와 지도자 질적 평가를 실시하였다. 프로그램 만족도 조사에는 프로그램에 대한 이해와 흥미, 진행방법의 적절성과 유익성, 친구들에게 추천할 의향 등에 관한 문항으로 구성하였다. 지도자 평가는 시의적절성, 목적성, 실용성, 유익성, 결과 기여도 등의 현장 활용성에 관한 질문과 프로그램 전반에 대한 의견을 수집할 수 있는 내용으로 구성되어 있다. 회기별 평가 및 종합평가는 청소년의 양적평가와 질적평가, 지도자의 질적평가로 이루어지며, 프로그램의 세부내용과 진행과정에 대한 정보를 얻을 수 있다.

6) 회기별 프로그램 내용

① 1차시. 어서와 사회성은 처음이지

〈표 15-28〉 1차시

프로그램명	'어서와 사회성은 처음이지?' - 더 자람(The Grow) 활동주제 1. 사회성 이해		
목표	• 프로그램 오리엔테이션 및 친밀감을 형성한다. • 사회성이 무엇인지 알고 이해한다. • 더 자람(The Grow) 프로그램에 대한 전반적인 이해를 바탕으로 적극적인 참여 동기를 향상시킨다.		
준비물	A4용지, 필기구, 사회성 카드		
단계	내용	시간(분)	비고
도입	• 사회성 프로그램 소개 - 사회성 프로그램을 소개한다. - 청소년이 인식한 사회성에 대해 알아본다. - 사회성의 중요성을 설명한다. - 프로그램 규칙과 목표, 변화에 대한 기대를 알아본다.	20분	A4용지 필기구
활동	• 인터뷰 활동을 통한 친밀감 형성 - 인터뷰 활동지를 활용하여 짝을 이룬 집단원을 인터뷰한다. - 인터뷰 내용을 토대로 짝을 소개한다.	60분	A4용지 필기구 사회성 카드
	• 사회성 이해를 위한 스피드게임 - 사회성 카드 게임을 활용하여 사회성 구성요인들에 대해 이해한다. - 팀을 나누어 사회성 스피드게임을 한다. - 자신이 가장 부족한 사회성에 대해 나눈다. - 사회성을 올려줄 나만의 사회성 문장 만든다.		
	• 프로그램 제목인 더 자람(The Grow)을 활용하여 구성원 모두 함께 성장하는 목표와 개별 목표를 설정한다. • 더 자람(The Grow) 의미부여를 통해 점차 소속감을 가지고 동아리로서 활동할 수 있도록 응집력을 자연스럽게 형성할 수 있도록 한다.		
마무리	• 느낌 나누기 - 프로그램 활동 후 생각과 느낌을 나눈다. • 과제제시: 가족이나 친구 장점 찾아보기	10분	

② 2차시. 내 감정은 내가 전문가

〈표 15-29〉 2차시

프로그램명	'내 감정은 내가 전문가' - 더 자람(The Grow) 활동 주제2. 그림 활동		
목표	감정카드를 활용한 게임을 통해 다양한 감정에 대해 이해할 수 있다. 나와 타인의 감정을 이해하고 정서적 안정감을 갖는다. 자신의 감정을 표현하고 조절하는 방법을 알 수 있다.		
준비물	감정카드, 거울시트지, 보드마카펜과 지우개, 4절지, 네임펜, 연필, 지우개, 색연필		
단계	내용	시간(분)	비고
도입	• 감정카드 게임을 통해 마음 열기 - 감정목록을 작성하여 다양한 감정 탐색한다. - 몸으로 말해요 게임을 통해 감정에 대해 알아본다. - 게임 후 자신의 감정에 대해 이야기 한다.	20분	감정카드
활동	• 감정 탐색 - 평소에 자신이 조절하기 힘들었던 감정, 조절하고 싶었던 감정이 무엇인지 생각해보고 친구들과 나눈다. - 감정카드에서 감정단어를 선택하고 그 감정을 표정으로 표현한다. - 자기얼굴을 거울에 비춰보고 거울 속의 자신의 표정을 그림으로 그려본다. - 그림을 친구들과 공유하고 그림 속의 감정과 상황에 대해 소개한다.	60분	거울시트 보드마카 지우개
	• 감정만화 만들기 - 나누었던 이야기들을 바탕으로 인사이드 아웃에 나오는 감정들을 알아본다. - 인사이드아웃 캐릭터에 맞게 사회적 상황에서 발생할 수 있는 일들을 만화영화 콘티로 만든다. - 자신이 만든 만화를 친구들에게 소개한다. - 만화를 만들면서 느꼈던 다양한 감정들을 나눈다. - 감정조절이 대인관계에서 어떤 도움이 되는지 의견을 나누어 본다.		4절지 네임펜 연필 지우개 색연필
마무리	• 느낌 나누기 - 프로그램 활동 후 생각과 느낌을 나눈다. • 과제제시: 자신의 감정을 알아차리고 상황에 맞게 조절해보는 연습하기	10분	

③ 우리는 공감하는 사이

〈표 15-30〉 3차시

프로그램명	'우리는 공감하는 사이' - 더 자람(The Grow) 활동주제 3. 푸드테라피 활동		
목표	• 공감의 의미를 알아보고 이해한다. • 팥빙수 나눔활동을 통해 다른 사람의 생각이나 행동을 배려하고 존중할 줄 안다. • 상대방의 입장에서 생각하는 공감능력을 증진한다.		
준비물	빙수기, 얼음, 아이스크림, 팥빙수 팥, 연유, 과일통조림, 찰떡, 젤리, 우유, 일회용 용기, 숟가락, A4용지, 사인펜(계절과 상황에 따라 재료 변경 가능)		
단계	내용	시간(분)	비고
도입	• 학교를 그만둘 때 / 현재 학교 밖에서 생활하는 나를 공감해 준 사람과의 공감 경험에 대해 나눈다. - 자신에게 소중한 것에 대한 공감하는 시간을 갖는다.	20분	토론지 필기도구
활동	• 공감하기, 공감팥빙수 만들기 - 다양한 상황에서의 스트레스를 살펴보고, 또래 친구들에게 솔직하게 표현한다. - 공감 팥빙수를 만들기 위한 재료를 소개한다. - 재료를 설명하고 재료들에 대해 감정을 부여하도록 한다(예: 얼음- 행복, 젤리-달콤함, 팥- 사랑 등). - 친구에게 주고 싶은 공감 팥빙수를 만들기 위해 공감 재료들을 구한다. - 획득한 재료로 팥빙수를 만든다. 이때 얼음 갈기 순서를 정하고 순서대로 진행한다.. - 그릇에 행복 얼음을 가득 담고 자신이 얻은 공감 재료로 예쁘게 토핑하여 공감 팥빙수를 만든다. - 공감 팥빙수를 친구에게 주며 공감 마음을 전한다. ※ 공감 요리의 종류는 여러 가지를 상황에 따라 선택하여 진행할 수 있도록 메뉴얼에 제시한다(공감 샌드위치, 공감 주먹밥, 공감 꼬마김밥 등).	60분	A4용지 사인펜 팥빙수 재료 (계절과 상황에 따라 재료변경 가능)
마무리	• 느낌 나누기 - 공감할 때와 받을 때의 느낌 나눈다. • 과제제시 : 집에서 가족과 함께 서로의 마음을 공감하며 음식 하나 만들어 먹기	10분	

④ 스스로 할 수 있는 우리

〈표 15-31〉 4차시

프로그램명	'스스로 할 수 있는 우리' - 더 자람(The Grow) 활동주제 4. 반려식물 활동		
목표	• 자신이 주도하는 경험을 통해 자율성을 증진한다. • 반려 생명체를 키우기 위한 계획과 준비를 통해 생명의 소중함과 책임감을 증진한다. • 스스로 자신의 욕구를 충족시키고 활동할 수 있는 자율성을 키운다.		
준비물	용기, 다육이, 마사토, 색 모래, 배양토, PPT, 동영상		
단계	내용	시간(분)	비고
도입	• 풍선 옮기기 게임을 통해 불편함을 견디고 인내하면서 시간관리의 중요성을 알도록 하고, 자율성과 참을성을 키우도록 한다. - 자신의 풍선을 불어서 다리 사이에 끼우고 풍선을 떨어뜨리지 않고 팀원들과 이어서 반환점을 돌아온다.	20분	PPT 영상물
활동	• 반려식물에 대해 설명하고 이해한다. - 다양한 반려 동식물들에 대한 영상을 보여주어 식물도 강아지나 고양이처럼 반려 생명체가 될 수 있음을 설명한다. - 반려식물들에 대해 스스로 알아보고 서로 나눈다. - PPT를 통해 테라리움이 무엇인지 보여준다. - 어떤 테라리움이 좋은지 서로 나누어 보고 선택한다. • 테라리움 재료에 대한 탐구, 만들기 - 테라리움을 꾸밀 마사토와 흙 등을 나눈다. - 색모래나 흙 등을 만져보고 느낌을 나눈다. - 마사토를 바닥에 깔아준 뒤 색모래를 차례로 조심스럽게 넣는다. - 자갈을 차례로 넣은 후에 흙을 넣어 잘 다진다. - 식물을 심고 분무기로 물을 뿌리고 다져주고 위에 장식한다. • 반려식물 키우기 - 테라리움의 색감을 느껴보고 나눈다. - 테라리움을 어디서 키울 것인지 나눈다. - 반려식물을 잘 키우기 위한 탐색 및 계획을 한다.	60분	용기 다육이 마사토 색모래 배양토
마무리	• 느낌 나누기 - 프로그램 활동 후 생각과 느낌을 나눈다. - 과제 제시: 하루 일과표 만들기	10분	

⑤ 더 괜찮은 나로 UP

〈표 15-32〉 5차시

프로그램명	'더 괜찮은 나로 UP' - 더 자람(The Grow) 활동주제 5. 악기 활동		
목표	• 미션 젠가게임을 통해 감정을 조절하고 협력하는 경험을 한다. • 악기 만들기 활동을 통해 자기조절과 인내력을 키운다. • 악기 연주를 통해 자신의 감정들을 표현하며 조절하는 방법을 알 수 있다.		
준비물	풍선, 다양한 곡물, 페트병, 플라스틱 컵		
단계	내용	시간(분)	비고
도입	• 미션 젠가게임 - 젠가게임의 미션들과 규칙에 대해 설명한다. - 팀을 나눈 후 미션이 부여된 젠가를 뽑는다. - 미션이 적힌 젠가를 구성원들에게 보여주고 미션을 수행한다. - 젠가가 무너지면 팀 전체가 미션을 수행한다. - 미션 수행을 어려워 할 경우 미션의 강도를 적당히 조절해 준다.	20분	미션 젠가
활동	• 악기 만들기 - 다양한 곡물들의 소리를 들어본다. - 어떤 악기를 만들지 생각해본다. - 풍선 옮기기 게임에 이긴 팀부터 재료를 선택한다. - 악기를 만드는 재료를 선택하는 과정에서 스스로 적절히 조절하고 친구들과 나눔으로써 양보하고 협동하는 경험을 하도록 한다. - 선택한 재료로 악기를 만들어 본다. - 만든 악기로 세기와 높낮이가 다른 소리를 내본다. • 만든 악기 합주하기 - 합주를 지휘할 책임자를 뽑는다. - 어떤 곡을 연주할지 서로 의논한다. - 연주할 곡을 선택한다. - 악기 합주한다.	60분	풍선 다양한 곡물 페트병 플라스틱 컵
마무리	• 느낌 나누기 - 프로그램 참여 후 느낀 점과 다짐을 나눈다. • 과제 제시: 일상생활 속에서 자신이 하고 싶지만 조절해야 하는 것을 선택하고 조절해 보는 경험해 보기 (예: 스마트폰 하는 시간의 양과 시간대를 선택하고 조절해 보기)	10분	

⑥ 소통 UP! GO

〈표 15-33〉 6차시

<table>
<tr><td>프로그램명</td><td colspan="3">'소통 UP! GO!' - 더 자람(The Grow) 활동주제 6. 영화치료 활동</td></tr>
<tr><td>목표</td><td colspan="3">• 의사소통의 의미를 알아보고 중요성을 이해한다.
• 영화에 나오는 인물의 의사소통 유형을 파악하고 다양한 의사소통의 방식을 이해한다.
• 자신의 의사소통 방식을 안다.
• 자신의 생각과 행동을 긍정적으로 표현하여 의사소통 능력을 향상시킨다.</td></tr>
<tr><td>준비물</td><td colspan="3">풍선, 마빈의 방 영상물, 활동지, 필기구, ppt</td></tr>
<tr><td>단계</td><td>내용</td><td>시간(분)</td><td>비고</td></tr>
<tr><td>도입</td><td>• 침묵의 피구
- 풍선을 활용한 침묵의 피구의 규칙과 활동방법을 설명한다.
- 팀을 나누어 서로 아무 말도 하지 않고 피구를 한다.
- 게임 후 느낀 감정에 대해 이야기 한다.</td><td>20분</td><td>풍선</td></tr>
<tr><td>활동</td><td>• 영화 치료 활동
- 마빈의 방 동영상을 시청한다.
- 다양한 의사소통을 나타내는 장면들을 본다.
- 의사소통에 대한 활동지에서 영화 장면에서 나오는 인물들의 의사소통 방식을 찾아서 짝을 짓는다.
- 활동지를 발표하면서 선택한 이유를 나눈다.
- 자신의 의사소통 방식에 대해 나눈다.
- 가족과의 의사소통 방식에 대해 나눈다.
• 비폭력 대화
- 비폭력 대화에 대해 설명한다.
- 자신이나 가족의 의사소통 방식으로 인해 힘든 상황이 발생한 경우가 있는지 나눈다.
- 이러한 상황에서의 대화방식에 대해 나누고 비폭대화의 필요성을 인식한다.
- 비폭력 대화를 연습한다.</td><td>60분</td><td>동영상
활동지
필기구
ppt</td></tr>
<tr><td>마무리</td><td>• 느낌 나누기
- 프로그램 활동 후 생각과 느낌을 나눈다.
• 과제제시: 가족이나 친구, 주위 사람 중에 비폭력 대화법으로 의사소통해 보고 싶은 사람에게 비폭력 대화법으로 의사소통해 보기</td><td>10분</td><td></td></tr>
</table>

⑦ 함께하면 행복해요

〈표 15-34〉 7차시

프로그램명	'함께 하면 행복해요' - 더 자람(The Grow) 활동주제 7. 맛집탐방 활동		
목표	• 협동성의 의미를 알고 이해한다. • 서로 협력하여 과제를 수행함으로써 협동성을 높이고 공동체 의식을 증진한다.		
준비물	협동 사다리게임 보드, 주사위, A4용지, 보상물(젤리, 사탕), 검색도구(휴대폰, 태블릿 pc 등), 전지, 사인펜, 사진, 프린터기, 가위, 풀		
단계	내용	시간(분)	비고
도입	• 협동사다리게임을 통한 팀별 협동심 키우기 - 팀원을 나누고, 사다리게임에서 목적지에 도달하기 위해 하는 미션에 대해 팀별로 상의한다. - 팀원이 서로 돌아가며 주사위를 던지고 나온 숫자만큼 가고 도착한 곳의 미션 수행시 1칸 전진으로 진행한다. - 팀원끼리 잘 협력하여 미션을 수행하여 먼저 도착한 팀에게 보상물(사탕, 젤리 등)을 준다. 이때 진 팀에게도 보상물을 나누어 먹는 기회를 준다. - 함께 작업할 때 힘들었던 경험들에 대해 서로 나눈다.	20분	보드게임 주사위
활동	• 우리 동네 맛집 탐색하고 맛집 평가하기 - 자신이 좋아하는 음식에 대해 서로 의논하여 좋아하는 음식을 선택한다. - 좋아하는 음식이 같은 사람들끼리 조를 이루어 그 음식에 대한 우리 동네 음식점을 다양한 검색도구를 이용하여 검색한다.(2명 이상이 팀이 이루어지게 한다.) • 우리 동네 맛집 리스트 만들기 - 나누어진 팀원들끼리 검색도구를 사용하여 우리 동네 맛집들을 탐색하고 서로 공유하여 맛집 리스트를 만들 목록들을 토론한다. - 팀원끼리 토론하여 결정한 맛집에 메뉴와 사진 등을 출력한다. - 전지에 그림, 사진, 글, 메뉴, 맛 평가 등을 다양하게 꾸며 맛집 리스트를 함께 만든다. - 만들어진 리스트를 발표하고 다른 팀이 별점을 준다.	60분	전지 검색도구 사인펜 프린터기 가위 풀 스티커
마무리	• 느낌나누기 - 팀원들과 함께하면서 느꼈던 것을 나눈다. • 과제 제시: 우리 동네 사진 예쁘게 나오는 장소 찾아보고 알려주기	10분	

⑧ GO 사회속으로

〈표 15-35〉 8차시

프로그램명	'GO 사회 속으로' - 더 자람(The Grow) 활동주제 8. 동아리 활동		
목표	• 프로그램에 참여한 또래들과 동아리활동을 계획하여 소속감을 갖도록 하고 이를 통해 사회정체감을 형성한다. • 염색한 손수건을 선물하고 공동체의식을 높인다.		
준비물	활동 동영상, 흰손수건, 네임펜, 염료[(9가지색: 빨강, 파랑, 노랑, 주황, 초록색, 남색, 보라색, 분홍색, 마젠타색(자주색)], 투명컵 9개, 소금, 나무젓가락, 비닐장갑, 고무줄		
단계	내용	시간(분)	비고
도입	• 추억의 동영상 보기 - 동영상을 보고 친구들과의 좋았던 경험들을 나눈다. - 비슷한 경험을 공유했던 친구들을 떠올려 본다.	20분	동영상
활동	• 동아리 활동 계획 만들기 - 8회기 동안 있었던 회기마다 안내되었던 활동주제에 대한 경험 중 어떤 것이 좋았는지 나눈다. - 지속해서 유지하고 싶은 활동주제가 있는지 나눈다. - 활동 계획에 대한 이야기를 나누어 본다. • 염색 손수건을 만들어 동아리 친구들에게 선물하기 - 선물하고 싶은 친구를 생각하며 손수건에 긍정적인 메시지를 적고 꾸며본다. - 색의 의미를 설명하고 친구에게 주고 싶은 색을 선택한다. - 긍정 메시지를 적은 손수건을 염색하여 팀원에게 서로 선물한다. - 서로 받을 때와 줄 때의 기분을 나눈다.	60분	흰손수건 네임펜 염료 (9가지 색) 소금 나무젓가락 투명컵 비닐장갑 고무줄
마무리	• 수료증 수여 및 사후검사 • 과제제시: 추후 더 자람(The Grow)동아리 활동하기(학교밖지원센터 연계)	10분	

7) 프로그램 평가

(1) 프로그램 질적평가

① 참여자 평가

중등연령 학교 밖 청소년 사회성 향상 프로그램에 참여한 청소년은 5명이었고 남자 2명, 여자 3명이었다. 연령은 15세 1명, 14세 4명이었다. 참여자에게 프로그램을 실시하고 각 회기별 구성내용이 적절하었는가를 알아보기 위해 설문조사를 실시하였다. 설문지는 4점 Likert척도로 프로그램 평가 및 참여 경험 소감문을 나의 경험과 나의 소감으로 나누어 작성할 수 있도록 구성되었다.

회기별 프로그램 주제와 내용 및 활동이 사회성 성장에 도움이 되었는가에 대한 프로그램 적절성 평가결과, 1회기(평균 3.9점), 3회기(평균 3.7), 8회기(평균 3.9점)를 제외한 모든 회기에서 평균 4점(매우 그렇다)을 획득하였다.

〈표 15-36〉 프로그램 적절성 평가결과

회기	M	회기	M	회기	M	회기	M
1	3.9	2	4.0	3	3.7	4	4.0
5	4.0	6	4.0	7	4.0	8	3.9

프로그램에 참여 한 후 회기별 사회성 수준을 자가평가하였다. 점수는 1점에서 10점 사이에서 평가하도록 하였다. 참여자들의 프로그램 실시 후 변화도를 살펴보면 1회기 평균 5점에서 8회기에는 평균 8.8점으로 나타났다. 전체적으로 사회성 수준이 향상되었다고 보고하였다.

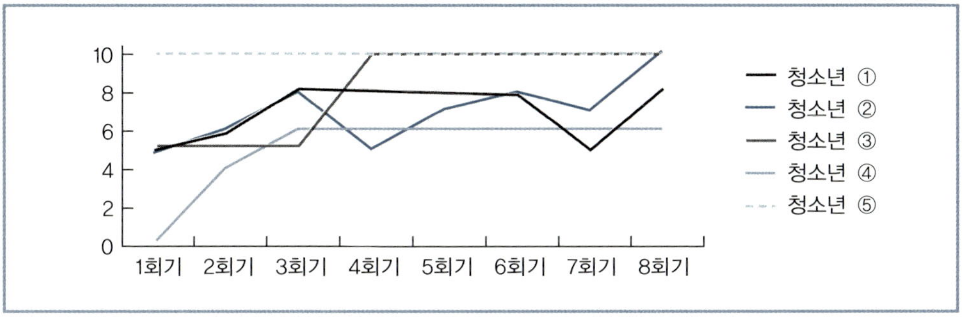

[그림 15-4] 회기별 사회성 수준의 변화

회기별 프로그램의 효과를 질적으로 깊이 있게 파악하기 위해 나의 경험과 나의 소감 두 부분으로 나누어서 질문하였다. 질문은 경험과 소감으로 나누었으며 경험에는 사회성 활동경험, 새롭게 알게 된 점, 도움이 된 점을 알아보았으며 소감은 힘들었거나 아쉬운 점 좋았거나 즐거웠던 점, 변화한 점 등에 대해 개방형 질문을 제시하였다. 참여자의 회기별 경험과 소감은 〈표 15-37〉의 내용과 같다.

〈표 15-37〉 회기별 경험과 소감

나의 경험	• 사회성이라는 것을 알게 되었다. • 다양한 사회성이 있다는 것을 알았고 사회성을 키우는 데 도움이 될 것 같다. • 감정을 표현하는 것이 어렵다는 것을 알게 되었다. • 다른 사람의 이야기에 공감이 될 수도 있고 안 될 수도 있다는 점을 배웠다. • 다른 사람의 감정에 공감할 수 있게 되었다. • 테라리움을 만들면서 다른 친구들과 친하게 된 것 같다. • 테라리움을 만들기 위해 계획을 세웠지만 그냥 아무렇게 해도 예쁘게 나온다는 것을 알게 되었다. • 만들기를 하면서 다른 사람을 칭찬하는 것을 배웠다. • 악기를 직접 만들어 볼 수 있었고 연주를 하면서 재미있었다. • 부모님과 나의 의사소통 방법이 비난형으로 서로 화를 내면서 말을 한다는 것을 알게 되었다.

나의 소감	• 사회성에 대해서 많이 알게 되었고 부족한 사회성이 무엇인지도 알게 되어 사회성 향상에 도움이 될 거 같다. • 감정을 만화로 표현하는 것이 재미있었고 밝아진 거 같다. • 감정에 대해 잘 알 수 있었고 다른 사람이 그린 만화를 보고 나누는 것이 재미있었다. • 만들기가 재미있었고 말이 많아진 거 같다. • 식물을 키우는 방법을 알게 되어 스스로 키울 수 있을 것 같다. • 젠가 게임에서 미션을 수행하면서 엄마의 장점에 대해 알기위해 엄마에게 전화해 본 것이 재미있었다. • 의사소통을 배우고 난 후에 어머니와 비난하는 자칼의 대화가 아닌 기린의 대화를 하려고 했는데 잘 되지 않았다. 다시 시도해 보려고 한다. • 생각을 하지 않고 행동했는데 생각을 하게 되었다. • 프로그램 활동에 점점 더 적극적으로 참여하게 되었다. • 칭찬을 별로 하지 않았는데 칭찬을 하게 되었다.
도움이 되었던 내용 (제목, 기억나는 활동)	• 스스로 하는 우리라는 테라리움 만들기를 하면서 계획을 세우는 것을 배웠고 함께 하는 친구들과 말이 많아졌다. • 곡물 악기를 만들 수 있게 되었고 연주를 하면서 적극적이 되었다. • 친구들과 어울리게 되어 사회성이 좋아진 거 같다. • 공감 팥빙수를 만들면서 감정을 공감하는 것을 배웠다. 공감이 될 수도 있고 공감이 되지 않을 수 있다는 것을 알게 되었다. • 만화 만들기를 통해 내 감정을 알게 되었고 다른 친구들의 만화를 보면서 서로 공감하였다. • 친구들과 함께 맛집 리스트를 만들면서 맛집도 많이 알게 되었고 협동할 수 있었다. • 부모님과 서로 자칼로 대화를 하는지 알게 되었다. 기린의 대화를 해야겠다고 생각되었다. 어머니와 기린으로 대화를 해보려고 한다.
도움이 되지 않거나 참여가 어려운 내용	• 맛집 리스트 만드는 게 어려웠다. • 영화를 보고 활동하는 것이 어려웠다.
건의사항	• 활동시간이 너무 짧다. • 너무 여러 가지가 많아 시간이 부족했고 여유롭게 천천히 할 수 있었으면 좋겠다. • 프로그램 회기가 너무 짧아 더 길었으면 좋겠다,

출처: 박재연 외(2023).

참여자들의 프로그램 참여경험을 종합적으로 평가하기 위하여 프로그램의 내용 이해, 활동지, 교구재 활용성, 시간 및 횟수의 적절성, 참여에 대한 만족도, 목표달성, 추천의향 등을 묻는 설문조사를 실시하였다. 설문은 4점 Likert 척도를 사용하였다. 만족도 평가 결과 항목별로 3점에서 3.8점으로 모든 항목에서 평균 3점(그렇다) 이상 점수를 획득하였으며, 특히 활동지, 교구재 활용(3.8점), 참여에 대한 만족도(3.8점), 사회성 성장에 도움(3.8점), 항목에서 평균 3.8점 이상을 획득하였다. 참여자들이 비교적 높은 만족도를 보이는 이유는 흥미롭고 재미있는 체험활동을 통한 다양한 사회성 기술을 연습한 것이 참여자들에게 프로그램이 유익하고 효과가 있다고 인식하게 되어 참여 만족도를 높이는 요인이 되었으리라 짐작할 수 있다.

〈표 15-38〉 프로그램 만족도 평가 분석결과 [단위: 명(%)]

항목	대체로 아니다	그렇다	매우 그렇다
내용 이해도	1(20%)	2(40%)	2(40%)
활동지, 교구재 활용	-	4(80%)	1(20%)
시간, 횟수	1(20%)	2(40%)	2(40%)
참여에 대한 만족도	-	3(60%)	2(40%)
사회성 성장에 도움	-	3(60%)	2(40%)
프로그램 참여 권유	1(20%)	2(40%)	2(40%)

② 프로그램 운영 지도자 평가

프로그램을 실시하고 학교밖청소년지원센터 지도자를 대상으로 설문조사를 실시하였다. 지도자들이 응답한 회기별 만족도 평가결과 1회기(평균 3.9점), 3회기(3.7점), 8회기(3.9점)을 제외하고 모두 4점을 획득하였다.

〈표 15-39〉 프로그램 지도자 회기별 만족도 평가

회기	M	회기	M	회기	M	회기	M
1	3.9	2	4	3	3.7	4	4
5	4	6	4	7	4	8	3.9

지도자들의 회기별 만족도평가와 더불어 각 회기마다 수정 · 보완사항과 사회성과 관련하여 참여자들이 보인 변화에 대해 개방형 질문으로 설문조사하였다. 평가결과는 프로그램을 수정하고 보완하는데 참고하였다.

〈표 15-40〉 프로그램 회기별 의견 및 개선사항

프로그램명	의견 및 개선사항
1. 어서와 사회성은 처음이지	• 프로그램을 소개함으로써 무엇을 하는지 알게 되고 구조화를 할 수 있었음. • 스스로 규칙을 정하고 목표를 세움으로써 프로그램에 대한 참여도를 높일 수 있었음.
	• 사회성 카드 게임을 통해 평소에 사회성 단어에 대해 정확한 개념을 알지 못했는데, 사회성에 대해 정확하게 인지할 수 있었음. • 사회성이란 단어가 지루할 수도 있는데 게임을 통해 흥미 있게 다가갈 수 있었음. • 사회성 목록표가 있어 사회성에 대해 설명하고 맞추는데 도움이 되었음.
	• 인터뷰 게임이 처음에는 어색했는데 진행이 되면서 더 친밀할 수 있었던 것 같다. • 인터뷰의 질문이 있어 처음 다가서는 친구들에게 질문을 수월하게 할 수 있었음. • 인터뷰 게임의 항목을 더 간단히 해서 더 많은 친구들을 만날 수 있게 했으면 좋겠다. • 게임규칙을 정해 모든 친구들과 인터뷰 할 수 있도록 해주는 것이 필요해 보임.
2. 내 감정은 내가 전문가	• 감정을 몸으로 표현하여 맞추는 게임으로 흥미를 유발하고 분위기를 상승시키는 효과가 있었음. • 감정의 종류를 알게 됨. • 게임으로 다양한 감정을 알기는 부족함이 있으므로 어떤 감정들이 있는가를 탐색하고 진행하는 것이 필요해 보임. • 활동 시간이 부족하여 많은 감정들을 다룰 수 없었음.

	• 평소 자신의 표정을 알 수 없었는데 어떤 표정을 하고 있는지 알게 됨. • 자신이 어떤 감정일 때 어떤 표정을 짓고 있는지 스스로 알아차릴 수 있고 생각할 수 있게 됨. • 자신의 감정을 떠올릴 수 있고 알아차릴 수 있는 시간이 필요함. • 자신의 감정을 그리는 시간에 표정을 세밀하게 그릴 수 있는 시간과 분위기가 필요함. • 만화를 그려봄으로써 발생하는 상황에 대한 자신의 감정을 알 수 있었음. • 자신이 느끼는 감정들이 정확하게 무엇인지 분별하고 명료화 할 수 있었음.
3. 우리는 공감하는 사이	• 학교중단에 대한 경험을 나눔으로써 공감대를 형성할 수 있었음. • 학교중단에 대한 경험뿐 아니라 공감할 수 있는 몇 가지 주제를 선정하여 경험을 나누는 것도 필요할 것으로 보임.
	• 공감이 무엇인지 알고 공감을 할 수 있었음. • 팥빙수 그림에 공감에 대해 나누면서 스티커를 붙임으로써 공감을 이해하기 쉬웠음.
	• 팥빙수 만드는 과정에 흥미를 가지고 적극적으로 참여함. • 다른 친구를 도우는 등 서로 협동하는 모습을 보임. • 서로 공감 팥빙수를 나누어 먹으면서 얘기를 나누고 칭찬하고 인정하는 모습을 보임. • 만드는 과정이 너무 산만하여 활동에 몰입하기 어려움. • 간단한 메뉴 개발이 필요할 것으로 보임. • 계절에 따라 메뉴가 다르게 정해져야 하고, 시간을 고려해야 함.
4. 스스로 할 수 있는 우리	• 풍선 게임을 통해 시간 관리의 필요성을 알게 됨. • 자기가 하고 싶은 대로 하면 안 된다는 것을 알게 됨.
	• 다양한 반려동물과 반려식물이 있는 것을 알게 됨. • 반려동물과 반려식물의 다양성을 알게 되면서 스스로 선택할 수 있는 폭이 넓어진다는 것을 알게 됨.
	• 자신이 선택한 것이 어떤 결과를 가져오는지 알게 됨. • 서로 소통하는 시간이 많아짐. • 스스로 재료를 선택하는 과정에서 자신이 선택에 대한 자신감을 얻음. • 테라리움을 완성하고 난 후에 성취감과 스스로 반려식물을 키움으로써 자율성을 성취하는 것으로 보임. • 재료들이 다양해서 스스로 선택할 수 있는 것이 많아 재료도 조절할 수 있는 계기가 됨.
5. 더 괜찮은 나로 UP	• 젠가게임을 통해 원하지 않아도 참고해야 하는 것을 알게 됨. • 다양한 개인 미션을 수행하기 위해 스스로 조절할 수 있게 됨.

	• 악기 만들기에서 곡물의 양을 조절하여 소리를 만들어봄으로써 조절에 대해 인식하게 됨. • 소리를 들어보면서 조절하는 모습을 보임. • 생각을 하면서 하게 됨. • 자신이 만든 악기에 대해 만족감을 느낌.
	• 다른 사람들과 소리를 맞추는 활동을 통해 스스로 조절하는 것을 배움. • 더 적극적으로 됨. • 음악을 선택하는 것이 어려움. • 음악을 선정해서 주는 것이 더 효과적.
6. 소통 UP! GO!	• 게임을 통해 소통에 대한 중요성을 알게 됨. • 게임 시간이 부족함. • 말없이 눈빛으로 전하니까 오히려 마음의 문을 열게 됨.
	• 자신의 의사소통 유형과 가족의 의사소통 유형을 알게 됨. • 가족들이 서로 어떤 의사소통 유형으로 대화하는지 알게 됨. • 어떤 방식으로 소통해야 하는지 알게 됨. • 영화를 보면서 소통하는 방법을 알게 됨. • 영화의 내용이 어려운 부분이 있어 설명이 필요함.
	• 상황을 있는 그대로 말해야 한다는 것을 알게 됨. • 상황에 대해 자신의 감정을 알아차려 표현하고 원하는 것을 얘기해야 한다는 것을 알게 됨. • 함께 활동하지 못했던 친구와 그룹 활동을 하며 서로 부족한 모습을 보완함. • 적극성이 생기고 소통하는 능력이 발전했음. • 비폭력 대화를 서로 연습하는 시간이 필요함.
7. 함께 하면 행복해요	• 팀별 활동하면서 서로 소통하게 됨. • 팀원끼리 서로 돕게 됨. • 서로 협력하는 모습을 보임. • 게임규칙으로 결승점에 도달하는 것이 시간이 걸림. 게임규칙의 수정이 필요함.
	• 자신이 알고 있는 정보를 공유함. • 적극적으로 참여하고 협력하는 모습을 보임
	• 자신의 역할을 적극적으로 잘함. • 맛집 리스트에서 그림을 그려 꾸미는 모습을 보임 • 서로 의논해서 발표함. • 맛집 리스트를 만들면서 우리 지역에 대한 관심을 갖게 됨. • 참여자마다 특성이 있어, 특성을 파악하여 역할을 주는 것이 필요하며, 사진을 출력하는 부분에서 어려움이 없는지 장소나 환경을 확인할 필요가 있음.

8. GO 사회 속으로	• 자신들이 했던 활동들을 보면서 서로 친밀한 모습을 보임. • 전체 회기를 다시 돌아보고 생각할 수 있는 기회가 됨. • 동아리를 만드는 것에는 긍정적이지만 결정한다는 것에 어려움을 나타냄.
	• 주고 싶은 말을 넣어 손수건을 염색하여 선물함으로써 더 친밀하게 됨. • 염색하는 과정에서 서로 도우는 등 친해진 모습을 보임. • 서로에게 다가가기 어려워했던 친구가 자신의 생각과 의견을 나누며, 손수건을 주며 돕고 도우는 모습을 보임. • 청소년들이 이해하기 쉽게 설명하거나 쉬운 방법이 필요함.
	• 첫날 어색하고 불편해하던 친구들이 모두 친해진 모습을 보임. • 3일 동안의 시간이 부족하다고 함. • 프로그램이 많아 전체적으로 너무 여유가 없었음.

(2) 프로그램 양적평가

중등연령 학교 밖 청소년 사회성향상 프로그램 구성은 대면집단 프로그램과 비대면집단 프로그램으로 개발하고 효과성 검증을 위해 통제집단을 구성하여 비교 연구하였다. 각 집단 간 사회성 수준이 동질한가를 알아보기 위해 사전검사 사회성 수준을 알아보았고, 집단 간 사전 · 사후 · 추후검사의 차이를 검정하였다. 집단 간 차이를 알아보기 위해 K-독립표본 비모수검정 Kruskal-Wallis 분석을 실시하였다.

① 집단 간 사전 동질성 검정

사회성 향상 프로그램에 참여한 청소년 대면집단, 비대면집단, 통제집단의 사회성 수준을 알아보았다. 분석결과 $F=2.191(p<.094)$로 집단 대면집단($M=105.2$, $SD=5.63$), 비대면집단($M=113.6$, $SD=4.98$), 통제집단($M=111.2$, $SD=7.57$) 간의 차이는 통계적으로 유의하지 않은 것으로 나타났다. 세 집단의 평균이 유의한 차이가 나타나지 않았으므로 세 집단은 동질적인 집단임을 확인할 수 있다.

〈표 15-41〉 집단 간 사전검사 동질성 검정결과

구분		n	M	SD	F	p
사회성	대면집단	5	105.2	5.63	2.191	.094
	비대면집단	5	113.6	4.98		
	통제집단	11	111.2	7.57		

② 집단 간 사전 · 사후 · 추후검사 차이검정 결과

대면집단, 비대면집단, 통제집단의 집단 간 사전 · 사후 · 추후검사를 분석한 결과 사전검사의 집단 간 차이는 p=.139로 유의하지 않았으나, 사후검사(p=.001)와 추후검사(p=.002)의 결과는 차이가 있는 것으로 나타났다. 사전검사 평균순위는 비대면집단 청소년이 14.20으로 가장 높았으나 프로그램 제공 한 후의 사후검사결과는 대면집단이 16.60으로 가장 높았다. 프로그램이 제공되고 약 2주 후 실시된 추후검사에서도 대면집단의 청소년이 가장 사회성이 높은 것으로 나타났다.

〈표 15-42〉 집단 간 사전 · 사후 · 추후검사 차이검정결과

구분		평균순위			p
		대면	비대면	통제	
사회성	사전	6.60	14.20	11.55	.139
	사후	16.60	16.10	6.14	.001***
	추후	16.30	15.30	6.45	.002**

주: **p<.01 ***p<.001

〈표 15-42〉에 의하면 대면집단과 비대면집단의 차이는 유의하지 않았으나, 평균순위 결과를 살펴보면 프로그램 참가하기 전 청소년의 사회성 수준은 비

대면집단이 가장 높았고 프로그램 참가 후에는 대면집단의 사회성이 가장 높은 것을 확인할 수 있다. 점수의 변화폭 또한 대면집단이 가장 큰 것을 알 수 있다. 즉, 중등연령 학교 밖 청소년 사회성 향상 프로그램은 대면집단과 비대면집단 모두 효과성이 입증되었으며, 대면집단, 비대면집단 순으로 평균이 향상된 것을 알 수 있다.

Appendix
부록

1. 여성가족부 청소년 프로그램 신청서
2. 사회복지공동모금회 양식
3. 삼성꿈장학재단 프로그램 신청서 양식
4. 청소년 프로그램 평가 척도
5. 회기별 평가 및 종합평가

01. 여성가족부[1] 청소년프로그램 신청서

1. 지원신청서 (시설 · 법인 · 단체)

2023 청소년프로그램공모사업 지원신청서 (시설·법인·단체)			
1. 지원분야	활동	특별	
2. 지원영역	□학교 연계 청소년활동 □디지털 활동	□세계 스카우트 잼버리 및 강원동계 청소년 올림픽 대회 관련	
3. 운영형태	□대면 □비대면 □혼합(대면+비대면)		
4. 프로그램명			
5. 총사업비 (단위: 원)	원 ※A+B+C 총액	A) 국고(공모신청액)	원
		B) 기관부담액	원
		C) 청소년참가비	원
6. 사업기간	※ 3월~11.10.(금)까지 완료	7. 참가인원	※ 예상 연인원 기재 (순인원 x 총 회차)
8. 신청기관명 : (대표자 :) ○ 사업자등록번호 : ○ 도로명주소 : 우( ) ○ 홈페이지 : ○ 전화번호 / FAX : ( ) - / ( ) ○ e나라도움 가입 여부 : □가입(집행 · 정산 시 실제 사용하는 가입 기관명 기재) □미가입			
9. 실무담당자명 : ※ 실제 프로그램 운영 및 컨설팅에 참여 가능한 인력으로 기재 ○ 소속/직급 : ○ 전화번호 : ○ 휴 대 폰 : ○ 이메일주소 : ※ 실제 연락 가능한 이메일주소 기재			

□개인정보 수집 · 이용 및 제공 동의

수집 · 이용 항목	수집 · 이용 목적	보유기간
실무자 소속, 직급, 성명, 전화번호, 휴대전화번호, 이메일 주소	'23년 운영기관 모집 · 선정, 운영 및 사후 관리, KYWA 고객만족도 조사 등	5년

※ 위의 개인정보 수집이용에 대한 동의를 거부할 권리가 있으나, 사업 참여 및 공지사항 전달 등에 제한을 받을 수 있음.

☞ 위와 같이 개인정보를 수집 · 이용하는데 동의하십니까? □동의함 □동의하지 않음

□유의사항

○ 동 사업은 국고보조금으로 지원하는 사업으로 기재하신 사항은 공공의 목적으로 공개될 수 있습니다.

○ 신청하신 내용이 허위로 밝혀질 경우 심사에서 제외될 수 있으며, 선정이 확정된 사업이라도 취소될 수 있습니다.

○ 선정이 확정된 사업이라도 일부 내용이 적절하지 않다고 판단되는 경우에는 수정을 요구할 수 있으며, 이를 불이행시 선정결정이 취소될 수 있습니다.

상기 과업이 귀 부의 보조금에 의하여 수행될 경우 이에 따른 모든 편의를 제공할 것이며 소정의 기관 책무를 이행하겠습니다.

2023년 월 일

신청기관명 : (직인)

1) 청소년 프로그램 신청서는 한국청소년활동진흥원의 청소년프로그램 공모사업에서 발췌하였다(여성가족부, 2023). https://www.mogef.go.kr

2. 프로그램 개요서 [공통] ** 두 장 이내로 작성*

역량기반 청소년활동 프로그램 개요서 양식

항목	내용	항목	내용
① 프로그램명	농산어촌 청소년 진로디자인 프로젝트 'D(ream)-DAY(디데이)'		
② 일정(기간/횟수)	5월~11월/ 27회	③ 대상	14, 16세
④ 인원	206명 (연 1,853명)	⑤ 지도자 수	4명
⑥ 주 활동장소	시립마포청소년센터, 강하중학교, 동성중학교, 형석중학교, 온라인(ZOOM, YOUTUBE, 메타버스-게더타운)	□실내 □실외 □야외(중복선택가능)	
⑦ 운영형태	□강의 □체험 □토론 □팀 □개별 □기타 (중복선택가능)		
⑧ 활동유형	□기본형 □숙박형 □이동형		
⑨ 프로그램 목적 및 목표	• 진로교육 사각지대에 놓인 농산어촌 진로정보 소외지역 청소년들에게 진로를 탐색하고 경험할 수 있는 다양한 진로활동을 제공함으로써 진로 선택과정에 대한 동기를 부여하고 스스로 건강한 미래를 설계할 수 있도록 한다.		

항목	구분				
⑩역량설정	⑩-1. 핵심역량 (필수)	□협업	□창의력	□의사소통	□비판적사고
		□진로개발	□사회정서	□디지털 역량	
	⑩-2. 자율역량	□예: 관계형성역량		□예: 공동체시민성	

항목	학교급	학년(군)	과목	영역(단원)	⑪-1.성취기준 코드
⑪ 학교 연계	중학교	1-3학년군	진로와 직업	진로디자인과 준비	[9진04-01]
				진로 탐색	[9진03-03]
				자아이해와 사회적 역량 개발	[9진01-01], [9진01-02]
	성취기준	• 진로의사 결정의 과정과 절차를 이해할 수 있다. • 다양한 체험활동을 통해 직업 정보를 탐색할 수 있다.			

항목	⑬ 회기/차수 (소요시간)	⑭ 주요 프로그램 내용 개요	⑮ 중점(특이) 사항
⑫ 회기별/차수별 프로그램 내용 요약 ※ 세부 프로그램 내용은 '프로그램 활동지도안'에 작성	O.T(120분)	▶ 오리엔테이션 - 프로그램 소개, 줌 사용법 교육	현지 협력기관 지원
	1회기(120분)	▶ 강점 알려 DREAM - 미래 진로역량 이해 및 행동유형 진단을 통한 강점 탐색	나에 대한 이해를 바탕으로 진로설계를 구체화
	2회기(120분)	▶ 창직 알려 DREAM - 빅데이터를 활용한 직업 탐색 및 관심사와 강점을 활용한 창직	진로와 직업을 구분
	3회기(120분)	▶ 스토리로 만나다Ⅰ - 텔 미 '진로' 텔링	대학생멘토와의 만남을 통한 진로 고민 해소,

	4회기(120분)	▶ 스토리로 만나다 II – 텔 미 '학과' 텔링	학과 소개 및 체험을 통한 진로 · 직업 탐색 기회 제공
	5회기(120분)	▶ 안녕, 미래의 나! – 비전 설정, 미래 인생 지도 제작, 미래의 나와 인터뷰 등	진로결정자기효능감 증진 및 진로설계에 동기를 부여
	6회기(120분)	▶ 안녕, 내면의 나! – 자기 긍정 및 자기 성장 마인드 함양	올바른 진로가치관 형성 및 진로효능감 향상
	7회기(120분)	▶ 진로선언식 – 나의 진로 계획, 다짐 등을 발표	비대면 운영
	8회기(120분)	▶ 진로콘서트 [드림데이] – 진로 강연 및 베스트텔러의 진로선언 스피치 ▶ 학과박람회 [꿈디월드]	대면활동 가능여부 판단 후 적합한 형태로 운영
⑯ 결과물	• (개인) 스스로 활동을 통해 달성하거나 얻은 점 등 (진로디자인 활동을 바탕으로 진로결정자기효능감 향상, 진로선언문 및 자기진로성장노트 제작) • (팀) 협업 활동을 통해 도출된 결과물 (올바른 진로 설계를 위한 다양한 체험활동 경험) • (멘토) 멘토링 활동을 통한 청소년과의 동반성장 (진로 멘토링 경험, 학과박람회(체험) 운영, 활동 영상 제작)		
⑰ 평가	• 사전·사후 효과성 설문 및 만족도 설문조사, 진로선언문, 자기진로성장노트, 인터뷰 영상, 활동자료(패들렛 등)	효과성 온라인 시스템 사용 희망여부	□ 예 □ 아니오
⑱ 기대효과	• 진로정보소외지역 대상 진로체험 기회 제공으로 진로활동에 대한 도농 간 격차 해소 • 프로그램 참여를 통해 청소년들의 주도적인 진로 결정 능력 함양 • 자기 이해를 바탕으로 진로결정 자기효능감 향상을 통한 건강한 성장 지원		
⑲ 인증/신고여부	□ 인증대상 프로그램 □ 신고대상 프로그램 □ 해당 없음		

역량기반 청소년활동 프로그램 개요서 작성 방법

① 프로그램명: 프로그램 이름

② 일정(기간/횟수): 프로그램 총 운영기간 / 총 횟수

*숙박형일 경우, ○박○일 형태로 표기

③ 대상: 프로그램에 참여하는 청소년의 연령(만 나이), 학생일 경우 학년 작성

④ 인원: 참여 인원 수 표기

⑤ 지도자 수: 프로그램에 참여하는 지도자의 최소 인원 및 적정 인원 표기

- 단위 프로그램별 지도자 수의 총합을 표기

⑥ 주 활동장소: 프로그램 전반이 진행되는 장소(예, ○○원 회의실 등) 실내, 실외, 야외 등 선택 표기

⑦ 운영형태: 강의, 체험, 토론, 팀(모둠) 활동, 개별 활동 중 해당사항에 모두 체크하고, 해당사항이 없을 경우 기타에 체크한 후 ( ) 안에 운영 형태(방식) 작성

⑧ 활동유형(인증신청 기준에 맞춤)

- (기본형) 전체 프로그램 운영 시간이 2시간 이상으로써, 실시한 날에 끝나거나 2일 이상의 각 회기로 숙박 없이 수일에 걸쳐 이루어지는 활동
- (숙박형) 숙박에 적합한 장소에서 일정기간 숙박하며 이루어지는 활동
- (이동형) 활동 내용에 따라 선정된 활동장을 이동하여 숙박하며 이루어지는 활동

⑨ 프로그램 목적 및 목표 : 청소년활동 핵심역량 함양을 통해 실생활 속에서의 어떤 역할이나 기능, 능력을 발휘할 수 있는지 명시

⑩ 역량설정 : 청소년이 성취하거나 발휘하게 될 수 있는 핵심역량

⑩-1. (핵심역량_필수선택) 청소년활동 핵심역량 6가지* 중 1~2가지 역량을 프로그램의 목표로 설정

〈청소년활동 핵심역량〉

구 분	정의[2]
비판적 사고	새로운 관점으로 문제를 바라보고, 주제와 원칙에 따라 배움으로 연결하는 능력
의사소통	생각과 질문, 아이디어와 해결방법을 공유하는데 필요한 소통 능력
협업	하나의 공동 목표를 향해 여러 명의 재능, 전문지식을 합치는 능력
창의력	혁신하고 발명하는 것처럼 기존의 것을 새로운 방식으로 접근하는 능력
사회정서	자신과 타인의 감정을 정확하게 인식하고 자신의 불편한 감정을 조절하고, 타인과의 갈등을 긍정적으로 해결하며 좋은 관계를 맺어나가는 능력
진로개발	평생에 걸쳐 빠르게 변화하는 직업 환경에 유연하게 응하고, 개인의 흥미와 적성을 바당으로 다른 사람과 차별화되는 독특성을 개발하여 자기 주도적 및 창의적으로 지신의 진로를 개척 · 설계 · 실행하는데 필요한 능력
디지털 역량	디지털 도구를 건강하고 책임 있게 사용하며, 디지털 사회에서 요구되는 윤리를 고려하여 디지털 정보를 다루는 능력

⑩-2. (자율역량_선택사항) 프로그램의 특성을 고려한 자율적인 역량을 목표로 기술

※ 단, 효과성 측정도구가 있는 역량으로 설정

⑪ 학교 연계: 프로그램과 연관된 교육과정 성취기준 코드 및 성취기준 작성

* 교육과정 성취기준 코드 및 성취기준 찾는 방법

2) ① 비판적 사고, ② 의사소통, ③ 협업, ④ 창의력
World Economic Forum(2015).NewVisionforEducation:Unlocking the Potential of Technology. Switzerland;
http://www.p21.org/our-work/resources/for-policymakers/1007
⑤ 사회정서역량
Zinsetal. (2004). Building academic success on social and emotional learning: What does the research say? New York: Teachers College Press.
⑥ 진로개발역량
성은모, 최창욱(2014). 청소년역량 지수 개발 연구(13-R50.No.11-1383000-000486-01). 서울 :한국청소년정책연구원.
임효신(2015). 중학생 진로개발역량 검사도구 개발. 서울대학교 대학원 박사학위 논문.

❶ 학생평가지원포털 접속
(https://stas.moe.go.kr/)

❷ 참여 청소년의 연령을 참고하여 교급 선택
⇒ '성취기준(평가기준) 검색' 클릭

❸ '교육과정 시기'는 2015개정 선택
⇒ '학교급', '학년(군)', '교과', '영역(단원)검색

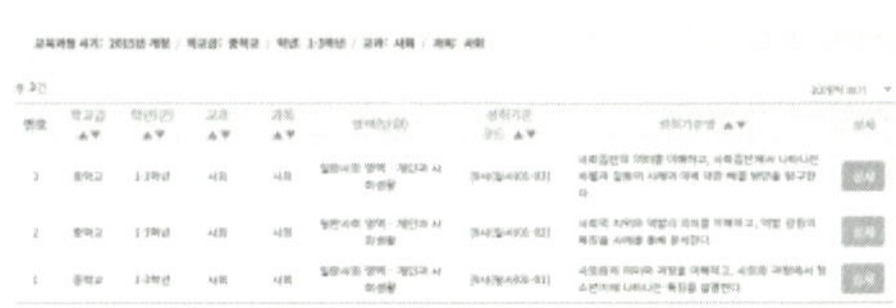

❹ 검색결과에 따른 성취기준 코드 및 성취기준 작성

⑫ 회기별/차시별 프로그램 내용 요약: 프로그램의 회기별 주요활동 내용 및 중점(특이) 사항을 요약하여 간략히 작성 회기의 경우 1년에 몇 번 등을 표기할 때 사용하고, 차시는 기본형에서 숙박형에 이르기까지 순차적으로 이뤄지는 활동에서 사용을 권장함, 횟수가 늘어날 경우 줄긋기(셀 나누기)를 통해 회기/차시 추가 가능

⑬ 회기/차시 (소요시간): 회기/차시와 소요시간을 표기 (예, ○회기 (○)분, ○차시 (○)분)

⑭ 주요 프로그램 내용 개요: 회기/차시별 프로그램명을 표기하고, 주요활동 내용을 개조식으로 기술

⑮ 중점(특이) 사항: 프로그램별 핵심 사항과 필요한 전달 사항 기술

⑯ 결과물: 프로그램을 통해 최종적으로 도출할 수 있는 개인/팀 결과물 또는 내용 기술

⑰ 평가: 프로그램 진행 후 평가방법 기술(예, 만족도 설문조사, 사 · 사후 효과성 조사*)

* 진흥원 온라인 시스템을 통해서 사전 · 사후 효과성 조사를 하고 싶은 기관은 '☑ 예'로 작성

⑱ 기대효과: 프로그램으로 인해 기대할 수 있는 효과

⑲ 인증/신고 대상여부

〈청소년수련활동인증제〉

구 분	내 용
인증신청을 할 수 있는 대상	• 국가 및 지방자치단체 • 수련시설을 설치 · 운영하는 자 및 위탁운영단체 • 청소년이용시설 • 개인 · 법인 · 단체 등 청소년수련활동에 필요한 프로그램을 개발하여 실시하려는 자
인증을 신청하여야 하는 대상(위탁 · 재위탁 포함)	• 청소년 참가 인원이 150명 이상인 청소년수련활동 • 위험도가 높은 청소년수련활동*
인증신청 제외 대상	• 단순 체험(견학) 활동 • 단순 기능 습득을 위한 훈련 내지 강좌 • 운영시간 최소기준 미 충족 활동 • 불특정 다수를 대상으로 하는 행사나 축제 등
인증 참가 대상 연령	• 만 9세~24세 청소년

〈위험도가 높은 청소년수련활동〉

유형 구분	프로그램명
수상활동	• 래프팅, 모터보트, 동력요트, 수상오토바이, 고무보트, 수중스쿠터, 레저용 공기부양정, 수상스키, 조정, 카약, 카누, 수상자전거, 서프보드, 스킨스쿠버
항공활동	• 패러글라이딩, 행글라이딩
산악활동	• 암벽타기(자연암벽, 빙벽), 산악스키, 야간등산(4시간 이상의 경우만 해당한다)
장거리 걷기활동	• 10km 이상 도보 이동
위험 수반활동	• 유해성 물질(발화성, 부식성, 독성 또는 환경유해성 등), 하강레포츠, ATV탑승 등 사고위험이 높은 물질 · 기구 · 장비 등을 활용하여 이루어지는 청소년 수련활동

〈숙박형 등 청소년수련활동 계획의 신고〉

구 분	내 용
신고 주체	•「청소년활동 진흥법」의 지도·감독을 받는 시설 · 기관 예) 청소년수련시설, 청소년활동진흥원, 청소년활동진흥센터 등 • 다른 법률에서 지도 · 감독 등을 받는 비영리 법인 또는 단체가 아닌 경우
신고 대상	• 이동숙박형, 고정숙박형 등 숙박과 함께 이루어지는 수련활동 • 청소년 참가인원이 150명 이상이거나 위험도가 높은 청소년수련활동 ※단, 직접 기획 · 주최, 모집하지 않고, 타 기관에서 신고한 수련활동에 단순 참가만 하는 경우는 신고 제외 대상 (직접 프로그램을 기획 · 주최 · 모집하는 기관에서 신고하여야 함)
신고제외 대상	• 다른 법률에서 지도 · 감독 등을 받는 비영리법인 및 단체 • 부모 등 보호자와 함께 참여하는 경우 • 종교단체가 운영하는 경우 • 위험도 높은 활동이 없고, 참가 청소년 150명이하의 비숙박형 수련활동
신고 대상 참가자 연령	• 만 19세 미만의 청소년 ※19세 미만 청소년과 다른 연령대를 포함하여 청소년수련활동으로 기획하고, 모집 예정인 경우에도 신고 대상

〈신고 및 인증대상〉

구 분		신고 대상	의무인증 대상
영리법인, 단체	숙박형 150명 이상 또는 위험도 높은 활동	○	○
	숙박형 150명 미만 또는 일반활동	○	×
	비숙박형 150명 이상 또는 위험도 높은 활동	○	○
	비숙박형 150명 미만 또는 일반활동	×	×
청소년수련시설	숙박형 150명 이상 또는 위험도 높은 활동	○	○
	숙박형 150명 미만 또는 일반활동	○	×
	비숙박형 150명 이상 또는 위험도 높은 활동	○	○
	비숙박형 150명 미만 또는 일반활동	×	×
청소년단체	숙박형등 청소년수련활동(회원 대상 실시의 경우)	×	×
	150명 이상 또는 위험도 높은 활동(비회원 대상 실시의 경우)	×	○
종교단체	숙박형 150명 이상 또는 위험도 높은 활동	×	○
	숙박형 150명 미만 또는 일반활동	×	×
	비숙박형 150명 이상 또는 위험도 높은 활동	×	○
	비숙박형 150명 미만 또는 일반활동	×	×
보호자*와 함께 하는 활동* 참가자 개별보호자 (부모 등 법률보호자)	숙박형 150명 이상 또는 위험도 높은 활동	×	○
	숙박형 150명 미만 또는 일반활동	×	×
	비숙박형 150명 이상 또는 위험도 높은 활동	×	○
	비숙박형 150명 미만 또는 일반활동	×	×
타 법률의 지도·감독을 받는 비영리 법인, 단체	숙박형 150명 이상 또는 위험도 높은 활동	×	○
	숙박형 150명 미만 또는 일반활동	×	×
	비숙박형 150명 이상 또는 위험도 높은 활동	×	○
	비숙박형 150명 미만 또는 일반활동	×	×

3. 프로그램 세부계획서 (시설 · 법인 · 단체)

프로그램명

** 양식을 임의로 변경하지 마시고, 페이지수를 기재하여 주세요.*

1) 배경 및 목적

** 개발된 프로그램 참여 청소년의 특성, 참여 청소년의 흥미와 욕구, 참여 청소년의 흥미와 욕구에 따른 사업방향 등 기술*

** 프로그램 개요서 상의 목적 및 목표와 연계성을 고려하여 작성*

2) 세부내용

(1) 일정별·회기별 세부추진내용 ** '표' 등을 활용하여 일목요연하게 작성*

〈기본형〉 ** 2. 프로그램 개요서 ⑧ 활동유형에 '기본형'으로 선택한 경우 작성*

<table>
<tr><th>일정</th><th>구분</th><th>시간</th><th>소요시간</th><th>단위 프로그램명</th><th>비고</th></tr>
<tr><td rowspan="2">3월</td><td rowspan="2">1회기</td><td>10:00~11:00</td><td>60분</td><td></td><td></td></tr>
<tr><td>11:00~12:00</td><td>60분</td><td></td><td></td></tr>
<tr><td>4월</td><td>2회기</td><td>10:00~12:00</td><td>120분</td><td></td><td></td></tr>
</table>

〈숙박형〉 ** 2. 프로그램 개요서 ⑧ 활동유형에 '숙박형'으로 선택한 경우 작성*

<table>
<tr><th>시간</th><th>1일차</th><th>2일차</th></tr>
<tr><td>09:00</td><td rowspan="3">출발</td><td>기상 및 세면</td></tr>
<tr><td>10:00</td><td>단위프로그램명(90분)</td></tr>
<tr><td>11:00</td><td>평가 및 마무리(30분)</td></tr>
<tr><td>12:00</td><td>점심식사</td><td>점심식사</td></tr>
<tr><td>13:00</td><td>오리엔테이션 및 안전교육(60분)</td><td rowspan="3">집으로</td></tr>
<tr><td>14:00</td><td rowspan="2">단위프로그램명(120분)</td></tr>
<tr><td>15:00</td></tr>
<tr><td>16:00</td><td rowspan="2">단위프로그램명(120분)</td><td rowspan="2">집으로</td></tr>
<tr><td>17:00</td></tr>
</table>

18:00	저녁식사	
19:00	단위프로그램명(120분)	
20:00		
21:00	취침준비 및 취침	

* 2. 프로그램 개요서 ⑧ 활동유형에 '기본형'과 '숙박형'을 중복 선택한 경우, 〈기본형〉 양식 '비고'란에 숙박형으로 작성한 후 〈숙박형〉 양식에 맞춰 작성

(2) 회기별 세부 프로그램 계획서

※ 10회기 프로그램 운영 계획 시, '세부 프로그램 계획서'는 10개가 되어야 함
※ 숙박형 프로그램의 경우는 단위활동별로 작성

단위(회기) 프로그램명	000 프로그램	일 정 (운영시간)	4월 3주 (5시간) *구체적 일정 및 운영시간 작성
단위(회기) 프로그램 목적		대상 및 인원	중학교 1학년 35명
활동장소	00골짜기(수련의숲)	□실내 □실외 □야외 (중복선택 가능)	
준비물			
활동단계	활동내용		중점(특이) 사항
도입			
전개			
정리			

(3) 지도인력 확보

(4) 시설 및 장비 확보·활용

(5) 지역사회 연계 및 홍보

(6) 안전 및 위생관리

(7) 참가자 선정

* 참가 청소년 남녀비율을 가급적 균등하게 선정할 수 있도록 계획
* 모집 청소년의 지역적 다양화 권장(전국 청소년 공개 모집 혹은 기관 간 협조 등을 통한 시·도간 청소년 연계 모집 등 개방형 모집을 권장)

(8) 코로나19 방역 조치(사회적 거리두기)에 대한 대응

** 비대면 활동 계획 포함(예: 모집 · 사전교육 등 비대면 활동(~6월), 대면 · 집합 활동(7월 이후)*

(9) 안전에 대한 보호자 안심 방안

** 청소년-보호자-수행기관 연락체계 구성 · 공유, 활동 기본 사항*은 청소년과 부모 동시 안내*
** 예) 프로그램 내용 · 일정, 기본이 되는 활동 공간(시설)의 안전 등급, 청소년지도사의 성명 · 급수와 다른 자격증 · 경력, 이동 수단 · 시간 및 숙박 장소, 식사 장소 · 내용 등*

3) 평가계획

** 평가계획 및 평가결과, 사후관리 계획 등 기술(프로그램의 효과성 검증 방안 포함)*

• 프로그램의 효과성 검증 계획은 '2. 프로그램 개요서 ⑨ 핵심목표'에 따라 작성하여야 함.
  ⑩-1. 핵심역량의 측정도구는 진흥원에서 공모사업 선정 대상 기관 · 단체에게 향후 제공 예정이며,
  ⑩-2. 자율역량의 경우 어떤 측정도구로 검증할 계획인지 측정도구명, 출처 등을 명시하여야 함.

(1) 평가계획

– 프로그램 목적 혹은 목표에 따라 잘 수행되었는지 평가하기 위한 구체적인 계획 수립
– (고려사항) 과정-결과 평가계획이 확인되도록 작성

(2) 평가도구

– 프로그램 목적 혹은 목표를 평가할 수 있는 문항, 질문지 등을 구체적으로 제시

4) 기대효과

** 목적 및 목표의 달성수준, 타 기관 보급가능성, 수혜자의 체감 정도 등 성과중심 기대효과*

5) 소요예산 **금액은 원단위 기재*

(1) 총사업비

(단위: 원)

구분	금액	세부항목	금액	비율(%)	비 고
총 사업비	(100%)	국고보조금			
		기관부담액			
		청소년참가비			

〈작성 전 필독〉

1. 지출항목은 세부프로그램이 아님. 회계기준에 준하여 작성
2. 〈보조금 예산편성 원칙 및 회계처리 기준〉 을 준수하여 작성

① 국고보조금

(단위: 원)

구분(비목)	보조세목	세부내용	산출내역	총 액
합 계				10,000,000
인건비 (110)	일용임금 (04)	• 프로그램 일용직	• 73,280 × 3일 = 219,840	219,840
	기타인건비 (05)	• 프로그램 강사비	• 200,000 × 5회 = 1,000,000	1,000,000
운영비 (210)	일반수용비 (01)	• 현수막 및 포스터 제작 • 프로그램 방역 물품구입	• 150,000 × 1식 = 150,000 • 50,000 × 10회기 = 500,000	650,000
	공공요금 및 제세(02)	• 활동보험비 • 문자 통신비 • 화상회의시스템 이용료	• 100,000 × 1식 = 100,000 • 100,000 × 1식 = 100,000 • 20,000 × 3개월 = 60,000	260,000
	임차료 (07)	• 비대면 활동 장비 임차 • 장소 임차료 등	• 1,000,000 × 1식 = 1,000,000 • 2,000,000 × 1식 = 2,000,000	3,000,000
업무추진비 (240)	사업추진비 (01)	• 간식 구입 • 평가회의 식비	• 3,000 × 10명 × 3회기 = 90,000 • 8,000 × 10명 × 1회기 = 80,000	170,000
⋮	⋮	⋮	⋮	⋮

※ 기관부담액, 청소년참가비는 해당 있을 시 작성

② 기관부담액

(단위: 원)

구분 (비목)	보조세목	세부내용	산출내역	총 액
합 계				

③ 청소년참가비: 1인기준 참가비 명시

(단위: 원)

구분 (비목)	보조세목	세부내용	산출내역	총 액
합 계				

<보조금 예산편성 기본 원칙>

① 보조금 예산은 『2023년 청소년프로그램 공모사업』 사업 목적 달성을 위한 보편타당하고 실행 가능한 적정 예산으로 편성(실질 소요예산 편성)해야 하며 **국고보조금 통합관리지침 '보조비목 · 보조세목별 산정기준'에 의거**하여 편성해야 함.
- **단, 보조비목 · 보조세목별 산정기준에 제시된 항목이여도 공모사업 지침에 따라 사용할 수 없는 항목에 대해서는 예산을 편성할 수 없음.**

② 포괄적인 예산편성을 지양한다. 즉, 예비비, 잡비 등과 같이 구체적인 사용목적이 나타나지 않는 예산은 편성할 수 없음.
 * 각 사업 비목별로 구체적인 산출근거를 제시하여야 함

③ 국고보조금은 사업비중 일부를 지원하는 예산이므로 보조금 사업과 직접 관련이 없는 경비로는 편성할 수 없음.
- **시설비 · 수선비 · 시설부대비 · 전신전화 설비 등 자본적 경비**
- **사무용 집기 구입 · 공과금 · 전화요금 등 운영경비**
 ※ 자산 취득비 계상 불가(컴퓨터 구입 등)
- **불우이웃돕기성금, 진료비 지급, 시상금, 협의회 회비 등 현금성 지출 경비**

④ 보조금 예산은 사업목적 달성을 위한 최소경비로 편성하여야 하며 특히, 식비 · 강사료 · 회의비 등이 과다하게 계상되지 않도록 함.
- 회의비 편성 시 회의운영과 직접 관련 있는 경비(회의자료 작성, 회의 참석비 등)로 편성하고, 식비 등 소모성 경비는 가급적 편성 자제

⑤ 기타 세부 지침은 '**(별첨) 보조금 예산편성 원칙 및 회계처리 기준**'을 참조하여 작성하도록 함.

⑥ '보조금 예산 편성 원칙 및 회계처리 기준'에 명시되지 않은 내용은 기획재정부 「국고보조금 통합관리지침」을 준용하여야 함.

4. 기관 · 단체 소개서 [공통]

<table>
<tr><th colspan="7">기관·단체 소개서</th></tr>
<tr><td>기관(단체) 유형
*중복 선택 가능</td><td colspan="6">□ 청소년 시설 □ 청소년 단체 □ 법인 □ 기타:</td></tr>
<tr><td>등록부처</td><td colspan="2"></td><td colspan="2">등 록 일</td><td colspan="2"></td></tr>
<tr><td>대 표 자</td><td colspan="2"></td><td colspan="2">사업자등록번호</td><td colspan="2"></td></tr>
<tr><td>▣ 설립목적</td><td colspan="6">* 중요사항만 간략하게 기재</td></tr>
<tr><td>▣ 조직현황</td><td colspan="6">○ 등록회원 : 명
○ 상근직원 : 명 (회장 , 사무총장 , 부장 , 직원 등)</td></tr>
<tr><td>▣ 단체연혁</td><td colspan="6">○</td></tr>
<tr><td rowspan="2">▣ 전년도(2022) 재정구조</td><td>자체예산</td><td>민간기부</td><td>수익사업</td><td>국고보조</td><td>기타( )</td><td>합계</td></tr>
<tr><td>백만원
(%)</td><td>백만원
(%)</td><td>백만원
(%)</td><td>백만원
(%)</td><td>백만원
(%)</td><td>백만원
(100%)</td></tr>
</table>

▣ 청소년활동사업 추진실적(최근 3년 이내)

1. 정부부처 지원내용

(단위: 백만원)

기간(연도)	사 업 명	사업내용	지원부처	지원액
2022년				
2021년				
2020년				

2. 외부기관의 지원내용

(단위: 백만원)

기간(연도)	사 업 명	사업내용	지원기관명	지원액
2022년				
2021년				
2020년				

3. 자체 사업내용

(단위: 백만원)

기간(연도)	사 업 명	사업내용	사업액
2022년			
2021년			
2020년			

▣ 첨부서류 *첨부서류는 '기관 · 단체 소개서' 뒤에 붙임 첨부

① (공통) 사업자등록증 또는 고유번호증 사본1부

② (법인의 경우) 법인등기부등본(단체, 법인인 경우) 사본 1부

③ (공통) 원천징수이행상황신고서(최근 1개월분 또는 기관·단체 신고분) 사본 1부

※ 부득이한 경우 외에는 별첨하지 마시고, 본 양식에만 작성바랍니다.

5. 운영인력현황 [공통]

*본 사업에 투입 예정인 내부 인력만 기재

2023년 청소년프로그램공모사업 운영 인력 현황

○기관 · 단체명 :

성명	직위	업무	성별	자격증 내역	2022년 의무적 예방교육 이수 여부 (①성희롱, ②성폭력, ③성매매, ④가정폭력, ⑤아동학대 예방 교육)
홍길동	청소년 사업팀장		남/여	• 청소년지도사 0급 • 청소년상담사 0급 • 레크리에이션 강사	– 이 수 : ③④⑤ – 미이수 : ①② *교육별 미이수 사유 및 운영 인력에 포함시키는 구체적 사유 기재
○○○	과장	• 학교연계 • 놀토 프로그램 • 동아리지원사업	• • •	• • •	• • •

** 청소년, 보호자가 확인 가능하도록 성명, 직위, 업무는 기관 홈페이지의 공개된 내용을 그대로 작성*

상기 내용이 사실임을 확인합니다.

기관 · 단체명 : ○○○○○○○○ (직 인)

6. 사업신청 서약서 [공통]

서 약 서

본인은 2023년 청소년프로그램 공모사업 신청서를 제출함에 있어 제반 현황의 해당 사항에 대하여 정확하게 작성하였으며, 사실과 다른 내용이나 고의적인 오류가 포함되지 않았음을 확인합니다.

만약 추후 허위사실이 발견될 경우에는 지원 취소(보조금 전액 반납) 및 향후 여성가족부와 한국청소년활동진흥원 사업에 대한 참여 제한 등 처분을 감수할 것을 서약합니다.

20 . . .

기관 · 단체명 : (직인)

대표자명 : (직인)

7. 학교 연계협력 계획

<table>
<tr><th colspan="4">000 학교 연계협력 계획</th></tr>
<tr><td>학 교 명</td><td></td><td>교장선생님</td><td></td></tr>
<tr><td>주 소</td><td colspan="3"></td></tr>
<tr><td>연 락 처</td><td>전화번호 :</td><td>담당선생님</td><td></td></tr>
<tr><td>프로그램명</td><td colspan="3">• 기관의 프로그램 명 기재</td></tr>
<tr><td>청소년시설 · 학교 연계사업 (2021, 2022)</td><td colspan="3">• 기관이 해당 연도에 실시했던 대표적인 것 5종까지만 기재
– 2022 꿈꾸는 진로 스케치 (2시간 20회 3,000명 운영)</td></tr>
<tr><td>2023년 주요 계획</td><td colspan="3"></td></tr>
</table>

02. 사회복지공동모금회 양식(2024)[3]

1. 배분신청서 표준 양식(공통)

<table>
<tr><td>기 관 명</td><td colspan="2"></td><td colspan="2">고유번호(사업자등록번호)</td><td colspan="2"></td></tr>
<tr><td>사 업 명</td><td colspan="6">〈대상+목적+방법: 부제〉</td></tr>
<tr><td rowspan="3">사업
기본 정보</td><td>연차</td><td colspan="5">___① 1년차 ___② 2년차 ___③ 3년차 ___④ 기타( )</td></tr>
<tr><td>대상 지역</td><td colspan="2"></td><td>사업수행 인력</td><td colspan="2">명</td></tr>
<tr><td>사업 기간</td><td colspan="5">년 월 일 ~ 년 월 일 (총 개월)</td></tr>
<tr><td rowspan="2">사업
참여자</td><td>참여자 구분</td><td colspan="5">___① 아동/청소년 ___② 노인 ___③ 장애인 ___④ 여성/다문화
___⑤ 위기가정 ___⑥ 지역사회 ___⑦ 북한/해외</td></tr>
<tr><td>핵심참여자</td><td colspan="2"></td><td>인원수</td><td colspan="2">명</td></tr>
<tr><td colspan="2">사업구분</td><td colspan="5">모금회 지속가능발전목표(C-SDGs)</td></tr>
<tr><td>□</td><td>기초생계 지원</td><td colspan="5">□경제적 빈곤 퇴치 □영양 및 급식지원/기아종식</td></tr>
<tr><td>□</td><td>교육/자립 지원</td><td colspan="5">□교육 및 자립역량 강화 □양질의 일자리 만들기
□적정기술과 정보기술격차 해소 지원</td></tr>
<tr><td>□</td><td>주거/환경 개선</td><td colspan="5">□모두를 위한 깨끗한 에너지 □지속가능한 지역사회 인프라 구축
□지속가능한 생산과 소비 □기후변화와 대응
□해양생태계 보존 □육상생태계 보호</td></tr>
<tr><td>□</td><td>보건/의료 지원</td><td colspan="5">□신체 · 정서적 건강과 회복 □깨끗한 물과 위생</td></tr>
<tr><td>□</td><td>심리/정서 지원</td><td colspan="5">□신체 · 정서적 건강과 회복</td></tr>
<tr><td>□</td><td>사회적 돌봄 강화</td><td colspan="5">□사회적 배제 감소와 불평등 완화</td></tr>
<tr><td>□</td><td>소통과 참여 확대</td><td colspan="5">□성평등 □지속가능한 지역사회 인프라 구축 □사회적 약자의 권리증진</td></tr>
<tr><td>□</td><td>문화 격차 해소</td><td colspan="5">□사회적 배제 감소와 불평등 완화</td></tr>
<tr><td>성과목표</td><td colspan="6">해당사항이 없을 경우에는 공란으로 표기</td></tr>
<tr><td rowspan="2">주요
사업 내용</td><td>세부 사업명</td><td colspan="5">주요 내용</td></tr>
<tr><td></td><td colspan="5"></td></tr>
<tr><td>사업비</td><td>총 사업비</td><td colspan="2">원</td><td>신청금액</td><td colspan="2">원</td></tr>
<tr><td rowspan="2">신청금액
세부내역</td><td rowspan="2">사업비</td><td>원</td><td rowspan="2">인건비</td><td>원</td><td rowspan="2">관리운영비</td><td>원</td></tr>
<tr><td>%</td><td>%</td><td>%</td></tr>
<tr><td rowspan="2">담당자</td><td>성명</td><td></td><td>직통전화</td><td></td><td>E-mail</td><td></td></tr>
<tr><td>직위</td><td></td><td>휴대폰</td><td></td><td>FAX</td><td></td></tr>
<tr><td colspan="7">위와 같이 2025년도 배분 사업을 신청합니다.
2024 년 월 일
기관대표자 : (인)
사회복지공동모금회장 귀하</td></tr>
</table>

3) 사회복지공동모금회 신청양식은 사회복지공동모금회(2024)의 2025 배분사업안내에서 발췌하였다. 사회복지공동모금회의 배분사업은 프로그램_성과중심형, 프로그램_성과확산형, 프로그램_성과산출형으로 나누어져 있다.

2. 신청기관 현황 표준 양식(공통)

<table>
<tr><th colspan="8">신청기관 현황</th></tr>
<tr><td colspan="2">기 관 명</td><td colspan="3"></td><td>대 표 자</td><td colspan="2"></td></tr>
<tr><td colspan="2">고유번호
(사업자등록번호)</td><td colspan="3"></td><td>전화번호</td><td colspan="2"></td></tr>
<tr><td colspan="2">E-mail</td><td colspan="3"></td><td>FAX</td><td colspan="2"></td></tr>
<tr><td colspan="2">홈페이지</td><td colspan="3"></td><td>설립연월일</td><td colspan="2">년 월 일</td></tr>
<tr><td colspan="2">주 소</td><td colspan="6">□□□□□</td></tr>
<tr><td colspan="2" rowspan="2">직원 현황</td><td rowspan="2">총 명
(①+②)</td><td colspan="2">상근 (①)</td><td colspan="3">비상근 (②)</td></tr>
<tr><td colspan="2">명</td><td colspan="3">명</td></tr>
<tr><td rowspan="2">기관
주요
사업</td><td>구분</td><td colspan="6">___① 노인복지 ___② 영유아/아동복지 ___③ 장애인복지 ___④ 노숙인복지
___⑤ 지역복지 ___⑥ 정신보건 ___⑦ 여성복지 ___⑧ 가족복지
___⑨ 청소년복지 ___⑩ 다문화지원 ___⑪ 북한/해외지원 ___⑫ 기타( )</td></tr>
<tr><td>내용</td><td colspan="6"></td></tr>
<tr><td rowspan="4">결산</td><td rowspan="2">세입</td><td>총 계</td><td>보조금수입</td><td>전입금</td><td>후원금수입</td><td>사업수입</td><td>기타수입</td></tr>
<tr><td>원</td><td>원</td><td>원</td><td>원</td><td>원</td><td>원</td></tr>
<tr><td rowspan="2">세출</td><td>총 계</td><td>인건비</td><td>관리운영비</td><td>사업비</td><td>재산조성비</td><td>기타지출</td></tr>
<tr><td>원</td><td>원</td><td>원</td><td>원</td><td>원</td><td>원</td></tr>
<tr><td rowspan="4">예산</td><td rowspan="2">세입</td><td>총 계</td><td>보조금수입</td><td>전입금</td><td>후원금수입</td><td>사업수입</td><td>기타수입</td></tr>
<tr><td>원</td><td>원</td><td>원</td><td>원</td><td>원</td><td>원</td></tr>
<tr><td rowspan="2">세출</td><td>총 계</td><td>인건비</td><td>관리운영비</td><td>사업비</td><td>재산조성비</td><td>기타지출</td></tr>
<tr><td>원</td><td>원</td><td>원</td><td>원</td><td>원</td><td>원</td></tr>
<tr><td rowspan="5">운영
법인
또는
단체</td><td>운영주체
성격</td><td colspan="6">___① 사회복지법인 ___② 사단법인 ___③ 종교법인 ___④ 학교법인
___⑤ 재단법인 ___⑥ 국가지방자치단체 ___⑦ 임의단체 ___⑧ 개인(신고)
___⑨ 법인(기타) ___⑩ 단체(기타)( ) ___⑪ 개인(기타) ( )</td></tr>
<tr><td>법인(단체)명</td><td colspan="3"></td><td>대 표 명</td><td colspan="2"></td></tr>
<tr><td>고유번호
(사업자번호)</td><td colspan="3"></td><td>전화번호</td><td colspan="2"></td></tr>
<tr><td>홈페이지</td><td colspan="3"></td><td>설립연월일</td><td colspan="2">년 월 일</td></tr>
<tr><td>주소</td><td colspan="6">□□□□□</td></tr>
</table>

※ 신청기관 조직도, 운영위원회 및 운영법인 이사회 명단은 별도 첨부

신청기관 신뢰성 점검표

1. 귀 기관 · 시설 · 단체에서 최근 **3년 이내**(공모사업인 경우 : 공고일 기준 / 비공모사업인 경우 : 배분사업신청일 기준)에 **회계부정, 학대 및 성폭력 등 인권침해 사안**[사회복지사업법 제40조(시설의 개선, 사업의 정지, 시설의 폐쇄 등) 1항 4호 및 9호의 각목(아래 관련 법령 참조)], 또는 이에 준하는 사안이 발생하여 정부(경찰, 검찰 등) 및 지자체 등으로부터 형사 · 행정처분받은 사실이 있다면 해당란에 V 체크해 주세요.
   ※**조치 완료되지 않은 사건**이나 **처분이 확정되지 않은 현재 진행 중인 사건**의 경우, **기간과 상관없이 작성**해 주세요.
   ※귀 기관 · 시설 · 단체의 사건으로 인해 운영법인이 대신 처분받은 경우, '해당 있음'으로 작성해 주세요.
   ※(신청기관이 운영법인인 경우) 귀 운영법인이 사건 당사자 기관이 아님에도 산하 기관 · 시설 · 단체의 사건으로 인해 대신 처분받은 경우라면, '해당 없음'으로 작성해 주세요.
   ※인권침해 사건의 경우, 이용인(생활인)에 대한 시설장 또는 종사자의 인권침해 사건에 한해 작성해 주세요.
   (이용자 간, 종사자 간 사건은 제외)

V 체크	내용
	가. 해당 없음 (2번 문항 생략 후 하단에 최종 서명함)
	나. 해당 있음 (2번 문항부터 기재)

관련법령
• 사회복지사업법 제40조(시설의 개선, 사업의 정지, 시설의 폐쇄 등) 1항 4호 중 회계부정 • 사회복지사업법 제40조(시설의 개선, 사업의 정지, 시설의 폐쇄 등) 1항 9호 중 성폭력범죄 또는 학대관련범죄 - 성폭력범죄: 「성폭력범죄의 처벌 등에 관한 특례법」 제2조제1항제3호부터 제5호까지 「아동 · 청소년의 성보호에 관한 법률」 제2조제3호 - 아동학대관련범죄: 「아동복지법」 제3조제7호의2 - 노인학대관련범죄: 「노인복지법」 제1조의2제5호 - 그 밖에 대통령령으로 정하는 성폭력범죄 또는 학대관련범죄 • 「장애인복지법」 제2조 4항에 따른 장애인학대관련범죄 • 이 외의 학대 · 성폭력 관련 범죄와 관련한 법률

2. 처분과 관련한 구체적인 내용을 작성해 주세요.

구분	내용	
발생시기	년 월 일 ~ 년 월 일	
관련 사안 및 관련자	V체크	내용
		가. 회계부정: 사업비 횡령, 유용 (관련자 (V표시): □시설장 □종사자)
		나. 인권침해: 이용자 학대, 성폭력 (관련자 (V표시): □시설장 □종사자)
사건 종류	V체크	내용
		가. 회계부정 (내용 :)
		나. 학대 (내용 :)
		다. 성폭력 (내용 :)
처분내용	V체크	내용
		가. 행정처분
		나. 형사처분
		다. 기타(처분이 확정되지 않은 경우)
	내용	
	■ 처분종류 : ■ 처분확정일자 : ■ 처분에 대한 조치이행 종료여부 : □완료 □진행중 ■ 처분에 대한 조치이행 종료(예정)일자 :	

※2개 이상의 처분이 있는 경우 표를 추가하여 작성 바랍니다.

※컨소시엄 사업인 경우, 컨소시엄 구성기관별로 각각 1부씩 작성하여, 첨부파일로 제출 바랍니다.

3. 2번의 기재사항과 관련하여 기관의 의견이 있는 경우 자유롭게 작성해 주세요.

상기 내용은 사실에 기반하여 작성되었으며, **작성 내용이 사실과 다른 경우 배분사업에 선정된 후에도 배분취소, 환수, 일정기간 지원중단 등의 조치가 있을 수 있음**에 동의합니다.

년 월 일

기관대표자 : (직인)

3-1. 프로그램_산출중심형 사업계획서 표준 양식

<산출중심형> 사업계획서

1. 사업명

• 대상, 목적, 방법과 관련된 정보를 담은 사업명을 적어주십시오.(슬로건은 부제(副題)로 병기해주세요)

2. 사업 필요성

• 수행하려는 사업내용과 관련하여 지금 직면해 있는 현실적인 어려움은 무엇입니까?
• 무엇을 해소 또는 완화하려는 것입니까?

3. 사업 내용 및 추진방법

1) 사업 참여자 및 인원

• 참여자는 누구이며, 몇 명입니까?
• 어떤 기준을 세워서 참여자를 결정하게 됩니까?

2) 사업내용 및 방법

세부 사업명	활동 내용(수행방법)	산출 목표

• (세부 사업명) 전체 사업을 몇 개의 세부 사업으로 분류한다면 어떻게 구성될 수 있습니까?
• (활동 내용) 사업을 어떻게 추진할 것인지에 대하여 세부 사업별 시행방법, 시행 시기 및 횟수, 사업 진행 일정 등의 정보를 담아서 기술해 주시기 바랍니다.
• (산출 목표) 사업 시행의 결과로 발생하는 산출물은 무엇입니까?

4. 예산편성

(단위: 원)

목	세목	계	산출근거	예산조달 계획				
				신청금액	비율(%)	자부담	비율(%)	자부담 재원
총 계								
인건비								
	소 계							
사업비								
	소 계							
관리운영비								
	소 계							

- 사업에 직접 투입되는 비용을 인건비, 사업비, 관리운영비로 구분하여 작성해주시기 바랍니다.
  - (인건비) 해당사업을 직접적으로 수행하는 인력에게 투입되는 비용
  - (사업비) 프로그램 수행에 필요한 직접비용
  - (관리운영비) 프로그램의 수행에 필요한 간접비용(사업관리에 필요한 비용)
  - 예산 수립 시 74p 별첨3. 예산편성기준표를 참고하여 주시기 바랍니다.
- 세목은 세부 사업별로 구분하고 단위가 큰 경우 세세목으로 구분하여 작성하시기 바랍니다.
- 산출근거는 실제 단가, 수량, 인원수, 건수, 횟수 등을 구체적으로 기록해 주시기 바랍니다.

3-2. 프로그램_성과중심형 사업계획서 표준 양식

<성과중심형> 사업계획서

1. 사업명 : 대상 / 목적 / 방법

• 대상, 목적, 방법과 관련된 정보를 담은 사업명을 적어주십시오.(슬로건은 부제(副題)로 병기해주세요)

2. 사업 내용 및 추진 전략

1) 사업 참여자 모집 전략

(1) 참여 대상 및 인원

핵심 참여자	
주변 참여자	

• 누가 이사업에 참여합니까?
- (핵심참여자) 성과를 측정하게 되는 대상이며, 인원은 몇 명입니까?
(이 사업에 참여하게 함으로써 누구의 변화를 이끌어 내려고 하는 것입니까?)
- (주변참여자) 성과측정 대상은 아니지만 핵심참여자의 변화를 이끌어 내는데 중요한 역할을 하는 사람은 누구이며, 인원은 몇 명입니까?

(2) 참여자 선정 기준

• 어떤 기준을 세워서 참여자를 모집하게 됩니까?

(3) 참여자 모집 방안

• 기준에 적합한 참여자를 어떻게 모집할 예정입니까?

2) 사업 내용 및 사업 집행 전략

(1) 세부 사업 내용

세부 사업명	활동 내용(수행방법)
	(시행방법, 시행 시기, 횟수 등 포함하여 작성)

• 아래 내용을 모두 포괄하되, 자유롭게 (질문순서에 상관없이) 표현해 주시기 바랍니다.
- 전체 사업을 몇 개의 세부 사업으로 분류한다면 어떻게 구성될 수 있습니까?
- 사업을 어떻게 추진할 것인지에 대하여 세부 사업별 시행방법, 시행 시기 및 횟수, 참여인원, 사업 진행 일정 등 구체적인 정보를 담아서 기술해 주시기 바랍니다.

※ 표는 예시이며, 사업에 맞게 양식 변경 가능

(2) 사업 진행 일정

주요내용 \ 기간		1월	2월	3월	4월	5월	6월	7월	8월	9월	10월	11월	12월
(세부사업명)	(활동내용)												

• 세부사업명과 활동내용을 작성하고, 사업 추진 일정을 음영으로 표시하여 주시기 바랍니다.

※ 표는 예시이며, 사업에 맞게 양식 변경 가능

(3) 사업수행 인력

이름	소속/직위	사업내 역할 분장	(본사업과 관련된)주요경력

• 사업에 직접 투입되는 주요인력(슈퍼바이저, 주 담당자 등)의 이름, 소속/직위, 역할, 주요 경력을 작성해 주시기 바랍니다.

• 담당자가 미정인 경우 채용 자격기준을 작성해 주시기 바랍니다.

3) 기관 연계협력 전략

• 위의 사업 집행 전략과 관련하여, 지역사회 내(또는 그 범위를 넘어서) 어떤 기관들과 유기적인협조관계를 가질 것인지에 대하여 아래 내용을 포함하여 기술해 주시기 바랍니다.
- 협력 기관이 세부 사업에서 어떤 역할을 담당하게 되는지, 그 때 신청기관의 역할은 무엇인지, 이러한 협력체계는 어떤 절차를 통해 진행되는지 등

3. 예산 편성

(단위 : 원)

목	세목	세세목	계	산출근거	예산조달 계획				
					신청금액	비율(%)	자부담	비율(%)	자부담 재원
총 계									
인건비									
	소 계								
사업비									
	소 계								
관리운영비									
	소 계								

- 사업에 직접 투입되는 비용을 인건비, 사업비, 관리운영비로 구분하여 작성해주시기 바랍니다.
  - (인건비) 해당사업을 직접적으로 수행하는 인력에게 투입되는 비용
  - (사업비) 프로그램 수행에 필요한 직접비용
  - (관리운영비) 프로그램의 수행에 필요한 간접비용(사업관리에 필요한 비용)
  - 예산 수립 시 "별첨3. 예산편성기준표"(p.107)를 참고하여 주시기 바랍니다.
- 세목은 세부 사업별로 구분하고 단위가 큰 경우 세세목으로 구분하여 작성하시기 바랍니다.
- 산출근거는 실제 단가, 수량, 인원수, 건수, 횟수 등을 구체적으로 기록해 주시기 바랍니다.

4. 문제 의식(사업 필요성)

1) 사업 계획 배경

- 왜 이 사업을 기획하게 되었습니까?
  - 귀 기관이 관심을 가지기 전에는 어떤 상태에 있었는지, 인근 다른 지역에도 유사한 상황이 있다면 어떻게 대응하고 있는지에 대해서도 서술해 주시기 바랍니다.

2) 기존 유사사업과의 차별성

- 기존의 시각이나 접근방식과 다른 점은 무엇입니까?

3) 신청기관의 강점

- 이 사업을 신청기관에서 수행해야 하는 이유에 대해 사전조사 내용, 관련분야 수행 경험 등을 포함하여 기재해주시기 바랍니다.
- 유사/동일 사업 수행경험)최근 3년 이내)이 있다면 아래의 표를 참고하여 기재해 주시기 바랍니다.

연도	수행기간	사업명	지원금액	정부기관 (정부, 민간)

5. 목표 및 평가

1) 산출목표

세부 사업명	산출목표	모니터링 방법

- 성과목표를 달성하기 위해 이끌어내야 하고 모니터링 해야 하는 산출목표는 무엇입니까?

2) 성과목표 및 평가 방법

성과목표	평가 도구 및 방법	측정 시기

- (성과목표) 성과목표와 관련하여 아래 내용들에 대해 작성해 주시기 바랍니다.
  - 핵심 참여자의 어떤 부분을 어느 수준까지 변화시키는 것입니까?
  - 작성하고자 하는 성과목표가 이후에 기술되는 평가 방법을 통해 달성여부를 알 수 있게 됩니까?
  - (성과라고 강조하고 싶은데) 양적으로 드러내기(수치화하기) 어려운 성과목표가 있다면 무엇입니까?
  - 앞서 기술하신 사업내용과 성과목표를 논리적으로 연결하여 작성해 주십시오.
- (평가 도구 및 방법 / 측정 시기) 성과목표 달성 여부와 정도를 어떻게 평가하실 건가요?
  - 성과목표 달성 여부와 정도를 판단하기 위해 어떤 성과지표를 설정하실 건가요?
  - 제시된 성과목표에 대한 평가계획(자료수집방법, 측정시기 등)은 어떠한가요?
  - 수치화하기 어려운 성과목표가 있다면 어떤 평가방법을 통해 변화의 수준과 의미를 드러내실 건가요?

6. 사업종료 후 지향점

1) 사업 수행으로 인한 기대 효과

- 이 사업이 성공적으로 수행된다면 기대되는 효과는 무엇입니까?

2) 사업 결과의 활용 계획

- 사업의 효과로 나타난 결과를 어떻게 활용할 계획입니까?
- 사업 결과를 통해 유사기관이나 지역사회에 꼭 알리고 싶은 이야기가 있다면 무엇입니까?

※별첨 신청기관 조직 및 이사회 운영위원회 명단

1. 신청기관 조직 및 운영위원회/이사회 현황

1) 조 직 도

2) 이사회/운영위원회 명단

순번	성 명	소속기관 · 단체/직위	비 고
1			
2			
3			
4			
5			
6			
::			

2. 운영법인 운영위원회/이사회 현황

(운영법인이 없는 경우 작성하지 않으셔도 됩니다.)

순번	성 명	소속기관 · 단체/직위	비 고
1			
2			
3			
4			
5			
6			
::			

3-3. 프로그램_성과확산형 사업계획서 표준 양식

<성과확산형> 3개년 사업계획서

1. 사업명 : 대상 목적 방법

• 대상, 목적, 방법과 관련된 정보를 담은 사업명을 적어 주십시오.
(슬로건은 부제(副題)로 병기해 주세요)

2. 사업 내용 및 추진 전략

1) 사업 참여 대상 및 인원

구분	1차년도	2차년도	3차년도
핵심 참여자			
주변 참여자			

• 누가 이 사업에 참여합니까? 연차별 핵심 참여자와 주변 참여자를 상호 관련성 있게 작성하시기 바랍니다.
- (핵심 참여자) 성과를 측정하게 되는 대상은 누구이며, 인원은 몇 명입니까?
(이 사업에 참여하게 함으로써 누구의 변화를 이끌어내려고 하는 것입니까?)
- (주변 참여자) 성과측정 대상은 아니지만 핵심 참여자의 변화를 이끌어내는데 중요한 역할을 하는 사람은 누구이며, 인원은 몇 명입니까?
※ 『시스템 구축』, 『지역사회 수준변화』 등과 같이 "사람"의 변화에 일차적인 초점이 있지 않은 경우가 있을 수 있습니다. 이런 때에는 사업 참여자에 대한 기술 내용 및 방식이 달라질 수 있을 것이므로 사업내용에 따라 적절하게 기술해 주시기 바랍니다.

2) 연차별 사업내용

1차년도	
특징	
핵심 내용	
2차년도	
특징	
핵심 내용	
3차년도	
특징	
핵심 내용	

- (특징) 각 연차별 인과관계 등을 포함하여 연차별 특징(주요 초점)에 대해 제시하여 주십시오.
- (핵심내용) 연차별 주요사업 등 핵심내용을 작성하여 주십시오.

3) 기관 연계협력 전략

- 위의 사업 내용과 관련하여, 지역사회 내(또는 그 범위를 넘어서) 어떤 기관들과 유기적인 협조관계를 가질 것인지에 대하여 아래 내용을 포함하여 기술해 주시기 바랍니다.
  - 협력 기관이 세부 사업에서 어떤 역할을 담당하게 되는지, 그때 신청기관의 역할은 무엇인지, 이러한 협력체계는 어떤 절차를 통해 진행되는지 등
- 연차별 네트워크의 확대 혹은 축소가 있는 경우 변화에 대한 확인이 가능하도록 기재해 주십시오.

3. 예산 편성

(단위 : 천원)

구분	1차년도			2차년도			3차년도		
목	세목	신청금액	자부담	세목	신청금액	자부담	세목	신청금액	자부담
총 계				총 계			총 계		
인건비									
	소 계			소 계			소 계		
사업비									
	소 계			소 계			소 계		
관리운영비									
	소 계			소 계			소 계		

- 사업에 직접 투입되는 예산 내 주요 세목(세부 사업별)의 금액과 비중이 사업 연차별로 어느 정도 차지하는지에 대해 작성해 주시기 바랍니다.

4. 문제 의식(사업 필요성)

1) 사업 계획 배경

- 왜 이 사업을 기획하게 되었습니까?
  - 귀 기관이 관심을 가지기 전에는 어떤 상태에 있었는지, 인근 다른 지역에도 유사한 상황이 있다면 어떻게 대응하고 있는지에 대해서도 서술해 주시기 바랍니다.

2) 기존 유사사업과의 차별성

• 기존의 시각이나 접근방식과 다른 점은 무엇입니까?

3) 신청기관의 강점

• 이 사업을 신청기관에서 수행해야 하는 이유에 대해 사전조사 내용, 관련분야 수행 경험 등을 포함하여 기재해주시기 바랍니다.
• 유사/동일 사업 수행경험)최근 3년 이내)이 있다면 아래의 표를 참고하여 기재해 주시기 바랍니다.

연도	수행기간	사업명	지원금액	정부기관 (정부, 민간)

5. 목표 및 평가

1) 성과평가

성과목표	평가 도구 및 방법	측정 시기

• (성과목표) 3년 뒤 핵심참여자의 어떤 부분을 어느 수준까지 변화시킬 목표를 가지고 있습니까?
  - 성과목표가 "사람"이 아닌 경우에는 그와 관련되는 성과목표를 제시하여 주십시오.
  - (성과라고 강조하고 싶은데) 양적으로 드러내기(수치화하기) 어려운 성과목표가 있다면 무엇입니까?
  - 앞서 기술하신 사업내용과 성과목표를 논리적으로 연결하여 작성해 주십시오.
• (평가 도구 및 방법 / 측정 시기) 성과목표 달성 여부와 정도를 어떻게 평가하실 건가요?
  - 성과목표 달성 여부와 정도를 판단하기 위해 어떤 성과지표를 설정하실 건가요?
  - 제시된 성과목표에 대한 평가계획(자료수집방법 등을 포함)은 어떠한가요?
  - 달성된 성과가 사업참여자에게 (나아가서는 지역사회에) 주는 의미를 어떻게 드러내실 계획입니까?

2) 과정평가(선택)

평가대상 내용	평가 방법	측정 시기

• '어떤 과정을 통해 성과를 거두게 되었는지'에 대한 내용을 어떻게 보여주시겠습니까?

6. 사업종료 후 지향점

1) 사업 수행으로 인한 기대 효과

- 이 사업이 성공적으로 수행된다면 기대되는 효과는 무엇입니까?

2) 사업 결과의 활용 계획

- 사업의 효과로 나타난 결과를 어떻게 활용할 계획입니까?
- 사업 결과를 통해 유사기관이나 지역사회에 꼭 알리고 싶은 이야기가 있다면 무엇입니까?

3) 사업 지속 유지 전략

- 모금회로부터 이 사업 소요예산에 대한 지원이 종료된 후 후속적인 사업추진을 위한 재원 마련 등의 전략은 무엇입니까?
- 후속 사업 추진을 구현하기 위한 노력을 각 연도별로 어떻게 반영하였습니까?

<성과확산형> 연차별(1차년도) 사업계획서

1. 사업명 : ___대상___ ___목적___ ___방법___

• 3개년 사업계획서와 동일한 사업명을 적어주십시오.

2. 사업 내용 및 추진 전략

1) 사업 참여자 모집 전략

(1) 참여 대상 및 인원

핵심 참여자	
주변 참여자	

• 1차년도에는 누가 이 사업에 참여합니까? - (핵심 참여자) 성과를 측정하게 되는 대상은 누구이며, 인원은 몇 명입니까? (이 사업에 참여하게 함으로써 누구의 변화를 이끌어내려고 하는 것입니까?) - (주변 참여자) 성과측정 대상은 아니지만 핵심 참여자의 변화를 이끌어내는데 중요한 역할을 하는 사람은 누구이며, 인원은 몇 명입니까?

(2) 참여자 선정 기준

• 어떤 기준을 세워서 참여자를 모집하게 됩니까?

(3) 참여자 모집 방안

• 기준에 적합한 참여자를 어떻게 모집할 예정입니까? 그 방법이 적합하다고 생각하는 이유가 무엇입니까?

2) 사업내용 및 사업 집행 전략

(1) 세부사업내용

세부 사업명	활동내용(수행방법)
	(시행방법, 시행시기, 참여인원, 횟수등 포함하여 작성)

• 아래 내용을 모두 포괄하되, 자유롭게 (질문순서에 상관없이) 표현해 주시기 바랍니다.
 - 1차년도 사업을 몇 개의 세부 사업으로 분류한다면 어떻게 구성될 수 있습니까?
 - **3개년 사업계획서에 기반하여 1차년도 사업을 어떻게 추진할 것인지에 대하여 세부 사업별 시행방법, 시행 시기 및 횟수, 사업 진행 일정 등 구체적인 정보를 담아서 기술해 주시기 바랍니다.**

※ 표는 예시이며, 사업에 맞게 양식 변경 가능

(2) 사업 진행 일정

주요내용 \ 기간		1월	2월	3월	4월	5월	6월	7월	8월	9월	10월	11월	12월
(세부사업명)	(활동내용)												

• 세부사업명과 활동내용을 작성하고, 사업 추진 일정을 음영으로 표시하여 주시기 바랍니다.

※ 표는 예시이며, 사업에 맞게 양식 변경 가능

(3) 사업수행 인력

이름	소속/직위	사업내 역할 분장	(본사업과 관련된)주요경력

• 사업에 직접 투입되는 주요인력(슈퍼바이저, 주 담당자 등)의 이름, 소속/직위, 역할, 주요 경력을 작성해 주시기 바랍니다.

• 담당자가 미정인 경우 채용 자격기준을 작성해 주시기 바랍니다.

3) 기관 연계협력 전략

• 위의 사업 집행 전략과 관련하여, 지역사회 내(또는 그 범위를 넘어서) 어떤 기관들과 유기적인 협조관계를 가질 것인지에 대해 아래 내용을 포함하여 기술해 주시기 바랍니다.
 - 협력 기관이 세부 사업에서 어떤 역할을 담당하게 되는지, 그때 신청기관의 역할은 무엇인지, 이러한 협력체계는 어떤 절차를 통해 진행되는지 등

3. 예산편성

(단위 : 원)

목	세목	세세목	계	산출근거	예산조달 계획				
					신청금액	비율 (%)	자부담	비율 (%)	자부담 재원
총 계									
인건비									
	소 계								
사업비									
	소 계								
관리운영비									
	소 계								

- 1차년도 사업에 직접 투입되는 비용을 인건비, 사업비, 관리운영비로 구분하여 작성해주시기 바랍니다.
  - (인건비) 해당사업을 직접적으로 수행하는 인력에게 투입되는 비용
  - (사업비) 프로그램 수행에 필요한 직접비용
  - (관리운영비) 프로그램의 수행에 필요한 간접비용(사업관리에 필요한 비용)
  - 예산 수립 시 예산편성기준표를 참고하여 주시기 바랍니다.
- 세목은 세부 사업별로 구분하고 단위가 큰 경우 세세목으로 구분하여 작성하시기 바랍니다.
- 산출근거는 실제 단가, 수량, 인원수, 건수, 횟수 등을 구체적으로 기록해 주시기 바랍니다.

4. 목표 및 평가

1) 산출목표

세부 사업명	산출목표	모니터링 방법

• 성과목표를 달성하기 위해 이끌어내야 하고 모니터링 해야 하는 산출목표는 무엇입니까?

2) 성과목표 및 평가 방법

성과목표	평가 도구 및 방법	측정 시기

• (성과목표) (3차년도에 달성할 성과목표가 아니라) 1차년도 사업을 추진함으로써 달성하려고 하는 중간목표 성격의 성과목표는 무엇입니까?
  - 앞서 기술하신 1차년도 사업 내용과 성과목표를 논리적으로 연결하여 작성해 주십시오.
  - (성과라고 강조하고 싶은데) 양적으로 드러내기(수치화하기) 어려운 성과목표도 포함하여 작성해 주시기 바랍니다.
• (평가 도구 및 방법 / 측정 시기) 성과목표 달성 여부와 정도를 어떻게 평가하실 건가요?
  - 성과목표 달성 여부와 정도를 판단하기 위해 어떤 성과지표를 설정하실 건가요?
  - 제시된 성과목표에 대한 평가계획(자료수집방법 등을 포함)은 어떠한가요?
  - 수치화하기 어려운 성과목표가 있다면 어떤 평가방법을 통해 변화의 수준과 의미를 드러내실 건가요?

3) 과정평가(선택)

평가대상 내용	평가 방법	측정 시기

• 1차년도 사업에서 '어떤 과정을 통해 성과를 거두게 되었는지'에 대한 내용을 어떻게 보여주시겠습니까?

03. 삼성꿈장학재단 프로그램 신청서 양식4)

〈서식 1〉 대표기관 및 참여기관 소개

1. 대표기관 및 참여기관 명단

※ 날인된 면을 스캔하여 이미지 형태로 신청서 양식에 첨부하여 제출하시기 바랍니다. 사진을 찍어서 이미지 형태로 첨부하실 수도 있습니다. (팩스 제출 불가)
※ 필요한 경우, 줄을 추가하여 작성하십시오.

제출하는 모든 신청서류의 내용이 사실임을 확인하며, 귀 재단의 「2024년 배움터 교육지원사업」에 대한 안내 및 유의사항을 인지하였으며, 이에 동의합니다. 또한 신청서 내용이 허위로 밝혀질 경우, 선정이 확정된 사업이라도 취소될 수 있음을 확인합니다.

년 월 일

대표기관명	대표자명	기관 직인 혹은 대표자 서명

연번	참여기관명	대표자명
1		
2		
3		

(재)삼성꿈장학재단 이사장 귀중

4) 삼성꿈장학재단 프로그램 신청서 양식은 2024 배움터 교육지원사업 공모 신청자료를 바탕으로 작성하였다. 배움터교육지원사업은 지역적 사회경제적 이유로 교육지원이 부족한 아동·청소년을 대상으로 기초학습 및 문화체험활동 등의 프로그램을 제공하고 있다.

2. 대표기관 및 참여기관 운영 현황

1) 대표기관명: (   )

<table>
<tr><td>설립연도</td><td colspan="4"></td></tr>
<tr><td>상근인력 수</td><td colspan="2"></td><td>비상근인력 수</td><td></td></tr>
<tr><td>2023년 기관 전체예산</td><td colspan="4"></td></tr>
<tr><td>학생 1인당 월 이용료*</td><td colspan="4"></td></tr>
<tr><td>기관 전체 등록
아동 · 청소년 수**</td><td colspan="4">① 학년별 현황
<table>
<tr><th>구분</th><th>학생 수(명)</th></tr>
<tr><td>초등학생</td><td></td></tr>
<tr><td>중학생</td><td></td></tr>
<tr><td>고등학생</td><td></td></tr>
<tr><td>기타(미취학)</td><td></td></tr>
<tr><td>합계</td><td></td></tr>
</table>
② 사회경제적 현황 (중복 응답 가능)
<table>
<tr><th>구분</th><th>학생 수(명)</th></tr>
<tr><td>법정저소득(기초생활수급자, 차상위)</td><td></td></tr>
<tr><td>한부모</td><td></td></tr>
<tr><td>조손</td><td></td></tr>
<tr><td>결혼이주 다문화</td><td></td></tr>
<tr><td>중도입국</td><td></td></tr>
<tr><td>맞벌이</td><td></td></tr>
<tr><td>장애</td><td></td></tr>
</table>
</td></tr>
<tr><td rowspan="4">2023년
핵심 교육사업</td><td colspan="4">※ 2023년 현재 진행하고 있는 핵심 교육사업 2~3가지의 내용을 간략히 작성해 주십시오.</td></tr>
<tr><td colspan="4">내용</td></tr>
<tr><td colspan="4"></td></tr>
<tr><td colspan="4"></td></tr>
<tr><td rowspan="3">외부지원 현황
(2022년~2024년)</td><td>지원기관</td><td>지원기간</td><td>지원내용</td><td>지원금액(원)</td></tr>
<tr><td></td><td></td><td></td><td></td></tr>
<tr><td></td><td></td><td></td><td></td></tr>
</table>

* 월 이용료가 없을 경우, 0원으로 표시

** 해당사항이 없는 경우, 공란으로 두기

2) 참여기관

※ 필요하신 경우, 아래 표를 복사하여 사용하시기 바랍니다.

① 참여기관명:

<table>
<tr><td>설립연도</td><td colspan="4"></td></tr>
<tr><td>상근인력 수</td><td colspan="2"></td><td>비상근인력 수</td><td></td></tr>
<tr><td>2023년 기관 전체예산</td><td colspan="4"></td></tr>
<tr><td>학생 1인당 월 이용료*</td><td colspan="4"></td></tr>
<tr><td>기관 전체 등록
아동 · 청소년 수**</td><td colspan="4">
① 학년별 현황
<table>
<tr><th>구분</th><th>학생 수(명)</th></tr>
<tr><td>초등학생</td><td></td></tr>
<tr><td>중학생</td><td></td></tr>
<tr><td>고등학생</td><td></td></tr>
<tr><td>기타(미취학)</td><td></td></tr>
<tr><td>합계</td><td></td></tr>
</table>
② 사회경제적 현황 (중복 응답 가능)
<table>
<tr><th>구분</th><th>학생 수(명)</th></tr>
<tr><td>법정저소득(기초생활수급자, 차상위)</td><td></td></tr>
<tr><td>한부모</td><td></td></tr>
<tr><td>조손</td><td></td></tr>
<tr><td>결혼이주 다문화</td><td></td></tr>
<tr><td>중도입국</td><td></td></tr>
<tr><td>맞벌이</td><td></td></tr>
<tr><td>장애</td><td></td></tr>
</table>
</td></tr>
<tr><td rowspan="4">2023년
핵심 교육사업</td><td colspan="4">※ 2023년 현재 진행하고 있는 핵심 교육사업 2~3가지의 내용을 간략히 작성해 주십시오.</td></tr>
<tr><td colspan="4">내용</td></tr>
<tr><td colspan="4"></td></tr>
<tr><td colspan="4"></td></tr>
<tr><td rowspan="3">외부지원 현황
(2022년~2024년)</td><td>지원기관</td><td>지원기간</td><td>지원내용</td><td>지원금액(원)</td></tr>
<tr><td></td><td></td><td></td><td></td></tr>
<tr><td></td><td></td><td></td><td></td></tr>
</table>

* 월 이용료가 없을 경우, 0원으로 표시

** 해당사항이 없는 경우, 공란으로 두기

② 참여기관명:

<table>
<tr><td>설립연도</td><td colspan="4"></td></tr>
<tr><td>상근인력 수</td><td></td><td>비상근인력 수</td><td colspan="2"></td></tr>
<tr><td>2023년 기관 전체예산</td><td colspan="4"></td></tr>
<tr><td>학생 1인당 월 이용료*</td><td colspan="4"></td></tr>
<tr><td>기관 전체 등록
아동 · 청소년 수**</td><td colspan="4">
① 학년별 현황
<table>
<tr><th>구분</th><th>학생 수(명)</th></tr>
<tr><td>초등학생</td><td></td></tr>
<tr><td>중학생</td><td></td></tr>
<tr><td>고등학생</td><td></td></tr>
<tr><td>기타(미취학)</td><td></td></tr>
<tr><td>합계</td><td></td></tr>
</table>
② 사회경제적 현황 (중복 응답 가능)
<table>
<tr><th>구분</th><th>학생 수(명)</th></tr>
<tr><td>법정저소득(기초생활수급자, 차상위)</td><td></td></tr>
<tr><td>한부모</td><td></td></tr>
<tr><td>조손</td><td></td></tr>
<tr><td>결혼이주 다문화</td><td></td></tr>
<tr><td>중도입국</td><td></td></tr>
<tr><td>맞벌이</td><td></td></tr>
<tr><td>장애</td><td></td></tr>
</table>
</td></tr>
<tr><td rowspan="5">2023년
핵심 교육사업</td><td colspan="4">※ 2023년 현재 진행하고 있는 핵심 교육사업 2~3가지의 내용을 간략히 작성해 주십시오.</td></tr>
<tr><td colspan="4">내용</td></tr>
<tr><td colspan="4"></td></tr>
<tr><td colspan="4"></td></tr>
<tr><td colspan="4"></td></tr>
<tr><td rowspan="3">외부지원 현황
(2022년~2024년)</td><td>지원기관</td><td>지원기간</td><td>지원내용</td><td>지원금액(원)</td></tr>
<tr><td></td><td></td><td></td><td></td></tr>
<tr><td></td><td></td><td></td><td></td></tr>
</table>

* 월 이용료가 없을 경우, 0원으로 표시

** 해당사항이 없는 경우, 공란으로 두기

3. 대표기관 대표자(혹은 실무책임자) 자기소개서

※ 교육복지 분야 경력(재단 사업 참여 경력 포함), 교육철학을 중심으로 작성해 주십시오.

※ 기관소개가 아니라, 대표자(혹은 실무책임자)의 자기소개를 작성해 주십시오.

4. 공동사업 유형

※ 해당하는 유형에 체크(✓)해 주세요.

프로그램 공유형		교육과제 발굴형	

5. 공동사업의 필요성

※ 프로그램 공유형의 경우, 공동사업 추진 배경과 필요성, 협력 및 역할분담 계획 등에 대해 작성하시기 바랍니다.

〈서식 2〉 교육복지사업 계획서

1. 사업명

※ 사업의 목표, 내용을 상징적으로 나타낼 수 있는 사업명을 기재하시기 바랍니다.

2. 교육복지사업 내용

1) 교육기간:

※ 사업기간은 2024년 3월~2025년 2월입니다. 단, 교육과정은 2025년 1월까지 종료되어야 합니다.

2) 참여 예정 아동 · 청소년 모집률:

※ 신청서 작성 시점의 모집률을 작성해 주십시오.

3) 참여 예정 아동 · 청소년의 사회경제적 현황

참여 학생 거주 지역	※ 참여학생들이 주로 거주하고 있는 지역(읍면동 단위)을 구체적으로 기재하시기 바랍니다.
사회경제적 배경	

4) 교육목표

※ 2-3)에서 작성하신 참여 예정 아동 · 청소년의 사회경제적 현황을 고려하여 교육목표를 작성해 주시기 바랍니다.

※ 기초반, 심화반 등으로 수준별 분반 프로그램이 진행되는 경우, 각각의 교육목표를 기재해 주십시오.

[신규사업]

교육프로그램에 참여하는 아동 · 청소년이 1년간의 경험 속에서 어떤 성장을 이루기를 기대하시는지 교육목표를 구체적으로 작성해 주십시오.
• 수준별 맞춤식 학습지도를 통해 기초학습능력 향상 - 받아쓰기, 어려운 문장 정확하게 읽기를 반복하여 동급학년 학습수준으로 끌어올리기 - 정확하게 읽고 쓰기를 통해 문해력 향상 • 또래와 상호작용을 통해 친밀감 형성 및 사회성 향상 - 비슷한 경험을 가진 또래들과 안정적인 관계를 통해 공동체의식과 연대감으로 소속감 증진 - 심리적 안정감을 제공할 수 있는 환경을 조성하여 감정을 알고 조절하며 표현할 수 있는 능력 향상

5) 교육복지사업 개요

※ 1명의 학생을 기준으로 연간 최소 30회기 이상 교육이 진행되어야 합니다.

※ 전체 교육 횟수 중 30% 이상은 참여 아동 · 청소년이 함께 모여서 프로그램을 진행해야 합니다.

※ 참여 아동 · 청소년, 교육방식, 교육규모는 중복체크 가능합니다.

※ 교육과제 발굴형의 경우, '지역 교육과제 발굴 · 해결을 위한 학습동아리'와 '지역 교육과제 발굴 · 해결을 위한 협의회' 계획을 포함하여 작성하시기 바랍니다.

① 아동·청소년 대상 프로그램

<table>
<tr><th rowspan="2">연번</th><th rowspan="2">프로그램명</th><th rowspan="2">연간 총 교육 횟수/회당 평균 진행시간</th><th colspan="2">참여 아동·청소년</th><th rowspan="2">교육방식</th><th rowspan="2">교육규모</th></tr>
<tr><th>연령대</th><th>계획 인원</th></tr>
<tr><td rowspan="6">1</td><td rowspan="6"></td><td rowspan="6"></td><td>초등학생(1~2학년)</td><td></td><td rowspan="6">□ 강의
□ 프로젝트수업
□ 토론 및 발표
□ 체험
□ 기타 (　　　)</td><td rowspan="6">□ 소그룹(4그룹)
□ 집단</td></tr>
<tr><td>초등학생(3~4학년)</td><td></td></tr>
<tr><td>초등학생(5~6학년)</td><td></td></tr>
<tr><td>중학생</td><td></td></tr>
<tr><td>고등학생</td><td></td></tr>
<tr><td>기타 (　　　)</td><td></td></tr>
<tr><td rowspan="6">2</td><td rowspan="6"></td><td rowspan="6"></td><td>초등학생(1~2학년)</td><td></td><td rowspan="6">□ 강의
□ 프로젝트수업
□ 토론 및 발표
□ 체험
□ 기타 (　　　)</td><td rowspan="6">□ 소그룹(4그룹)
□ 집단</td></tr>
<tr><td>초등학생(3~4학년)</td><td></td></tr>
<tr><td>초등학생(5~6학년)</td><td></td></tr>
<tr><td>중학생</td><td></td></tr>
<tr><td>고등학생</td><td></td></tr>
<tr><td>기타(학부모/교강사/멘토)</td><td></td></tr>
<tr><td rowspan="6">3</td><td rowspan="6"></td><td rowspan="6"></td><td>초등학생(1~2학년)</td><td></td><td rowspan="6">□ 강의
□ 프로젝트수업
□ 토론 및 발표
□ 체험
□ 기타 (　　　)</td><td rowspan="6">□ 소그룹(4그룹)
□ 집단</td></tr>
<tr><td>초등학생(3~4학년)</td><td></td></tr>
<tr><td>초등학생(5~6학년)</td><td></td></tr>
<tr><td>중학생</td><td></td></tr>
<tr><td>고등학생</td><td></td></tr>
<tr><td>기타(학부모/교강사/멘토)</td><td></td></tr>
<tr><td rowspan="6">4</td><td rowspan="6"></td><td rowspan="6"></td><td>초등학생(1~2학년)</td><td></td><td rowspan="6">□ 강의
□ 프로젝트수업
□ 토론 및 발표
□ 체험
□ 기타 (　　　)</td><td rowspan="6">□ 소그룹(4그룹)
□ 집단</td></tr>
<tr><td>초등학생(3~4학년)</td><td></td></tr>
<tr><td>초등학생(5~6학년)</td><td></td></tr>
<tr><td>중학생</td><td></td></tr>
<tr><td>고등학생</td><td></td></tr>
<tr><td>기타(학부모/교강사/멘토)</td><td></td></tr>
</table>

② 교강사 대상 프로그램

연번	프로그램명	연간 총 교육 횟수/회당 평균 진행시간	참여대상	계획 인원	교육방식	교육규모
1					□ 강의 □ 프로젝트수업 □ 토론 및 발표 □ 체험 □ 기타 (　　　)	□ 소그룹(4그룹) □ 집단
2					□ 강의 □ 프로젝트수업 □ 토론 및 발표 □ 체험 □ 기타 (　　　)	□ 소그룹(4그룹) □ 집단

6) 프로그램별 핵심 교육내용

※ 2-5) 교육복지사업 개요에 제시된 각 프로그램별로 아동 · 청소년이 경험하고 학습하게 될 월별 핵심 교육내용, 운영방식, 교육장소를 기술해 주십시오.

※ 교육과제 발굴형의 경우, ① 지역 교육과제 발굴 · 해결을 위한 학습동아리와 ② 지역 교육과제 발굴 · 해결을 위한 협의회 계획을 포함하여 작성하시기 바랍니다.

① 아동 · 청소년 대상 프로그램

연번	프로그램명	핵심 교육내용		운영방식	교육장소
1					
2					
3					
4					
5					

② 교강사 대상 프로그램

연번	프로그램명	핵심 교육내용		운영방식	교육장소
1					
2					

3. 학생 성장 모니터링 · 평가 계획

※ 2-4)에 작성하신 교육목표에 따른 학생들의 성장 · 변화 과정 및 결과를 어떻게 모니터링하고 평가하실 것인지 계획을 기재해 주십시오.

모니터링 · 평가 주체 (중복체크 가능)	배움터 교사　　강사　　학생　　기타(학부모)
모니터링 · 평가방법	

모니터링 · 평가방법 예시) 교강사의 관찰을 토대로 한 학생성장기록, 학생들의 자기성장기록(에세이), 포트폴리오, 사진(영상) 촬영, 성장나눔(평가)회, 발표회 등

4. 효과적인 사업 운영을 위한 기반활동 계획

※ 교육프로그램 기획부터 평가까지 모든 과정은 여러 주체들의 협력이 필요한 공동의 과정으로, 이를 위한 기반활동 계획을 기재하시기 바랍니다.

구분	연간 진행 횟수	핵심 논의사항

〈서식 3〉 담당인력 정보

<담당인력 정보 작성 안내>

• 이력서 및 개인정보 수집 · 이용 동의서 작성대상

① 대표기관 대표자

② 사업실무책임자

③ 강사 : 강사가 확정된 경우, '1. 담당인력 이력서 및 개인정보 수집 · 이용 동의서'를 작성해 주시고, 강사가 미정인 경우, '2. 강사 모집 계획'을 작성해 주십시오.

④ 기타 인건비가 지급되는 관계자

• 작성 안내

- 별도의 이력서를 추가로 제출하지 마시고, 서식 내 해당되는 부분만 작성해 주십시오.
- 개인정보 수집 · 이용동의서에는 반드시 본인이 직접 서명(날인)해 주십시오. 당사자 동의 없이 위조하실 경우, 선정이 취소됩니다.
- 날인된 면을 스캔하여 이미지 형태로 신청서 양식에 첨부하여 제출하시기 바랍니다. 사진을 찍어서 이미지 형태로 첨부하실 수도 있습니다.
- 필요한 경우, 양식에 줄을 추가하셔도 됩니다.
- 관계자들에게 양식을 보내주신 후, 작성된 양식을 수합하여 여러 페이지를 제출하셔도 무방합니다.

1. 담당인력 이력서 및 개인정보 수집·이용 동의서

개인정보의 수집·이용에 대한 동의

(재)삼성꿈장학재단(이하 "재단")은 2024년 배움터 교육지원사업 선정 심사 및 지원관리, 기타 향후 통계분석 등을 위하여 아래 사업 관계자들의 개인정보를 수집하고자 합니다. 수집된 개인정보는 이용목적이 달성되면 즉시 파기합니다(다른 법령의 정함이 있는 경우 그에 따르며, 심사에서 탈락할 경우 신청일로부터 1년간 이력관리를 위하여 보관합니다). 아래 정보의 수집을 거부하실 수 있으나 정보를 제공하지 않을 경우, 2024년 배움터 교육지원사업 선정에서 제외될 수 있습니다. 개인정보 수집 · 이용에 동의하시는 경우 우측의 "개인정보 처리 동의"란에 서명 혹은 날인하여 주시기 바랍니다.

- 수집정보: 성명, 소속, 연령, 직위, 휴대폰 번호, 이메일 주소, 관련 경력 등
- 수집대상: 대표기관 대표자, 사업실무책임자, 그 외 재단에 이력을 제공하는 자

2023년 월 일

연번	성명	소속	연령(만)	담당역할	교육복지 관련 경력 및 자격 현황	개인정보 처리동의 서명 혹은 날인
1						
2						
3						
4						
5						

2. 강사 모집 계획

※ 강사가 '미정'인 경우에만 작성하시기 바랍니다.

연번	담당 프로그램	모집인원(명)	모집방법	선발기준
1				

〈서식 4〉 예산서

<예산 작성 안내>

1. 기본사항

- 예산편성의 타당성은 심사의 중요한 기준 중 하나이므로 과도하게 편성하지 않도록 유의함.
- 예산 단위를 원 단위로 작성함.
- 예산 편성 시, 다음 페이지의 예시를 참고하여 작성함.
  - 필요한 계정과목만 사용하여 편성함.

2. 직접사업비

1) 강사비

유형		기준
강의		시간당 55,000원 이하
특강	대면 특강	1회당 300,000원 이하
	실시간 화상 특강	1회당 200,000원 이하

※ 강사자원을 쉽게 구할 수 없는 도서산간지역은 강사교통비를 1일 10,000원 이하로 교통비에 책정할 수 있음.

2) 보조강사비

- 소그룹으로 프로그램 운영시 보조강사 활용 가능
- 강사비보다 낮은 단가로 합리적으로 편성

3) 학습재료비

- 사업과 직접적으로 관련이 없는 과도한 시설개조비, 물품구입비는 포함할 수 없음.
- 학습재료비는 사업에 따라 총 신청예산의 15~20% 내외로 책정 가능함. 단, 신규사업에 한하여 30%까지 책정 가능

4) 식비/간식비

- 1인당 1만 원 이하로 책정함. 간식비의 경우, 식비보다 낮은 단가로 합리적으로 편성함.
- 캠프 또는 발표회의 경우에만, 1인당 1만 5천원 이하로 책정 가능함.

5) 진행비

- 숙박비, 입장권, 여행자보험료, 현수막 제작비 등

6) 기타

- 배움터 교강사 역량강화를 위한 워크숍 혹은 학습동아리 운영, 보호자 교육에 소요되는 비용은 총 신청예산의 10% 이하로 직접사업비에 편성할 수 있음.

3. 운영비 및 인건비

- 운영비+인건비는 신청예산의 30% 이하로 편성함.
- 교강사 회의참석 수당
  - 교강사 회의에 대해 연간 최대 4회까지 교강사 회의수당을 책정할 수 있음.
  - 1인당 1회 기준 최대 5만원 책정 가능
- 교강사 회의시 식비/간식비
  - 1인당 2만 원 이하로 책정함. 간식비의 경우, 식비보다 낮은 단가로 합리적으로 편성함.
- 신청주체가 대학교인 경우, 재단 지원금 신청액에 간접연구비(오버헤드)를 포함할 수 없음.

예시)

구분	프로그램명	계정과목	산출 근거 예시
직접 사업비	프로그램명	강사비	주강사 강사비(시간당 단가×시간×횟수)
		보조강사비	보조강사 강사비(시간당 단가×시간×횟수)
		학습재료비	교재구입(단가×수량×횟수)
		교통비	캠프 버스 대여비(단가×대수×횟수)
			강사 교통비(단가×일수)
		식비	식비(단가×명수×횟수)
			간식비(단가×명수×횟수)
		진행비	숙박비, 입장권 등(단가×명수×횟수)
운영비		회의참석 수당	회의참석 수당(단가X명수X횟수)
		식비	교강사 회의 식비(단가×명수×횟수)
		교통비	재단 교육 참여 교통비(단가×명수×횟수)
인건비		수당	실무자 수당(단가×개월 수)

※ 재단 지원금 신청액에 대한 부분만 작성해주시기 바랍니다.

※ 아래 표의 프로그램명은 '〈서식 2〉 교육복지사업 계획서'의 '2-5) 교육복지사업 개요'에 있는 프로그램명과 일치하여야 합니다.

(단위 : 원)

구분	프로그램명	계정과목	산출 근거	예산
운영비				
		합 계		
인건비				
		합 계		
총 계				

※ 위 예산에 책정된 내역 외에, 본 사업을 위해 배움터에서 자체적으로 투여하는 유·무형의 자원이 있는 경우, 이에 대하여 작성해 주세요. (예: 인력, 구비된 교구재, 연계 자원, 자부담액 등)

예시) 사회복무요원 1인을 독서프로그램(초급반) 보조강사로 매회 투입 / 밴드 프로그램을 위한 악기(드럼, 기타, 베이스, 키보드) 구비 완료 / 행정복지센터와 연계하여 발표회를 위한 강당 무료 사용 예정 등 ○ ○

04. 청소년 프로그램 평가 척도

1. 청소년활동 핵심역량 평가[5]

구분	하위 요인	6문항	전혀 그렇지 않다	그렇지 않다	보통 이다	그렇다	매우 그렇다
의사소통	공감	나는 친구의 기분을 이해하려고 노력한다.	①	②	③	④	⑤
		나는 친구의 마음(생각과 감정)을 잘 알 수 있다.	①	②	③	④	⑤
		나는 친구들의 고민을 잘 들어준다.	①	②	③	④	⑤
		나는 친구가 선생님께 칭찬을 받으면 나도 기분이 좋아진다.	①	②	③	④	⑤
	소통	나는 대화를 할 때 어떻게 말할지 미리 생각하고 말한다.	①	②	③	④	⑤
		나는 듣는 사람이 이해를 할 수 있도록 쉽고 정확한 말을 골라 이야기한다.	①	②	③	④	⑤
		나는 듣는 사람이 잘 이해할 수 있도록 예를 들어 이야기한다.	①	②	③	④	⑤
		나는 상대방의 표정과 몸짓을 살피면서 속마음을 이해한다.	①	②	③	④	⑤
		나는 대화할 때 이야기를 잘 듣고 있다는 것을 말이나 몸짓으로 보여준다.	①	②	③	④	⑤
협업	공동체성	나는 학교나 지역사회에서 일어난 일들에 관심을 가진다.	①	②	③	④	⑤
		나는 학교나 지역사회에서 일어난 일에 대한 내 생각을 말이나 글로 표현한다.	①	②	③	④	⑤
		나는 학교나 지역사회에서 일어난 일은 무엇이든 나와 관련이 있다고 생각하고 해결하기 위해 노력한다.	①	②	③	④	⑤
		나는 잘못된 일에 대해서는 다른 사람들이 가만히 있더라도 내 생각을 당당하게 이야기한다.	①	②	③	④	⑤
	협동성	나는 과제를 함께 하면서 내가 맡은 일이마음에 들지 않더라도 최선을 다한다.	①	②	③	④	⑤
		나는 과제를 함께하는 친구들이 힘들어 할 때 힘이 나도록 응원한다.	①	②	③	④	⑤
		나는 과제를 함께하는 과정에서 친구들과 좀 더 친해지려고 노력한다.	①	②	③	④	⑤
		나는 여럿이 과제를 하다가 다투더라도 양보하며 끝까지 마무리한다.	①	②	③	④	⑤
		나는 과제를 함께 하는 친구들끼리 다투면 서로 화해하도록 나서서 돕는다.	①	②	③	④	⑤

5) 한국청소년활동진흥원 역량기반 청소년활동 가이드 부록(2023)에서 청소년활동 핵심역량 측정문항 의사소통과 협업영역을 발췌하였다.

2. 환경감수성 테스트[6)](이재봉, 이두곤, 2006)

번호	문항	전혀 그렇지 않다	그렇지 않다	보통이다	그렇다	매우 그렇다
1	나는 산에서 계곡물이 졸졸졸 흐르는 소리를 들으면 기분이 좋아진다.	①	②	③	④	⑤
2	도로 위에 강아지 · 동물이 차에 치여 죽어 있는 모습을 보면 마음이 아프다.	①	②	③	④	⑤
3	숲속에 많은 식물이 어울려 자라는 모습을 보면 자연의 신비로움을 느낀다.	①	②	③	④	⑤
4	놀이공원에서 기구를 타는 것이 숲 · 하천 · 바다 등에서 캠핑보다 더 좋다.	①	②	③	④	⑤
5	야외소풍에서 단체 오락보다는 산책을 하며 조용히 생각하는 것이 더 좋다.	①	②	③	④	⑤
6	나는 야외에서 식물이나 곤충 등 자연을 관찰하는 것보다는 집에서 컴퓨터게임 · 오락으로 시간을 보내는 것이 더 좋다.	①	②	③	④	⑤
7	나는 주변경치와 잘 어울리게 지어져 있는 집을 보면 그 곳에서 살고 싶다.	①	②	③	④	⑤
8	도로에 야생동물의 이동통로가 만들어져 있는 것을 보면 기분이 좋다.	①	②	③	④	⑤
9	대규모 고층 아파트 단지를 보면 답답한 마음이 든다.	①	②	③	④	⑤
10	많은 갯벌들이 매립되어 없어져도 별로 걱정이 되지 않는다.	①	②	③	④	⑤
11	큰 댐이 계속 만들어지는 것을 보면 한편으로는 걱정스러운 마음이 든다.	①	②	③	④	⑤
12	폐기물 매립장에 계속 쌓여가는 쓰레기 산을 보면 미래가 걱정스럽다.	①	②	③	④	⑤
13	주위에 있는 토양, 지하수가 점점 더 깨끗해져 가는 것 같다.	①	②	③	④	⑤
14	하전이나 그 주위에서 살아가고 있는 여러 생물들이 점차 줄어드는 것 같다.	①	②	③	④	⑤
15	도심지에 갔을 때, 공기가 많이 오염되어 있는 것을 느낀다.	①	②	③	④	⑤

6) 환경감수성 테스트는 이재봉과 김두곤(2006)의 환경감수성 측정을 위한 검사도구 개발과 이를 이용한 환경감수성 측정에서 발췌하였다. 환경감수성 테스트는 총 15문항으로 5개 하위요인 자연환경, 자연활동, 인공환경, 환경파괴, 환경오염으로 구성되어 있다.

3. 중등연령 학교 밖 청소년 사회성 검사[7)]

하위 요인	문항		전혀 아니다	아니다	그렇다	매우 그렇다
공감	1.	문제거리나 말다툼이 발생한 경우 그 일에 관해 친구와 이야기를 나눈다.	①	②	③	④
	2.	친구가 부당한 비난을 받고 있을 경우 그 친구의 편이 되어준다.	①	②	③	④
	3.	친구가 화가 나 있거나, 혼란 상태에 있거나 혹은 슬퍼하고 있을 경우, 그 친구의 마음을 공감하고 이해하려고 노력한다.	①	②	③	④
	4.	나에게 골칫거리가 있을 경우 그것에 관해 친구에게 표현을 하고 도움을 구한다.	①	②	③	④
	5.	부탁을 들어달라고 친구에게 말한다.	①	②	③	④
	6.	다른 사람에게 좋지 않은 일이 생겼을 경우 그 사람들에 대해서 안쓰러운 마음이 든다.	①	②	③	④
사회 정체감	7*.	나는 또래 아이들과 함께 있으면 마음이 편치 않다.	①	②	③	④
	8*.	나는 또래 집단이 가지고 있는 특성을 잘 나타내는 멤버라고 할 수는 없다.	①	②	③	④
	9.	또래 아이들은 나 자신의 본보기가 된다.	①	②	③	④
	10.	또래 아이들은 나의 생각과 행동에 큰 영향을 준다.	①	②	③	④
	11.	나는 또래집단 아이들과 거의 비슷하게 행동한다.	①	②	③	④
	12.	또래집단 아이들의 생각과 나의 생각은 거의 같다.	①	②	③	④
	13*.	나는 또래집단의 아이들과 잘 맞지 않는다.	①	②	③	④
	14.	나는 또래집단에 강한 친밀감을 느낀다.	①	②	③	④
정서적 안정감	15*.	나는 기분이 좋았다가 나빴다가 하는 때가 종종 있다.	①	②	③	④
	16*.	내 감정을 내 스스로 어찌 할 수 없을 때가 종종 있다.	①	②	③	④
	17*.	나는 내가 한 일을 자주 후회하는 편이다.	①	②	③	④
	18*.	나는 감정에 따라 기분대로 행동할 때가 있다.	①	②	③	④
	19.	나는 사람들과 이야기 할 때 생각을 정리하고 말한다.	①	②	③	④
자율성	20.	주위 사람들은 나를 독립심이 강한 사람이라고 한다.	①	②	③	④
	21.	무슨 일이든지 스스로 결정을 잘 내릴 수 있다.	①	②	③	④
	22.	나는 규칙을 스스로 잘 지키면서 행동하는 사람이다.	①	②	③	④
자기 조절	23.	누군가가 일을 맡기면 믿는 만큼 해내는 편이다.	①	②	③	④
	24*.	남의 물건에 손을 댄 적이 있다.	①	②	③	④
	25*.	다른 사람이 하는 일을 방해한 적이 있다.	①	②	③	④
	26.	기본적인 예의를 잘 지킨다.	①	②	③	④
	27	길이나 주변을 잘 살핀다.	①	②	③	④

	28.	다른 사람들이 나를 주의 깊은 편이라고들 한다.	①	②	③	④
	29.	한번에 한 가지 일을 하고 이것저것 손대지 않는다.	①	②	③	④
	30.	행동하기 전에 곰곰이 생각하는 편이다.	①	②	③	④
	31.	한번에 너무 여러 가지 일을 벌이지 않고 하나에 집중해서 하는 편이다.	①	②	③	④
협동성	33.	사람들과 함께 해야 하는 과제나 기타활동을 정해진 시간에 마친다.	①	②	③	④
	33.	어른들의 지시에 따른다.	①	②	③	④
	34.	토론에서는 지나치게 과격해지거나 무례하지 않은, 차분하고 교양 있는 말투를 사용한다.	①	②	③	④
의사소통	35.	상대방을 이해시키려고 애쓴다.	①	②	③	④
	36*.	친구의 잘못을 불쾌하지 않게 말 해 줄 수는 없다.	①	②	③	④
	37.	내가 옳지 않다고 생각되면 '싫어'라고 말할 수 있다.	①	②	③	④
	38.	다른 사람에게 나의 고민을 털어놓을 수 있다.	①	②	③	④
	39.	친구에게 마음의 문을 연다.	①	②	③	④
	40.	나는 누군가에게 속마음을 잘 털어놓는다.	①	②	③	④
	41.	친구의 입장을 이해하려고 노력한다.	①	②	③	④
	42.	친구의 입장에서 문제를 생각해 본다.	①	②	③	④
	43*.	다른 사람과 의견이 다르면 그냥 포기해 버린다.	①	②	③	④
전 체						

※ *표시 문항은 역산
예) 1번 응답 → 4점 부여, 4번 응답 → 1점 부여

7) 중등연령 학교 밖 청소년 사회성 척도는 박재연 외(2023)의 연구에서 발췌하였으며 총 43문항이며 7개의 하위요인 공감, 사회정체감, 정서적 안정감, 자율성, 자기조절, 협동성, 의사소통으로 구성되어 있다.

05. 회기별 평가 및 종합평가[8)]

1. 프로그램 만족도 조사(청소년용)

참여자용 프로그램 만족도 조사				
☞ 기본사항(해당되는 곳에 ✔표시해 주세요)				
연령	① 13세 ② 14세 ③ 15세 ④ 기타 ( )세			
성별	① 여자 ② 남자			
☞ 해당되는 곳에 ✔표시해 주세요.				
내용	전혀 아니다	대체로 아니다	그렇다	매우 그렇다
1. 프로그램의 내용은 이해하기 쉬웠나요?	①	②	③	④
2. 프로그램에서 사용한 자료(활동지, 교구재 등)는 흥미롭고 도움이 되었나요?	①	②	③	④
3. 프로그램의 시간과 횟수는 적당했나요?	①	②	③	④
4. 프로그램에 참여하는 것은 만족스러웠나요?	①	②	③	④
5. 프로그램 참여 경험이 사회성 성장에 도움이 되었나요? (앞으로 친구나 다른 사람들과 사귀고, 대인관계를 잘 유지하는 데에 도움이 될 것이라 생각하나요?	①	②	③	④
6. 다른 친구들에게도 이 프로그램에 참여하라고 권유하고 싶은가요?	①	②	③	④
7. 프로그램 중 도움이 되었던 내용은 무엇인가요? 있다면 제목이나 기억나는 활동을 적어주세요.				
8. 프로그램 중 별로 도움이 되지 않았거나, 참여하기 어려웠던 내용이 있었나요? 있다면 제목이나 기억나는 활동을 적어주세요.				
9. 프로그램 중 바꾸었으면 하는 사항이나 기타 건의사항이 있으면 적어주세요.				

8) 회기별 평가 및 종합평가는 박재연 외(2023)의 중등연령 사회성 향상 프로그램 개발에서 인용하였다. 회기별 평가 및 종합평가는 청소년용 만족도 조사, 회기별 참여경험 소감문, 전문가용 내용평가로 구성되어 있다.

2. 회기별 프로그램 평가 및 참여 경험 소감문

<table>
<tr><td colspan="7">성별: 나이: 이름:</td></tr>
<tr><td>프로그램명</td><td colspan="6"></td></tr>
<tr><td>일 시</td><td colspan="6"></td></tr>
<tr><td>장 소</td><td colspan="6"></td></tr>
<tr><td colspan="2">질문</td><td colspan="4">평가</td></tr>
<tr><td colspan="2" rowspan="2">오늘 프로그램 주제와 내용 및 활동은 사회성 성장에 도움이 되었나요?</td><td>전혀 그렇지 않다</td><td>그렇지 않다</td><td>그렇다</td><td>매우 그렇다</td></tr>
<tr><td></td><td></td><td></td><td></td></tr>
<tr><td rowspan="3">나의 경험</td><td>내가 했던 사회성 활동에 대한 경험</td><td colspan="4"></td></tr>
<tr><td>활동 하면서 새롭게 알게 된 것</td><td colspan="4"></td></tr>
<tr><td>나에게 도움이 된 점</td><td colspan="4"></td></tr>
<tr><td rowspan="3">나의 소감</td><td>힘들었거나 아쉬웠던 점</td><td colspan="4"></td></tr>
<tr><td>좋았거나 즐거웠던 점</td><td colspan="4"></td></tr>
<tr><td>자신의 변화한 점(사회성과 관련하여)</td><td colspan="4"></td></tr>
<tr><td colspan="2">현재 내 사회성 점수는 1~10점 중 몇 점인가요?</td><td colspan="4">( ) 점</td></tr>
</table>

3. 대면 회기별 프로그램 내용평가(전문가용)

프로그램 제목	평가				
	질문	전혀 그렇지 않다	그렇지 않다	그렇다	매우 그렇다
1회기 어서와 사회성은 처음이지! (사회성)	프로그램은 회기목표를 달성하였다고 생각한다.				
	프로그램 진행 시간은 적절하게 배열되어 있다.				
	프로그램 내용을 이해하고 진행하기가 수월했다.				
	활동에 흥미를 느끼고 적극적으로 참여했다.				
	프로그램의 현장적용 가능성과 일반화 가능성이 있다.				
	• 수정보완사항 : • 사회성 관련하여 참여자들의 변화 :				

• 집단 회기를 시작할 때 지난 회기에서 느낀 것과 배운 것 일주일 동안 경험했던 바를 나누고 이번 회기에 경험하고 싶은 것에 대해 나눈다. 지도자는 지난 회기에 느꼈던 생각, 관찰 내용 등에 대해 다룬다.

• 집단 회기를 마무리할 때는 해당 회기에 다루었던 내용을 요약하고 집단원들이 느낀 부분에 대해 나눈다. 집단구성원들에 대해 인정 강화하도록 한다. 또한 프로그램에서 배운 내용을 일상생활에 어떻게 적용할 것인지 나누고 필요한 경우 과제를 주어 수행해 오도록 한다.

4. 비대면 회기별 프로그램 내용평가(전문가용)

<table>
<tr><th>프로그램 제목</th><th colspan="5">평가</th></tr>
<tr><td rowspan="7">1회기
‘알고 싶은 나’
/사회성 이해
및 정서적
안정감</td><td>질문</td><td>전혀 그렇지 않다</td><td>그렇지 않다</td><td>그렇다</td><td>매우 그렇다</td></tr>
<tr><td>프로그램은 회기목표를 달성하였다고 생각한다.</td><td></td><td></td><td></td><td></td></tr>
<tr><td>프로그램 진행 시간은 적절하게 배열되어 있다.</td><td></td><td></td><td></td><td></td></tr>
<tr><td>프로그램 내용을 이해하고 진행하기가 수월했다.</td><td></td><td></td><td></td><td></td></tr>
<tr><td>활동에 흥미를 느끼고 적극적으로 참여했다.</td><td></td><td></td><td></td><td></td></tr>
<tr><td>프로그램의 현장적용 가능성과 일반화 가능성이 있다.</td><td></td><td></td><td></td><td></td></tr>
<tr><td colspan="5">• 수정보완사항 : 줌 사용에 대한 사전 이해가 필요함

• 사회성 관련하여 참여자들의 변화 : 사회성에 대한 명확한 이해를 하기에는 연령이 어리고 교육보다는 활동을 통한 이해가 도움이 됨.</td></tr>
</table>

• 집단 회기를 시작할 때 지난 회기에서 느낀 것과 배운 것 일주일 동안 경험했던 바를 나누고 이번 회기에 경험하고 싶은 것에 대해 나눈다. 지도자는 지난 회기에 느꼈던 생각, 관찰 내용 등에 대해 다룬다.

• 집단 회기를 마무리할 때는 해당 회기에 다루었던 내용을 요약하고 집단원들이 느낀 부분에 대해 나눈다. 집단구성원들에 대해 인정 강화하도록 한다. 또한 프로그램에서 배운 내용을 일상생활에 어떻게 적용할 것인지 나누고 필요한 경우 과제를 주어 수행해 오도록 한다.

참고문헌

공계순, 서인해 (2006). 증거기반 사회복지실천에 대한 이해와 한국에서의 적용가능성에 관한 연구. 사회복지연구, 31, 77-102.

곽미정, 정명희, 홍희석, 김재원, 손혜신, 신용식, 이창수, 전대성 (2018). 청소년 프로그램 개발과 평가. 양성원.

권종희 (2007). 여성 한부모 임파워먼트 프로그램 디자인. 한국사회복지학회 2007년도 세계학술대회(창립50주년기념) 자료집, 435-440.

김동호 (2011). 노인복지대상에 따른 선택적 노인복지서비스공급에 관한 연구. 상명대학교 박사학위논문.

김범수 (2003). 지역사회복지의 이해. 학지사.

김상곤, 최승희, 안정선 (2015). 사회복지 프로그램 개발과 평가. 학지사.

김영인, 김민 (2016). 청소년지도방법론. 창지사.

김영종 (2013). 사회복지 프로그램 개발과 평가. 학지사.

김윤나, 오승근, 정건희, 손진희, 양은일 (2020). 청소년 프로그램 개발과 평가. 신정.

김은영(2012). 문화적 역량 증진 프로그램 개발: 다문화가족과 일하는 사회복지사를 중심으로. 이화여자대학교 대학원 박사학위논문.

김진화 (2005). 평생교육 프로그램 개발론. 교육과학사.

김창대, 김형수, 신을진, 이상희, 최한나 (2015). 상담 및 심리교육 프로그램 개발과 평가. 학지사.

김희진, 백혜정, 김은정, 이미영 (2018). 가정 밖 청소년의 실태와 자립지원 방안 연구. 한국청소년정책연구원.

문호영 (2022). 청소년활동 참여 실태 및 요구에 관한 연구. 한국청소년정책연구원 연구보고서.

박승민 (2009). 증거기반 사회복지실천을 향하여: 흡연 임산부 금연프로그램의 효과성, 지속성, 비용효과성 분석. 극동사회복지저널, 5, 7-31.

박재연, 박경례, 이인숙, 이정윤, 임세영 (2023). 중등연령 학교 밖 청소년의 사회성 향상 프로그램 개발. 한국청소년상담복지개발원.

박현숙(2012). ADHD 성향 아동을 위한 강점지향적 프로그램 개발 연구. 부산대학교 박사학위논문.

배은경 (2009). 2009년 3차 아동청소년 정신보건사업담당자 Workshop 자료집. 중앙정신보건사업지원단.

배은경 (2013). ADHD 성향 아동을 위한 인지행동프로그램 개발 연구: 학교 현장을 중심으로. 이화여자대학교 사회복지전문대학원.

배은경 (2015). 지역아동센터 종사자의 아동 대상 실천역량 향상 프로그램 평가 연구. 한국사회복지학, 67(4), 127-152.

사회복지공동모금회 (2023). 2024 배분사업 안내. 사회복지공동모금회.

사회복지공동모금회 (2024). 2025 배분사업 안내. 사회복지공동모금회.

양옥경 (2000). 한국 임상사회복지실천의 효과성 연구 경향에 관한 연구. 한국사회복지학, 42, 225-253.

양점도, 김미자, 김장권, 박영준, 이권일, 이상주, 이상호, 이준상, 전남련 (2012). 사회복지 프로그램 개발과 평가. 양서원.

양정하, 임광수, 김치영, 황인옥, 이종운, 박남철 (2011). 사회복지 프로그램 개발과 평가. 정민사.

여성가족부 (2021). 정부・민간전문가・청소년이 함께 청소년 정책 방향 모색한다. 청소년정책위원회 보도자료.

여성가족부 (2023). 2023 청소년 통계. 여성가족부.

오소영, 문수진, 이원혜, 홍민하, 민정원, 김봉석, 황준원, 우이혁, 반건호 (2012). 단축형 청소년용 정신화 프로그램의 학생정신건강 증진효과 평가. 소아청소년정신의학, 23(3), 117-126.

우수명 (2007). TP 사회복지 Program 개발과 평가. 인간과 복지.

유진이, 유혜순 (2020). 청소년 프로그램 개발과 평가. 양서원.

이봉주, 김기덕 (2014). 사회복지 프로그램 개발과 평가. 신정.

이선혜(2003). 자활사업 알코올프로그램 개발연구: 알코올남용자를 위한 2단계 프로그램. 비판과 대안을 위한 사회복지학회 학술대회 발표논문집, 243-269.
이재붕, 이두곤 (2006). 환경감수성 측정을 위한 검사 도구 개발과 이를 이용한 환경감수성 측정- 중등학교 환경반을 대상으로 -. 한국환경교육학회, 19(3), 138-149.
이종성 (2001). 델파이 방법. 교육과학사.
전종설, 송인선 (2010). 보호관찰 청소년을 위한 금연 프로그램 효과성 연구. 한국청소년연구, 21(3), 61-89.
정무성 (2017). 사회복지 프로그램 개발과 평가. 정민사.
정무성, 정진모 (2001). 사회복지 프로그램 개발과 평가. 양서원.
정순둘 (2006). 사회복지사들의 조사연구활용에 관한 연구. 한국사회복지학, 58(2), 251-271.
정익중, 이소희, 도미향, 김지혜, 한윤선 (2021). 청소년복지론. 학지사.
조수연, 양미진 (2013). 청소년상담사의 역량모형개발을 위한 델파이연구. 청소년상담연구, 21(2), 59-75.
주지선, 조한익 (2014). 또래상담자의 또래상담 교육과 활동 경험에 대한 연구-포커스 그룹 인터뷰를 중심으로-. 상담학연구, 15(6), 2557-2579.
진은설, 이혜경, 김도영 (2022). 청소년 프로그램 개발과 평가. 학지사.
천정웅, 김경준, 김세광, 김윤나 (2019). 청소년 프로그램 개발과 평가. 신정.
최윤진 (1992). 청소년지도론. 한국청소년정책연구원.
최일섭, 최성재 (1994). 사회문제와 사회복지. 나남출판.
표갑수, 이재완, 유옥현, 이화정 (2013). 사회복지 프로그램 개발과 평가. 양서원.
하정화, 김진화, 이혜주 (2010). 아동청소년기관 프로그램 활성화 방안 연구. 부산여성가족개발원.
한국청소년개발원 (2005). 청소년 프로그램개발 및 평가론.
한국청소년활동진흥원 (2023). 역량기반 청소년활동 가이드북. 한국청소년활동진흥원.
홍나미, 박재연 (2014). 학교폭력 피해청소년과 가족대상 실천적 지원방안 연구: 포커스그룹 인터뷰를 중심으로. 청소년복지연구, 16(2), 81-107.
홍성두, 여승수 (2011). 증거기반교수의 개념과 연구적 타당성에 관한 이론적 고찰. 특수아동교육연구, 13(1), 169-191.
황성철 (2005). 사회복지 프로그램 개발과 평가. 공동체.

Abell, P., & Wol, D. (2003). Implementing Intervention Research in Doctoral Education. *Journal of Teaching in Social Work, 23*, 3-19.

Barker, R. L. (1995). The social work dictionary. NASW.

Beckett, M. K. (2008). *Current-generation youth programs*. Santa Monica, CA: RAND Co.

Bradshaw, J. (1977). The concept of social need. In N. Gilbert & H. Specht(Eds.), *Planning for social welfare: Issues, models, and tasks*. Englewood Cliffs, NJ: Prentice-Hall.

Delgado, M. (2002). *New frontiers for youth development in the twenty-first century: Revitalizing and broadening youth development*. New York, NY: Columbia University Press.

Frechtling, J. A. (2012). **프로그램 평가와 로직모델** (지은구, 장현숙, 정효미 역). 학지사. (원전은 2007에 출판).

Heus, Michael, & Pincus, Allen. (1986). *The creative generalist: A Guide to Social Work Practice*. Wisconsin: Micamar Pub(Bameveld, Wis.).

Hill, A. (2012). Help for children after child sexual abuse: Using a qualitative approach to design and test therapeutic interventions that may include non-offending parents. *Qualitative Social Work, 11*(4), 362-378.

Kettner, P. M., Moroney, R. M. & Martin, L. L. (2008). *Designing and managing program: An effectiveness-based Approach*. Thousand Oaks, CA: Sage.

Maslow, A. H. (1971). The farther needs assessment: Some important considerations, *Performance and Instruction Journal, 22*(8), 21-23.

Pittman, K. J., Irby, M., Tolman, J., Yohalem, N., & Ferber, T. (2001). *Preventing Problems, Promoting Development, Encouraging Engagement: Competing Priorities or Inseparable Goals*. The Forum for Youth Investment.

Rapp, C. A., & Poetner, J. (1992). Social work research and the quest for effective practice. *Social Work Research, 23*, 4-14.

Rothman, J., & Thomas, E. J. (1994). *Intervention Research: Design and Development for Human Service*. New York: Haworth Press.

Taber, M., & Finnegan, D. (1980). *A Theory of Accountability for Social Work Programmers*, Unpublished Paper, University of Illinois School of Social Work, Urbana, Illinois.

York, R. O. (1982). *Human Service Planning: Concepts, tools and methods*. Chapel Hill, NC: The University of North Carolina Press.

또래상담 (2023). https://www.peer.or.kr:448/sub01_1.asp

삼성꿈장학재단 (2024). https://www.sdream.or.kr

여성가족부 (2024). https://www.mogef.go.kr

청소년상담사 (2023). https://www.youthcounselor.or.kr

한국사회복지사협회 (2023). https://www.welfare.net

한국청소년상담복지개발원 (2023). https://www.kyci.or.kr

한국청소년수련시설협회 (2023). https://youthnet.or.kr

한국청소년활동진흥원 (2023). https://www.kywa.or.kr

저/ 자/ 소/ 개/

박재연 교수 (문학박사, Ph. D.)

이화여자대학교 문학박사 (청소년상담 · 복지, 정신건강, 가족치료 전공)

현) 대구대학교 청소년상담복지학과/상담학과 교수
대구대학교 청소년정신건강연구소장
한국아동복지학회 이사
한국청소년복지학회 이사
한국학교사회복지학회 이사
한국정신건강사회복지학회 편집위원장

전) 포항공과대학교 상담센터 연구실장
여성가족부 산하 한국청소년상담복지개발원 상담연구원
국가청소년위원회 청소년복지지원법 개정 TF 연구위원

배은경 교수 (사회복지학박사, Ph. D.)

이화여자대학교 사회복지학박사 (임상사회복지 전공)

현) 호남대학교 사회복지학과 부교수
한국정신건강사회복지학회 아동청소년분과학회장
한국트라우마스트레스학회 아동청소년분과위원장
한국의료사회복지학회 이사
한국정신건강사회복지학회 인지행동상담전문가 자격관리위원

전) 2023년 아동권리보장원 아동보호전문기관 사례관리 모형 개발 연구 수행
가족사랑서울정신건강의학과 정신건강사회복지사

박경례 초빙교수 (철학박사, Ph. D.)

대구대학교 철학박사 (상담학 전공)

현) 대구대학교 청소년상담복지학과 초빙교수
한국연구재단 학술연구교수
대구대학교 청소년정신건강연구소 연구위원

전) 대구대학교 청소년상담복지학과 겸임교수
한국청소년상담복지개발원 중등연령학교밖청소년 사회성향상 프로그램 개발 연구 공동연구원

임세영 박사 (철학박사, Ph. D.)

대구대학교 철학박사 (상담학 전공)

현) (사)한국백혈병소아암협회대구경북지회 사무국장
대구대학교 청소년정신건강연구소 연구위원
한국청소년상담복지개발원 고등연령 학교밖청소년 사회성 향상 프로그램 개발 연구 공동연구원

전) 계명문화대학교 사회복지상담과 외래교수
달성군청소년상담복지센터 팀장
한국청소년상담복지개발원 중등연령 학교밖청소년 사회성 향상 프로그램 개발 연구 공동연구원

"이 연구는 2024학년도 대구대학교 학술연구비지원으로 수행되었음"

청소년 프로그램 개발과 평가

초판발행 2024년 9월 5일 **1판 1쇄 인쇄** | 2024년 9월 10일 **1판 1쇄 발행**

지은이 박재연 배은경 박경례 임세영
펴낸이 최용구 | **펴낸곳** 도서출판 **신정**
주소 (04316) 서울시 용산구 원효로 89길 19 (원효로1가)
전화 02)3211-4782, 0266(영업부), 3211-4783(편집부), 3211-4784(팩스)
이메일 shinjeong72@naver.com | **홈페이지** www.sjbook.co.kr
등록 2001년 5월 11일 제13-702호
기획마케팅 최용구 장만동 최충구 송대용 | **책임편집** 석기은 황가연

ISBN 978-89-5912-909-6 93370
정가 24,000원